L’ère du profit

ou

la faillite de l’esprit

Questions contemporaines
Collection dirigée par Jean-Paul Chagnollaud, Bruno Péquignot et Denis Rolland

Chômage, exclusion, globalisation… Jamais les « questions contemporaines » n'ont été aussi nombreuses et aussi complexes à appréhender. Le pari de la collection « Questions contemporaines » est d'offrir un espace de réflexion et de débat à tous ceux, chercheurs, militants ou praticiens, qui osent penser autrement, exprimer des idées neuves et ouvrir de nouvelles pistes à la réflexion collective.

Dernières parutions

Albert DE SURGY, *Osons réinventer la démocratie. Comment rendre le pouvoir aux citoyens ?,* 2018.
Sophia MAPPA, *Le changement social. La cité grecque interpelle les politiques occidentales,* 2018.
André CAYOL, *La Terre est en surchauffe. L'impact de la mondialisation et des multinationales sur notre planète*, 2018.
Philippe MOSSE, *Une économie politique de l'hôpital – contre Procuste –,* 2018.
Jacques ARON, *Mythologies et réalités juives au commencement de l'Europe moderne, Huguenots et Juifs ou l'illusion rétrospective,* 2018.
Jean-Paul GUICHARD, *L'affirmation de l'Europe byzantine (1796-1914),* 2018.
Richard TRAPITZINE, *Pour un urbanisme humaniste, Réalités d'hier, utopie d'aujourd'hui, réalité de demain ?,* 2018.
Thierry ALLAIN, Frank CLAUSTRAT, Françoise PELLICER et Jean-François THOMAS (dir.), *Entre paysage et territoire. Représentations de l'espace et manifestations du pouvoir*, 2018.
Gilbert PILOT et Réjean COTE, *Pacte socio-économique entre le gouvernement du Canada, le gouvernement du Québec et le peuple innu,* 2018.
Lukas STELLA, *Intoxication mentale, Représentation, confusion, aliénation et servitude,* 2018.
Jean-Luc TINLAND, *Violence : non. Les démocraties à l'épreuve de la liberté,* 2018.
Myriam DESLANDES, *Démocratie locale 2.0*, 2018.
Nicolas MENSCH, *La Rhodiacéta de Besançon. Paroles ouvrières,* 2018.
Rodolphe SOLBIAC (dir.), *Pensée, pratiques et poétiques postcoloniales contemporaines, Monde atlantique et océan Indien*, 2018.
Jean-Paul GUICHARD, *L'émergence de l'Empire russe. L'Europe byzantine jusqu'à Catherine II*, 2018.

Jean-Paul Sauzet

L'ère du profit

ou

la faillite de l'esprit

L'Harmattan

Du même auteur

La personne en fin de vie

L'Harmattan, 2006

Marché de dupes

L'Harmattan, 2004

Les Naufragés de l'Esprit,

Ouvrage collectif, Seuil, 1996

Renouveau charismatique, les catholiques du New Age

Editions Golias, 1994

La jeunesse de Dieu

Editions Nouvelle Cité, 1989

5-7, rue de l'Ecole-Polytechnique, 75005 Paris

http://www.editions-harmattan.fr

ISBN : 978-2-343-16236-2
EAN : 9782343162362

Mes remerciements à tous celles et ceux qui m'ont accompagné dans ma réflexion et mes recherches.

A Pascale qui m'a donné confiance,
A Priscille qui m'a invité à la rigueur,
A Daniel qui posait les bonnes questions,
A Brigitte et Jean-Claude qui m'ont confirmé,
A Jean-Bernard Paturet, professeur de philosophie à l'université de Montpellier, qui m'a donné le courage de penser,
A Jean-Daniel Coste, professeur de psychanalyse à l'université de Montpellier, qui m'a appris à écouter,
A Olivier Darnaud, professeur d'histoire, qui m'a conseillé.

A Pascale

A mes enfants :

Marie
Clément
Timothée
Priscille
Jean

« Etre radical, c'est prendre les choses à la racine. »

Marx

Introduction

> « Ce que je constate, ce sont les ravages actuels ; c'est la disparition effrayante des espèces vivantes, qu'elles soient végétales ou animales ; et le fait que du fait même de sa densité actuelle, l'espèce humaine vit sous une sorte de régime d'empoisonnement interne — si je puis dire — et je pense au présent et au monde dans lequel je suis en train de finir mon existence. Ce n'est pas un monde que j'aime. »
>
> Claude-Lévi Strauss

Nous assistons depuis une quarantaine d'années à la disparition du monde paysan et parallèlement à la consolidation de la mondialisation libérale. N'y aurait-il pas un lien entre ces deux phénomènes ? Lien suffisamment profond pour échapper à notre regard ? La paysannerie fut un élément déterminant du néolithique qui fut une révolution culturelle : l'espèce humaine passait d'une économie de prédation (les chasseurs – cueilleurs) à une économie de production (agriculture et élevage). Une autre manière d'être au monde se confirmait avec le développement des techniques, des villes et des croyances : l'homme fabriquait et pensait ses conditions de vie. Ainsi le néolithique fut bien plus qu'une culture, il fut la matrice des cultures traditionnelles et religieuses : *une ère culturelle.* L'ampleur que prend le capitalisme à travers la mondialisation libérale nous invite à penser que nous sommes entrés dans une nouvelle étape de l'histoire humaine. Dans cette perspective, le capitalisme serait une révolution anthropologique, au même titre que le néolithique.

En effet, au cours de son histoire, le capitalisme se révèle être plus qu'un simple type d'économie parmi d'autres. Il est communément défini comme une économie fondée sur la liberté d'entreprendre, d'autant plus séduisante qu'elle est spontanément comparée à celles, planifiées, des régimes communistes disparus. En deçà de cette conception élogieuse se déploie une logique tout autre : ce régime ne cherche pas tant à assurer les moyens d'existence de tout un chacun que l'accumulation privée de la richesse. Manifestant ainsi *sa morale* : l'égoïsme fait vertu. Cette approche, quelque peu moralisatrice, cache un enjeu anthropologique décisif : le bouleversement du mode d'adaptation propre à l'espèce humaine. Justifiant l'intérêt particulier, il émousse la frontière fragile entre désir et pulsion. Il libère l'appât du gain qui ne connaît que lui-même et ne tolère aucun obstacle. Il partage ainsi les caractéristiques de toute passion : l'aveuglement et l'addiction générateurs de violence. Un dicton populaire le dit avec la légèreté du parfum : *l'argent n'a pas d'odeur.* Les groupes maffieux en font leur règle de vie explicite : *lorsqu'il y a des millions, il n'y a pas de morale*. Touchant à la racine de la condition humaine, la radicalité est son essence.

Il libère une énergie redoutable qui explique l'émergence de la culture occidentale dans l'histoire humaine. En effet, il étend son emprise sur toutes les dimensions de l'existence : le corps, l'imaginaire, la raison, la psyché, les sentiments, la sexualité, les institutions, les sciences et les techniques, le sport, l'alimentation, le temps, l'espace, le politique, l'art… et la nature ; devenant ainsi **une culture** à part entière, comme le furent les religions.

Son emprise s'étend aussi aux autres cultures, soit qu'il les détruise, soit qu'il les convertisse à sa logique : il assure ainsi une fonction matricielle décisive. Il se comporte comme une plante invasive dans son environnement naturel. Les projets de vie alternatifs et contestataires qu'il provoqua furent religieux ou politiques. Les contestations religieuses prirent le visage des sectes, projets le plus souvent maladroits sinon délirants, qui se dissipèrent au fil du temps. Quant aux politiques alternatives (de gauche), elles ont au cours de ces dernières décennies épousé son esprit. Sa radicalité engendre la radicalisation de ses ennemis qui sont amenés à se fourvoyer ou à se convertir. Se nourrissant des crises qu'il génère : il n'a pas *de limite.* Hégémonique, il devient effectivement *une ère culturelle* : **l'ère du profit**, faisant vivre à l'humanité *une sorte de régime d'empoisonnement interne*, dirait Lévi Strauss.

Parmi les violences qu'il engendre sans complexe — sociales, psychiques, écologiques — il en est une qui ne fait pas de bruit. Le capitalisme trouve dans l'Humanisme des Lumières de quoi se justifier en pervertissant la notion de liberté. Les valeurs de Démocratie, de République, des Droits de l'homme sont ainsi prises dans les filets d'une injonction contradictoire : *tu respecteras ton prochain/tu exploiteras ton voisin.* En rompant le lien entre ce qui est dit et ce qui est fait, il détruit ce qui donne corps aux existences individuelles et collectives : le langage porteur de sens. Si les récits mythologiques nourrissaient la pensée et la vie sociale, les mesures et les chiffres mis en formules disposent au calcul et à la rivalité qui mettent à mal le tissu social. Tout un chacun en fait quotidiennement l'expérience. Dans ce cadre, des mots chargés d'espérance deviennent lourds d'une violence symbolique impensée qui déchire l'esprit : **la faillite de l'esprit**.

Cette dérive silencieuse passe inaperçue tant la quête de sens qui étaye l'existence de tout un chacun nous est devenue étrangère. Au point « *qu'il est plus facile d'imaginer la fin du monde que la fin du capitalisme*[1] ! » Mais l'esprit ainsi refoulé n'a pas dit son dernier mot. Il fait retour, en se chargeant des scories de la violence qui l'a étouffé : le terrorisme religieux. Ce dernier rassemble tout à la fois les contestations religieuses et politiques dans une même vocation, pour ouvrir un avenir apocalyptique ici et maintenant. La perversion qui faisait du vice une vertu trouve alors son accomplissement terrifiant. Elle va jusqu'à faire du meurtre et du suicide conjoints l'impératif

[1] Slavoj Zizek "Il y a 30 ans ou 40 ans, nous avions l'habitude de débattre pour savoir comment serait le futur : communiste, fasciste, capitaliste. Aujourd'hui, personne n'en parle. Nous acceptons tous silencieusement le capitalisme global. Mais d'un autre coté, nous sommes obsédés par les catastrophes apocalyptiques. Le monde entier annihilé par des virus, astéroïdes, etc. Donc le paradoxe est qu'il est bien plus facile d'imaginer la fin de toute vie sur Terre plutôt que de modestes changements dans la société."

catégorique, l'Acte qui donne la Vie. Tuer n'est plus un crime, mais l'ultime Devoir. Les jeunes djihadistes sont à la fois les victimes, les témoins et les acteurs de cette folie. La radicalité du capitalisme engendre immanquablement la radicalisation de son rejet.

Nous y apprenons au passage que la pulsion livrée à elle-même, c'est la violence logée au cœur de *la nature humaine*. Que *le sacré*, c'est la violence en tant qu'elle est rejetée. Que les cultures et les religions sont des tentatives plus ou moins maladroites de mettre la violence à distance. Qu'une culture se pervertit lorsqu'elle libère la pulsion. Que le terrorisme religieux est l'ultime expression de cette perversion : la violence sacralisée.

Un long détour est nécessaire pour saisir cette dérive ; il passe par la prise en compte de *la condition humaine*, en ce point central où prend corps l'existence de chacun et de tous. Il nous amène à tirer profit des multiples sciences humaines : l'anthropologie, la psychanalyse, la sociologie, l'histoire, la linguistique, l'éthologie, la philosophie, la théologie… Elles apportent une profusion de données et d'analyses, d'apories et de contradictions, qui dessinent une réalité comme les multiples touches de couleurs d'un tableau pointilliste donnent à voir un paysage. L'hypothèse du capitalisme comme ère culturelle prend alors toute sa pertinence. Elle permet de saisir la logique à l'œuvre dans le chaos du temps présent, de dissiper quelque peu l'obscurité qui altère l'esprit et d'entrevoir modestement un autre avenir possible. Si une telle œuvre est encore nécessaire !

I) Fragile humanité

« On ne naît pas homme, on le devient. »

Erasme

« Tant que l'homme n'est pas mort,
Il n'a pas fini d'être créé. »

Proverbe Peul

Parmi les vivants, l'homme se caractérise par un mode d'adaptation tout à fait original : le langage. Il balise le chemin d'accès à notre humanité et assure son fragile maintien.

Fragilité native

L'homme témoigne dès sa naissance d'une fragilité toute particulière. Elle se manifeste de manière radicale à la naissance. Le petit homme naît immature : système nerveux, ossature et musculature inachevés. Livré à lui-même, il est voué à une mort rapide. Il naît en *défaut de nature*, ce qui explique son attachement à la mère[1]. Cette immaturité congénitale fait de la naissance un événement traumatique décisif. Rejeté du milieu protecteur intra-utérin, et n'ayant pas les moyens de s'adapter à son environnement, le petit homme vivrait la naissance comme une plongée dans l'abîme, à l'image du cosmonaute perdu dans l'espace intergalactique. Une métaphore évoque cette expérience : *le trou noir de la psyché*[2]. Cette fragilité ne serait pas qu'un accident passager, elle serait structurelle. Comme une donnée anthropologique décisive qui lesterait l'existence d'une angoisse fondamentale. Premier rapport au monde.

La naissance, un événement tout à la fois biologique, psychique et social, marquerait l'existence d'une blessure, d'un manque d'être qui engendrerait un mode d'adaptation original : l'enfant trouve son salut dans la relation qu'il développe avec son environnement social et son milieu culturel grâce à la langue maternelle qui lui est adressée et transmise.

La fragilité du nourrisson se fait particulièrement éprouvante lorsque la mère s'absente, nécessairement. Son retour et celle des proches permettraient de pallier cette épreuve. Présences, gestes, soins, sourires, affection, nourritures, regards, paroles, caresses, rêves et désirs des proches sont les multiples fils tissant le cocon protecteur qui enveloppe le nouveau-né, le porte, l'appelle à la vie et étaye son désir balbutiant. La sollicitude dont l'enfant fait l'objet assure la fonction

---

[1] John Bowlby, *Attachement et perte*, vol 1, "*L'attachement*", Paris, Editions PUF, 2002.

[2] Tustin, Le trou noir de la psyché, ou les défenses autistiques chez le névrosé, Editions du Seuil, 1989.

d'un substitut du ventre maternel, un corset qui permet de tenir, un contenant qui donne forme[1]. Dans ce contexte tout à la fois éprouvant et prévenant, l'enfant développe mentalement des représentations imaginaires venant habiter le vide de l'absence des proches. Premières créations psychiques qui sont les prémices de l'environnement spécifique à l'espèce humaine : celui de la culture.

Le mot se loge dans l'espace vide laissé par l'absence. Il faut ouvrir la bouche et lâcher le sein pour pouvoir parler. Les mots borderaient ce vide originel, cette béance existentielle corrélative à l'immaturité de l'enfant. Comme le vase du potier qui délimite un vide qui lui est antérieur. Ce processus rendrait vivable la condition humaine en habillant la nudité ontologique du petit homme comme l'habit protège et maintient le corps. Le langage serait l'expression d'une pudeur qui cacherait la nudité constitutive de notre humanité.

Création de la vie psychique, la représentation imaginaire se déploie lorsqu'elle est prise dans les filets du langage, se développe dans la langue maternelle, se nourrit des mythes, des institutions, des religions.

Mettant en relation l'enfant avec son entourage, la représentation se leste ainsi d'une dimension symbolique. Le champ du symbolique désigne l'ensemble des médiations permettant de nouer une relation : les mots qui rendent présents les êtres et désignent les choses, les outils qui permettent d'aménager le monde, les œuvres d'art qui dévoilent la subjectivité, les récits qui étayent les identités personnelles et collectives...

Le concept biologique de néoténie désigne le processus par lequel un organisme vivant invente *un mode d'adaptation* inattendu pour survivre dans un milieu hostile. L'homme serait à ce titre un néotène qui se caractériserait par l'invention du langage. Les résiliences[2] successives qui marquent l'histoire de l'être humain seraient les échos de cette résilience première et vitale.

---

[1] Jean Oury, *Psychiatrie et psychothérapie institutionnelle*, Editions du Champ social, Nîmes, 2001.
[2] Boris Cyrulnik, *Résiliences. Connaissances de base*, Editions Odile Jacob, 2012.

Langage et croyance : un mode d'adaptation

Le langage manifeste la puissance créatrice du psychisme et en deçà de la vie elle-même. La prise de parole est ainsi une création continue dans laquelle le sujet advient à lui-même et au monde. Si l'animal sort ses griffes et ses crocs pour assurer sa survie, le petit homme prend la parole. Elle se déploie avec la langue maternelle et devient au fil des années un mode d'être particulier et plus largement au fil des millénaires une culture. Les mythes sont des créations langagières qui permettent aux communautés de s'approprier leur existence par-delà leur fragilité. Le récit de vie que l'on reprend indéfiniment au cours de l'existence lorsqu'on se retrouve entre amis s'inscrit dans cette dynamique. Les mythes de création mettant en scène des divinités sont autant de manières de signifier le caractère fondateur du langage : la communauté se rassemble autour d'un récit qui offre une représentation partagée de l'existence de tout un chacun. L'individu y puise un sens qui donne consistance à sa propre existence et à celle du groupe. Les palabres dans les tribus et les débats démocratiques dans les sociétés modernes ont le même enjeu. Les échanges tissent les liens ténus qui rassemblent une communauté en prise avec les conflits qui affectent sa cohésion. Le langage serait le cœur palpitant de la culture, ce cocon protecteur que les peuples tissent lentement au fil des millénaires pour assurer leur pérennité.

Le langage articulé peut être ainsi pensé comme un mode d'adaptation parmi d'autres, selon une approche éthologique. Un processus complexe qui met en jeu en même temps un état de manque originel, une défense contre l'angoisse et une relation au monde. La représentation mentale qui se loge dans le mot est plus stable que le flux mouvant des sensations multiples et changeantes qui proviennent des besoins de l'enfant et de son environnement immédiat. Le langage opère ainsi un *métabolisme psychique* qui simplifie et organise la perception du monde et la subjectivité naissante de l'enfant. Il met en œuvre une distanciation vis-à-vis de ce flux originaire de sensations, une déprise vis-à-vis d'un état premier composé d'affects. Cette déprise est vécue comme une épreuve inconsciente, une *castration symbolique* selon l'expression de Lacan. Se crée dans ce sillage un monde à taille humaine. Arrivé à l'âge adulte, l'artiste poursuit cette création. Il met en forme des couleurs, des gestes, des sons ou des mots : une œuvre accomplie qui donne à l'existence singulière et insaisissable de tout un chacun une consistance objective[1].

La dynamique psychique met ainsi lentement et secrètement en forme le réel, pour lui donner le visage familier de la réalité. Une réalité qui va bien au-delà de l'expérience sensible et immédiate du monde, une réalité *pour soi,* tenue spontanément pour vraie, sans preuve ni raison, revêtue du sens que lui donnent les mots.

La croyance : l'ombre portée du langage

Ainsi naît avec le langage un deuxième rapport au monde, celui de **la croyance**. Dans la mesure où le mot ne trouve pas sa consistance dans la sensation de laquelle il s'arrache, mais dans le sens produit par la vie psychique et transmis par l'entourage, sa vérité ne trouve pas de preuve matérielle ni de raisonnement logique pour se justifier, elle se trouve dans le mot lui-même transmis par *les autres*. Le sens du mot n'a pas à être prouvé ou démontré. L'enfant, dans un même mouvement, le reçoit et se l'approprie, comme on le fait avec la parole entendue : on y croit. L'esprit produit le mot et y adhère, dans le même mouvement. La vérité est ce mouvement par lequel l'esprit reconnaît

---

[1] « L'homme est un être doué de conscience et qui pense, c'est-à-dire qui non seulement existe, mais existe pour soi. Les choses de la nature se contentent d'être, tandis que l'homme, en tant que conscience, se dédouble. Etre en soi et pour soi, se dédoubler sur soi-même, se prendre pour objet de sa propre pensée et par là se développer comme activité réfléchie, voilà ce qui constitue et distingue l'homme, ce qui fait qu'il est un esprit. Or, cette conscience de soi-même, l'homme l'obtient de deux manières, l'une théorique, l'autre pratique ; l'une par la science, l'autre par l'action : 1° théoriquement, lorsqu'il se connaît en lui-même dans le développement de sa propre nature, ou se reconnaît au dehors dans ce qui constitue l'essence ou la raison des choses ; 2° par l'activité pratique, lorsqu'un penchant le pousse à transformer le monde extérieur, à se manifester dans ce qui l'environne, et aussi à s'y reconnaître dans ses œuvres. Il atteint ce but par le changement qu'il fait subir aux objets physiques, qu'il marque du sceau de son intériorité, et où il retrouve ses propres déterminations. L'homme agit de cette manière, de par sa liberté de sujet, dans le but d'ôter au monde externe son caractère étranger et dans le but de ne jouir des choses que dans la mesure où il y retrouve une forme extérieure reflétant sa propre réalité… Ce besoin de modifier les choses extérieures revêt différentes formes, jusqu'à ce qu'il arrive au mode de manifestation de soi-même, dans les choses extérieures, qui constitue l'art. »
Hegel, Esthétique.
Hegel, La phénoménologie de l'esprit, trad. Bernard Bourgeois, Editions Vrin, 2006

son œuvre et sa consistance dans la parole elle-même. La vérité est l'a priori qui donne aux mots leur étoffe, sans laquelle ils ne seraient que bruit dans le bruissement du monde ou le vacarme de l'histoire. Ce n'est que dans un temps second, dans une opération réflexive, que la question de la vérité est posée, le plus souvent après le choc psychique que représente le mensonge. Ainsi, ce qui est parlé est tout simplement et évidemment *cru* dans le premier temps de son jaillissement. L'accès au langage est immédiatement l'accès à la croyance. Parler, c'est croire en ce que l'on dit, par-delà notre immersion sensible dans le monde. Nous passons notre temps à dire : *je crois que*… même si nous ne sommes pas *croyants* au sens religieux du terme. Faire de la croyance une démarche spécifiquement religieuse est une vue trop courte. L'athéisme qui rejette la croyance religieuse le fait au nom d'une croyance implicite, celle en ses justifications auxquelles il adhère. La croyance a une portée anthropologique radicale, chevillée à la racine de notre humanité ; elle est l'ombre portée du langage. Un deuxième rapport au monde.

Le problème de l'adaptation du petit homme au monde n'est pas pour autant résolu. Si le langage pallie la blessure inhérente de la condition humaine, il ne la guérit pas pour autant. Il se présente comme un système de signes qui vise et constitue la réalité sans être le réel qu'il vise. Demeure une distance infranchissable entre le langage et le réel ; l'un et l'autre ne sont irrémédiablement pas de *même nature*, sauf dans la folie. Le mot est un signe qui n'est pas la chose, mais une simple représentation : un peu de son et de sens produits par la société. Si bien que le récit ne peut rendre compte totalement de la singularité du sujet, et des événements qui composent son histoire comme en témoigne la cure analytique. Les failles du langage sont l'écho de notre fragilité native et par lesquelles se faufile l'angoisse toujours prête à surgir au premier accident. Cette limite peut nous faire penser que le langage est une aliénation, mais une aliénation constitutive de la condition humaine. L'effet d'une aliénation plus fondamentale, celle exprimant un manque d'être, un *défaut de nature*. L'homme est un *être en manque*, comme on le dit de celui à qui il manque sa dose, mais au sens ontologique du terme.

La fragilité de l'être humain trouve dans le langage son mode de survie, sans que cette fragilité soit totalement dépassée. Elle reste une des trames du tissu qui compose notre existence. Le désir de reconnaissance qui anime le besoin de transformer le monde et de rencontrer autrui témoigne de cette impossibilité à saisir son être singulier, sinon par un détour toujours à prendre et à reprendre : l'œuvre à accomplir, la relation à établir, le réel à affronter, le récit à élaborer encore et encore... Parole, travail et vie sociale dans lesquels le sujet rencontre la loi du monde et la loi du langage et la loi de la société pour trouver dans ces confrontations le sentiment d'exister. Désir de reconnaissance, recherche du sentiment d'exister, transformation du monde… auraient une seule et même source : cette béance inscrite au cœur de l'existence.

Une nouvelle dimension : le symbolique

La psyché de l'enfant trouve en elle-même une énergie créatrice pour assumer l'angoisse en produisant des représentations mentales qui se développent et se structurent avec les paroles qui lui sont adressées. La dimension sociale prend ici une place décisive dans la survie du petit homme. D'elle procède la transmission du langage qui précède et appelle l'enfant. Se laisse percevoir l'importance décisive de la filiation, cette transmission de la parole qui donne sens à l'existence et dont l'éducation n'est qu'une dérivation. Dans la production imaginaire que le langage nourrit et développe, les proches deviennent les autres et le grand Autre garant de cette assise subjective que le sujet se donne pour assumer sa fragilité : la Mère, le Père. Et plus tard : Dieu, la République, le Marché… La croyance inhérente au langage se structure, se socialise et diversifie son objet.

Du besoin à la pulsion

Ce processus est décisif, car il fait entrer l'espèce humaine dans une nouvelle dimension. Le besoin ne se détermine plus simplement à partir d'un manque biologique comme chez l'animal, mais de la relation à l'autre qui structure le langage. Le besoin ne peut plus se satisfaire d'un simple objet pouvant combler le manque physiologique. L'objet devient complexe, insaisissable et se noue avec les mots. Il s'arrime à la recherche d'une trace, celle laissée par une présence toujours déjà perdue, celle de la mère. Cet ensemble de données transforme la nature même du besoin. Le corps biologique a des limites qui limitent le besoin et l'instinct y répond, globalement. L'animal tue pour se nourrir. Chez l'homme, la trace laissée par cette présence toujours perdue et la polysémie des mots relancent sans cesse le besoin. Il trouve dans la production de représentations imaginaires un objet de satisfaction qu'il crée et recrée lui-même à l'infini. Il se déleste ainsi des limites de l'organique pour entrer dans l'imaginaire. En un mot : il n'a plus de limite. Il se caractérise par sa plasticité et son infinité. Freud invente un nom pour indiquer cette nouveauté : *la pulsion, das Trieb* (la poussée). C'est ainsi que l'on peut avoir les yeux plus gros que le ventre, pour le dire avec trivialité. Et que l'on peut tuer des millions d'êtres humains pour une idéologie. Dans leur expression sociale, les pulsions prennent la forme des passions. Les unes et les autres partagent les caractéristiques formulées par Freud : elles méconnaissent le temps, la mesure et la réalité. Elles ne connaissent qu'elles-mêmes, dans la jouissance de l'objet qu'elles se donnent.

Tous les processus biologiques qui caractérisent le vivant en sont perturbés. La nourriture, la sexualité, la reproduction, le temps, le pouvoir et l'agressivité, le sommeil, la relation à soi… deviennent problématiques. Boulimie ou anorexie, addiction et violence sexuelle, narcissisme démesuré et quête incessante de reconnaissance, accumulation sans limites de richesse, violence démentielle, perversion, point n'est besoin de répertorier les catastrophes causées par l'excès et la démesure dont l'homme est capable. Ainsi *la nature humaine*, toujours en défaut d'elle-même, invente un mode d'adaptation qui est potentiellement source de violence. Elle secrète alors au fil des millénaires et des drames qui marquent la mémoire, les cadres et les limites dont elle a besoin : les traditions, les Interdits, les codes, les mythes, les Constitutions. C'est ainsi que les processus biologiques prennent des formes culturelles diverses, deviennent des événements sociaux et historiques avec leurs règles, leurs contraintes et leurs limites. Les satisfactions des besoins vitaux deviennent autant d'occasions de rencontres, de paroles et de rites qui leur donnent leur consistance. Cet ensemble d'exigences forme **la Loi du symbolique**. Elle structure le milieu de vie de l'espèce humaine : la culture. Cette assomption culturelle des besoins les plus naturels est à l'œuvre dans les domaines les plus inattendus. Marcel Mauss dans son étude sur *les* *techniques du corps* a montré que le sommeil et la veille, sous des comportements en apparence instinctifs, sont en réalité acquis, appris de mille et une manières par l'imitation ou l'éducation. Et Jonathan Crary[1] analyse comment le capitalisme part à *l'assaut du sommeil*, pour l'instrumentaliser.

La diversité des traditions témoigne ainsi d'une créativité qui s'oublie derrière la répétition et le poids des rites qui rythment la vie quotidienne ; mais elle se devine, à l'occasion, dans les évolutions qui caractérisent l'histoire des peuples et des individus. Elle se déploie dans les arts qui se manifestent dans toutes les dimensions de l'existence : art culinaire, érotisme, danses, ritualisation des âges de la vie (enfance, adolescence, conjugalité, parentalité, maturité, vieillesse, mort), éducation, politique. Ainsi le milieu dans lequel se déploie l'existence humaine n'est plus simplement biologique et naturel, il est tout à la fois naturel *et* culturel. Lorsque ces dimensions sont réduites à de simples processus biologiques comme l'alimentation à des quantités de glucides, lipides et autres omégas, elles risquent de perdre *le nord.* Lorsque la transmission de cette dimension symbolique (la filiation) tend à n'être qu'une affaire de chromosome, elle a perdu ce qui fait son humanité. Elle se réduit à sa dimension bouchère : « *La généalogie est l'aventure de la parole pour chaque être humain. Elle n'est pas un phénomène physiologique. Elle est liée à la nécessité propre à l'animal parlant de recevoir l'aide de la parole pour accéder lui-même à la parole... Cela suppose l'institution des mères et des pères, l'entrée de l'enfant dans sa condition de fille ou de fils, fille ou fils d'une telle et d'un tel.. La généalogie est le montage qui en toute société consiste à marquer les places en marquant les humains*[2]. »

L'histoire des cultures ne peut se réduire à l'évolution des espèces et aux aléas des phénomènes naturels, elle témoigne de la créativité des peuples à travers l'espace et le temps[3]. Mais elle ne supprime pas leur fragilité comme en témoigne leur disparition. Et le sujet humain, dans sa singularité, connaît aussi une histoire dans laquelle se révèlent une

---

[1] Jonathan Crary, *24/7, Le capitalisme à l'assaut du sommeil,* Editions La Découverte, Paris, 2014.

[2] Pierre Legendre, *La Fabrique de l'homme occidental*, Les nuits magnétiques, France Culture, 1992.

[3] C'est à ce titre que l'on distingue l'histoire des hommes et l'évolution des espèces.

créativité et une fragilité certaines. Il peut subir des blessures profondes comme en témoignent l'autisme, la psychose et la perversion.

Cette fragile construction psychique ne peut pas ne pas être affectée par l'environnement culturel et historique comme nous l'analyserons chez les jeunes djihadistes, au terme de notre livre.

Mythes et interdits

Le besoin devenant pulsion perd ses limites naturelles. Or le réel a des limites qui s'imposent absolument : le corps, l'espace, le temps, la nature, autrui, la mort... En effet, je peux rêver voleter comme un papillon : si je saute par la fenêtre, je m'écrase au sol. Pour survivre, l'être humain doit d'une manière ou d'une autre s'adapter, reconnaître et intégrer les butées du réel. Il doit canaliser la pulsion. Ces limites doivent être du même ordre que la création psychique qui détermine la nature de la pulsion. Elles sont une création humaine, de l'ordre de la parole. Ce que suggère le mot *interdit* qui inclut le — *dire* — et la relation sociale : - *inter* -. Sans cette limite symbolique que profère une simple parole - *non* -, l'existence serait une succession de traumatismes provoqués par le choc du réel. Il est préférable de réduire sa vitesse parce que c'est interdit plutôt que de percuter un platane. Il vaut mieux respecter autrui plutôt que de provoquer la violence.

L'histoire récente nous indique une genèse possible de la limite que l'homme est contraint de se donner. Les deux guerres mondiales qui ont ravagé la planète ont suscité une réaction viscérale : *plus jamais ça !* L'horreur absolue des tranchées, des camps de la mort et d'Hiroshima provoqua une réaction en Europe, réaction qui inspira un certain nombre de Constitutions intégrant les Droits sociaux sans lesquels les Droits formels ne seraient que des déclarations de principe. La mémoire vive de l'horreur suscita une nouvelle dimension du Droit sur laquelle se fonda une nouvelle conception de l'Etat : l'Etat social[1], reconnaissant implicitement que l'injustice et la misère étaient la violence originelle qui engendrait les guerres.

On peut ainsi penser que des événements anciens marquèrent la mémoire des communautés au fer rouge. Cette mémoire de la souffrance advint lentement à la parole, fut transmise à travers des récits et s'inscrivit dans la psyché des communautés comme des tabous, puis comme des interdits religieux et, à terme, dans un cadre juridique. L'élaboration de la Loi ne relève pas d'une donnée biologique, mais d'un traumatisme qui, ne passant pas, suscite une parole, un *inter-dit*… Le traumatisme de la violence et l'horreur du cadavre engendrèrent l'interdit du meurtre. La jalousie et la violence provoquées par l'inceste au sein de groupes restreints engendrèrent son rejet, et ce fut l'émergence de l'interdit de l'inceste selon les multiples modalités des diverses cultures. Un des plus anciens codes connus est le Code d'Hammourabi[2] dont on retrouve les traces dans les 10 commandements de la Bible.

Dans la vie sociale, les pulsions prennent la forme des passions. Ces dernières ont les caractéristiques des processus inconscients[3] : elles méconnaissent le temps, la mesure et la réalité. Leur logique est celle de la jouissance aveugle et sans limites qui engendre la violence. Les passions du pouvoir, du sexe et de l'argent sont ainsi amenées à

---

[1] Etat social, mal nommé Etat providence.

[2] Le **Code de Hammourabi** est un texte juridique babylonien daté d'environ 1750 av. J.-C., à ce jour le plus complet des codes de lois connus de la Mésopotamie antique. Il a été redécouvert en 1901-1902 à Suse en Iran, gravé sur une stèle de 2,25 mètres de haut comportant la quasi-totalité du texte en écriture cunéiforme et en langue akkadienne, exposée de nos jours au musée du Louvre à Paris. Wikipédia.

[3] « Les processus du système Ics sont intemporels, c'est-à-dire qu'ils ne sont pas ordonnés dans le temps, ne sont pas modifiés par l'écoulement du temps, n'ont absolument aucune relation avec le temps. La relation au temps elle aussi est liée au travail du système Cs. »
Pas davantage les processus n'ont égard à la réalité. Ils sont soumis au principe du plaisir ; leur destin ne dépend que de leur force et de leur conformité ou non-conformité aux exigences de la régulation plaisir-déplaisir.
Résumons-nous : absence de contradiction, processus primaire (mobilité des investissements), intemporalité et substitution à la réalité extérieure de la réalité psychique, tels sont les caractères que nous devons nous attendre à trouver dans les processus appartenant au système Ics. »
Sigmund Freud, Métapsychologie, Paris, Editions Gallimard, coll. Folio, 1985.

rencontrer des limites. La passion du pouvoir, celle du meurtre. La pulsion sexuelle, celle de l'interdit du viol. Seule la passion de l'argent n'a pas rencontré d'interdit, elle est le moteur du capitalisme comme nous le verrons aux chapitres 5 et 6.

Le traumatisme marque la mémoire, suscite la parole qui circule dans le groupe, se transmet de génération en génération, se structure dans un récit qui devient fondateur : le mythe. Le groupe ne s'enlise pas dans le traumatisme passé, il élabore une représentation sensée dans laquelle il se reconnaît, occultant, transformant, déniant au fil de son élaboration les événements historiques qui lui ont donné naissance. Dans ce processus, les interdits se mettent en place au sein du système de significations qu'est le récit et assurent la pérennité du groupe en canalisant les sources de violence[1]. Ce processus assure le renouvellement de la vie, génération après génération, il est le cœur de la filiation par laquelle chaque génération transmet à la nouvelle le moyen de sa survie : ***la Loi du symbolique. Un Don inestimable*** qui définit la filiation.

Ce processus renvoie à une expérience ultime de la bonté de la vie, fond à partir duquel se perçoit l'horreur. Le sursaut, face à l'horreur, recèle l'espérance d'un monde habitable, d'une vie possible, nourrit de l'expérience de la fragilité et de la beauté de la vie qui se manifeste dans le jeu de l'enfant. Un mouvement spontané, un acte impensé, comme une réaction viscérale. Il s'y révèle une dimension fondamentale : la vie est désir, désir de vivre. Ce désir est le sens ultime dont procède l'interdit qui impose des limites à l'illimité de la pulsion. Il n'y a pas de parole, mythe et récit sans ce sens dont ils sont porteurs. Pour l'espèce humaine, une autre dimension que le déterminisme biologique assure la survie : la loi du symbolique : « *l'ensemble du système des valeurs par lequel le monde prend sens et l'homme se construit sa propre identité*[2]. »

---

[1] René Girard : *La violence et le sacré,* Editions Grasset, 1972.
[2] Carlos Tinicos, *Intelligents, trop intelligents*, Editions JCLattès, 2014.

La Bible articule ces deux dimensions de l'expérience humaine la plus archaïque (en son sens étymologique) en l'attribuant à Dieu : « *Ecoute Israël : c'est le Seigneur ton Dieu qui t'a fait sortir du pays d'Egypte, de la maison de l'esclavage* (…) *Tu te souviendras que tu as été esclave au pays d'Égypte, et que le Seigneur ton Dieu t'en a fait sortir à main forte et à bras étendu (...) tu libèreras l'esclave...*[1] » L'horreur de l'esclavage est rejetée au nom d'un don premier qui leste la mémoire d'un peuple, transmis à travers un événement dans lequel se déploient paroles et gestes signifiants : la liturgie. La mémoire d'une libération donne sens à l'existence de cette tribu nomade et organise la vie sociale en interdisant l'esclavage. Leitmotiv repris plus de 240 fois dans le texte. Ainsi l'histoire d'une communauté prend sens et consistance à travers l'élaboration d'un récit qui met en scène un don sur lequel s'appuie la Loi. Dieu et la Création, les Ancêtres, la Révolution, la République, la Volonté générale, le Marché, le Progrès… Ces récits témoignent d'une ultime et fondatrice exigence : la nécessité de donner du sens. L'impératif dogmatique comme le formule Pierre Legendre. Comme le sens n'existe pas en dehors du langage dans lequel il est enchâssé, la Loi du symbolique peut se condenser dans l'Interdit de l'inceste. Interdit non au sens juridique, mais anthropologique. Il ne vise pas tant un événement historique à condamner (un acte sexuel avec un proche), qu'une relation fusionnelle originelle. Il désigne la nécessité ontologique de la mise à distance du sujet vis-à-vis du monde pour qu'advienne la parole, et avec elle, le sujet. Chez l'animal parlant, la vie ne peut se satisfaire du déterminisme biologique, elle crée elle-même l'étayage dont elle a besoin. Le sens doit soutenir les sens sans lequel la mort s'impose comme ultime exigence[2]. Le don du sens est aussi vital que le don du sang.

L'enfant est donc appelé à entrer dans un milieu spécifique, celui de la culture. Son développement n'est pas uniquement d'ordre biologique, mais relève du langage. La conception de l'enfant *naturellement bon* est une illusion dangereuse. L'éducation ne peut se limiter à

---

[1] La Bible, Deutéronome, V, 6-15.

[2] Supra., p. 246.

accompagner l'enfant dans le développement spontané de sa nature. Il doit être confronté aux — *nons* — qui lui sont adressés et les intérioriser d'une manière ou d'une autre. En Afrique du Nord, on dit d'un enfant qui n'est pas socialisé, qu'il n'est pas — *noné* -. Sans cette épreuve, c'est le trauma bien plus redoutable de la butée contre le réel qui fracture le corps et la psyché. Lorsqu'il ne rencontre pas d'interdit, l'enfant devenu adolescent cherche des limites par des conduites à risques. En jouant avec la mort, en provoquant autrui, il cherche un obstacle qui lui permet de résister et de se sentir ainsi exister. D'après David Le Breton, « *les conduites à risques sont des sollicitations symboliques de la mort dans une quête de limites pour exister, ce sont des tentatives maladroites et douloureuses de se mettre au monde, de ritualiser le passage à l'âge d'homme (...) Les conduites à risques se distinguent absolument de la volonté de mourir, elles ne sont pas des formes maladroites de suicides, mais des détours symboliques pour s'assurer de la valeur de son existence*[1]. »

Vie et création

Le singe nu crée son mode de survie

Cette dimension symbolique est l'essence même de la culture, la trame sur laquelle se tissent les dimensions de l'existence : sociale, domestique, artistique, technique, cognitive, rituelle, religieuse, politique. Elle témoigne d'une extraordinaire créativité qui est à la source de la diversité des cultures et des langues. Le vide angoissant qui caractérise la condition humaine, le trou noir qui se love au cœur de la psyché, sont le terreau dans lequel plongent les racines d'une créativité originale que l'on retrouve tout au long de l'histoire humaine. Le *singe nu* crée son mode de survie. Ce processus se perçoit particulièrement dans le jeu de l'enfant, dans l'art et la psychanalyse.

Le jeu :

« *En jouant, l'enfant manipule les phénomènes extérieurs, il les met au service du rêve et il investit les phénomènes extérieurs choisis en*

[1] David Le Breton, *Conduites à risque*, Editions Presses universitaires de France, 2002.

leur conférant la signification et le sentiment du rêve[1] (…) *l'individu peut se rassembler, et exister comme unité, non comme une défense contre l'angoisse, mais comme l'expression du JE SUIS*[2]. » Le jeu se présente comme un espace sécurisé qui permet d'investir l'environnement selon l'imagination et le désir. Se constitue ainsi un espace transitionnel dans lequel les objets du monde extérieur prennent la forme que leur donne la subjectivité. L'enfant peut alors advenir à lui-même, *être comme l'expression du JE SUIS* et s'ouvrir progressivement au monde. Un espace qui se suffit à lui-même, sans autre but que lui-même. Ainsi le jeu de l'enfant partage quelque chose de l'essence de la méditation chez l'adulte. Temps de présence, de veille discrète aux choses et à soi, sans autre but que celui-là, qui n'en est pas un. Une déprise, un abandon, un oui secret à la vie qui nous porte, dans son surgissement silencieux, qui n'a d'autre justification qu'elle-même.

La création artistique :

« *Pensons maintenant au travail du peintre de portrait ; il est clair qu'il ne peut avoir le projet de toutes les couleurs qu'il emploiera à l'œuvre qu'il commence ; l'idée lui vient à mesure qu'il la fait ; il serait même rigoureux de dire que l'idée lui vient ensuite, comme au spectateur, et qu'il est spectateur aussi de son œuvre en train de naître. Et c'est là le propre de l'artiste. Il faut que le génie ait la grâce de nature, et s'étonne lui-même. Un beau vers n'est pas d'abord en projet, et ensuite fait ; mais il se montre beau au poète ; et la belle statue se montre belle au sculpteur à mesure qu'il la fait ; et le portrait naît sous le pinceau*[3]. » Dans la création artistique, la conscience claire et volontaire est secondaire. L'artiste est comme spectateur d'une œuvre qu'il ne peut connaître à l'avance. Il est comme devancé par une force intérieure qui le travaille et qui prend corps dans l'œuvre. Il crée à partir de *rien*, c'est-à-dire, sans représentation mentale précise préalable. Se manifeste ainsi l'énergie psychique qui préside à la création des médiations qui constituent la culture. Dans la création affleure la vie comme source inépuisable de

---

[1] Winnicott, *Jeu et réalité*, Editions Gallimard, p. 73.
[2] Ibid., p. 80.
[3] Alain, « *Système des beaux-arts* », Editions Gallimard, Paris, 1926.

nouveautés inattendues qui échappe à nos prises parce qu'elle nous précède.

La psychanalyse :

La psychanalyse s'inscrit dans cette perspective. Elle peut se définir comme un art, l'art d'ouvrir l'espace d'une parole créatrice dans une histoire singulière piégée par le trauma et son corollaire : la répétition. Après plusieurs définitions de l'acte analytique, Lacan définit la psychanalyse comme *l'art du bien dire*[1] qui a le pouvoir de faire advenir des perspectives nouvelles avec soi-même, avec autrui, avec les événements. Ainsi l'enjeu d'une psychanalyse se trouve dans la possibilité pour le patient d'être créateur, d'advenir à quelque chose d'autre et de différent, par la simple parole dont il est le sujet et qui le surprend. A travers un récit maintes fois repris et lentement déplacé s'élabore une parole qui laisse pressentir la singularité du sujet comme les couleurs et les coups de pinceau du peintre dévoilent son style et son génie. Ce surgissement déplace le sujet : il ne reste pas une victime passive, il devient acteur qui met en forme une existence : la sienne. La plainte se délite, une personnalité s'affirme lentement. La parole permet ainsi de se dégager de la répétition du trauma comme l'art se libère de la simple reproduction de la réalité. Une lente advenue à soi, à une liberté nouvelle. Dans cette perspective, l'existence est conçue comme un vide, une béance d'où peut surgir une mise en scène qui lui donne une figure familière et singulière. Figure dans laquelle le sujet se reconnaît : *« Comme je suis disponible et qu'elle le sent, elle se redresse et allume une cigarette. Pendant près d'une heure, elle me fait alors le récit de sa vie, m'entraîne à sa suite dans l'enchevêtrement des déceptions amoureuses, des trahisons, des tentatives de rester intègre au milieu de ce qu'elle juge être la médiocrité de la fonction publique. Elle me confie sa souffrance intime de n'avoir pu empêcher son compagnon de sombrer dans la folie. Une vie poignante, qu'elle ramasse ainsi morceau par morceau devant moi, avec un ultime souci : trouver le fil qui les relie et leur donne un sens. Je lui confie le respect que j'éprouve pour ce qu'elle a vécu. Son*

[1] Lacan, *L'éthique de la psychanalyse*, Editions du Seuil, 1986.

visage s'éclaire, oui ; elle a trouvé le fil ! - Eh bien tout cela, c'est moi, dit-elle, c'est ma vie ![1]. »

Ce processus ne concerne pas seulement le sujet dans sa quête de lui-même, mais aussi le groupe ou le peuple : *« La psychanalyse constitue à cet égard un laboratoire particulièrement instructif pour une enquête proprement philosophique sur la notion d'identité narrative. On y voit en effet comment l'histoire d'une vie se constitue par une suite de rectifications appliquées à des récits préalables, et de la même façon que l'histoire d'un peuple, d'une collectivité, d'une institution procède de la suite de corrections que chaque nouvel historien apporte aux descriptions et aux explications de ses prédécesseurs, et, de proche en proche, aux légendes qui ont précédé ce travail proprement historiographique. Comme il a été dit, l'histoire procède toujours de l'histoire. Il en va de même du travail de correction et de rectification constitutif de la perlaboration analytique : un sujet se reconnaît dans l'histoire qu'il raconte à lui-même sur lui-même[2]. »*

Cette créativité à la source de l'ordre symbolique s'oublie derrière le poids des traditions et des évidences de la vie quotidienne. Elle cache une saisie intuitive du monde, en deçà de la conscience claire et lucide. Cette saisie peut se manifester dans l'œuvre de l'artiste, peut faire l'objet d'une analyse philosophique, et peut être occultée derrière l'objectivité prétendue du discours scientifique.

L'expérience première

Cette créativité est l'expression première du mouvement de la vie. Aussi vital que l'instinct chez l'animal. Elle passe, chez l'être humain, par un détour. L'expression j*'ai conscience du danger* suppose que le sujet se fasse une idée du danger. La conscience vise un objet par le biais d'une représentation mentale[3]. Ce détour est sous-tendu par cet élan de la vie en prise avec son environnement.

---

[1] Marie de Hennezel, *La mort intime*, Editions Robert LAFFONT, p. 56.
[2] Ricœur, *Temps et récit* (III), *Le temps raconté*, Editions Le Seuil, 1985.
[3] « Ces états de conscience sont aussi appelés états intentionnels. Le mot intentionnalité ne signifie rien d'autre que cette particularité foncière et générale qu'a la conscience

Si l'enfant exprime des problèmes en accédant au langage, c'est que, en deçà du langage, se vit un certain rapport aux choses qui soutient leur nomination. On ne cherche pas quelque chose si on ne l'a pas déjà trouvée d'une manière intuitive, confuse. On ne formule pas un problème si *on ne le sent pas*. Un problème qui nous échappe totalement n'est pas ressenti comme problème, il n'existe tout simplement pas pour nous. Si les choses que nous percevons grâce aux mots posent problème, c'est que, d'une certaine manière, nous les avons pressenties, en deçà de la parole et de la conscience. Platon explique ce phénomène par la réminiscence. St Augustin, par le recours à Dieu.

Un mouvement premier et secret (instinctuel, vital, inconscient) précède la nomination consciente des choses. Le verbe *reconnaître*, avec son préfixe, évoque ce double mouvement qui nous ouvre au monde. La nomination des choses est précédée par une saisie intuitive de leur existence. Le verbe reconnaître affirme communément davantage l'existence d'un être (son existence, objet d'intuition) que sa connaissance (son essence).

Les mots ne seraient qu'un élément second qui viendrait étayer une saisie première, charnelle, vitale du monde. Expression première de la vie qui s'ouvre au monde au rythme du souffle et des pulsations du cœur. Ainsi l'esprit serait une manifestation seconde de la vie. Ce mouvement de saisie du monde qui définit l'esprit, en deçà des mots qu'il charrie, ne peut être réduit à un besoin physiologique. Il est d'un autre ordre : psychique. Le besoin exprime un manque physiologique, son terreau est l'organisme biologique. L'esprit exprime une quête de sens ; il est mu par des exigences. L'esprit est structuré par *la Loi du symbolique* qui porte en elle, comme la femme enceinte porte son enfant, les exigences de justice, de vérité, d'intégrité… La perversion de ces exigences est une violence symbolique qui déchire l'esprit et disposent à toutes les violences.

---

d'être conscience de quelque chose, de porter, en sa qualité de cogito, son cogitatum en elle-même. »
Husserl, *Méditations cartésiennes*, Editions Vrin, 1947, 1992.

Comme le besoin toujours renaissant, l'exigence qui anime l'esprit renaît sans cesse comme un horizon qui recule à chaque âge de la vie. Ainsi en va-t-il de la vérité qui n'est qu'en tant qu'elle est cherchée. Le sens dont l'esprit habille le monde n'est pas le monde, il est une exigence de la psyché qui surgit encore et encore des failles et parfois des gouffres qui lézardent le paysage familier que nous avons élaboré plus ou moins à notre insu. Attribuer cet esprit à Dieu fut la manière dont les religions ont souligné l'importance décisive de cette dimension à travers l'histoire.

L'essence charnelle du monde

Merleau-Ponty parle d'expérience première, en deçà des connaissances scientifiques : « *Tout ce que je sais du monde, même par science, je le sais à partir d'une vue mienne ou d'une expérience du monde sans laquelle les symboles de la science ne voudraient rien dire. Tout l'univers de la science est construit sur le monde vécu et si nous voulons penser la science elle-même avec rigueur, en apprécier exactement le sens et la portée, il nous faut réveiller d'abord cette expérience du monde dont elle est l'expression seconde. La science n'a pas et n'aura jamais le même sens d'être que le monde perçu pour la simple raison qu'elle en est une détermination ou une explication*[1]. »

La nature est à l'intérieur

Merleau-Ponty applique cette intuition à la peinture de Cézanne. L'artiste perçoit dans la peinture l'essence charnelle du monde : « *Puisque les choses et mon corps sont faits de la même étoffe, il faut que sa vision se fasse de quelque manière en elles, ou encore que leur visibilité manifeste se double en lui d'une visibilité secrète : "la nature est à l'intérieur", dit Cézanne. Qualité, lumière, couleur, profondeur, qui sont là-bas devant nous, n'y sont que parce qu'elles éveillent en nous un écho dans notre corps, parce qu'il leur fait accueil. Cet équivalent interne, cette formule charnelle de leur présence que les choses suscitent en moi, pourquoi à leur tour ne*

---

[1] Merleau-Ponty, *Phénoménologie de la perception*, Paris, NRF, Editions Gallimard, 1945.

susciteraient-ils pas un tracé, visible encore, où tout autre regard retrouvera les motifs qui soutiennent son inspection du monde ? Alors paraît un visible à la deuxième puissance, essence charnelle ou icône du premier. Ce n'est pas un double affaibli, un trompe-l'œil, une autre chose (...) Je serais bien en peine de dire où est le tableau que je regarde. Car je ne le regarde pas comme on regarde une chose, je ne le fixe pas en son lieu, mon regard erre en lui comme dans les limbes de l'Etre, je vois selon ou avec lui plutôt que je ne le vois[1]. »

Avant d'être perçu par une conscience, le monde est vécu dans la chair. Le sujet en est *affecté*. Ce vécu est comme un double intérieur du monde extérieur. Cette saisie première donne aux choses une visibilité secrète, une présence intérieure qui échappe au regard. L'artiste tente de donner à cette perception intérieure une visibilité extérieure, celle de l'œuvre. Comme l'expérience qu'elle tente de manifester, l'œuvre n'est pas à situer dans l'espace et le temps. Elle est en deçà du cadre qui appartient à la dimension symbolique. Elle n'est pas une chose parmi les choses parce qu'elle plonge ses racines dans les *limbes de l'être*. Elle n'est pas objet du regard mais invitation à regarder.

Cette saisie charnelle du monde que Cézanne tente de restituer dans ses peintures sans jamais y arriver définitivement (plus de 110 tableaux de la Ste Victoire) ne peut se réduire à une simple et primordiale passivité. Encore faut-il que l'artiste se laisse saisir par le spectacle et s'engage dans une *activité créatrice*, une aventure. Une réponse à une invitation première à laquelle le sujet consent plus ou moins volontairement. Une histoire à engager sans en *connaître* préalablement la fin. Un *oui* originel. Un acte de liberté à la source de l'être. Un acte de foi, comme assise secrète de toute liberté. L'adhésion primordiale du sujet à la vie qui l'anime et dans laquelle il s'engage sans en connaître préalablement le déroulement et la fin. Le mouvement même de la vie qui se désire elle-même, *aveuglément*, dont le mot *aventure* semble rendre compte. Cette saisie première du monde serait l'expression première de la vie dans son effort pour survivre et se développer. Une autre manière de parler de l'Inconscient.

[1] Merleau-Ponty, *L'œil et l'esprit,* Editions Gallimard, 1960.

Cette relation primordiale au monde qui définit la psyché est façonnée par l'environnement culturel. De même que l'ouïe, l'odorat et la vue sont marqués très tôt, dès la vie intra-utérine ; la présence de chacun à soi et au monde est façonnée par la culture qui opère comme une *matrice primordiale*. Elle s'inscrit dans la chair comme condition de possibilité de la pensée, à laquelle elle échappe. Elle opère de façon inconsciente, graduelle, progressive et imperceptible, comme une forme d'habitus originel[1], colorant nos affects les plus archaïques. Elle se manifeste comme une manière d'être, de penser et de sentir, de voir... Elle se reconnaît comme un esprit, comme lorsqu'on parle d'un sens philosophique ou pratique, jamais posé ni imposé parce que toujours déjà là. Un a priori indépassable. Le terme de filiation pourrait évoquer ce façonnage d'une génération à l'autre. Ainsi, ce qui nous détermine échappe à la conscience, comme l'air que nous respirons et qui échappe à notre attention. Il y faut la confrontation avec l'altérité d'une autre culture pour en prendre conscience dans un retour sur soi : une réflexion sur sa propre manière d'être.

Pascal explicite ce processus avec les mots de son époque : « *nous sommes embarqués, nous sommes automates autant qu'esprit : et delà vient que l'instrument par lequel la persuasion se fait n'est pas la seule démonstration. Combien y a-t-il peu de choses démontrées ! Les preuves ne convainquent que l'esprit. La coutume fait nos preuves plus fortes et plus crues ; elle incline l'automate, qui entraîne l'esprit sans qu'il y pense*[2]. » Cette analyse qui peut paraître fastidieuse se révèlera éclairante lorsque l'on considèrera le capitalisme comme une culture à part entière et non comme un simple type d'économie, dans les chapitres suivants.

L'espèce humaine trouve dans sa fragilité même la puissance d'inventer un mode d'adaptation original qui fait tout à la fois sa force et sa folie. *L'homme est un loup et un dieu pour l'homme*, disait Spinoza. Est-ce cette donnée anthropologique fondamentale que St Paul esquisse à sa manière : « *lorsque je suis faible, c'est alors que je*

---

[1] Bourdieu, *Médiations pascaliennes*, Editions du Seuil, Paris, réédition 2007, p. 25-26. Nous appliquons à la culture l'analyse que fait Bourdieu de l'habitus, l'intériorisation par l'enfant de la culture de sa classe sociale.

[2] Pascal, Pensées diverses VIII.

suis fort[1]. » Cette force n'oblitère pas complètement la fragilité native qui demeure tout au long de l'histoire du sujet comme en témoigne l'épreuve de l'impensable qui ébranle cet étayage.

L'angoisse réactionnelle

Il ne s'agit plus de parler de l'angoisse originelle du petit homme, mais de l'épreuve qui peut ébranler l'équilibre psychique d'un sujet adulte. En effet, tout un chacun peut subir un événement impensable pour lui : l'annonce d'une maladie grave, la perte inattendue d'un être proche, un divorce brutal, un accident, un échec professionnel, le chômage… une épreuve toujours pensée pour les autres, jamais pour soi. Une épreuve à laquelle on ne peut se préparer parce qu'elle sort du champ des possibles. Elle se caractérise par l'effondrement de notre présence au monde, à soi, aux autres, comme le suggère l*e Cri* de Munch. La peur est capable de définir son objet : le chien qui aboie. La douleur peut être parlée et localisée. L'angoisse s'en distingue par son incapacité à nommer son objet. L'angoisse réactionnelle ne serait pas dramatique si l'enjeu se limitait à l'incapacité momentanée à nommer un événement particulier. Le choc est tel que le sujet s'effondre intérieurement. L'épreuve affecte cette aptitude fondamentale à être présent au monde. Il en est comme si un étai s'effondrait et entraînait dans sa chute l'étayage lui-même et ce qu'il maintenait : l'esprit. Le choc psychique est tel qu'il ébranle dans son sillage la capacité à se reconnaître, à reconnaître son corps, les autres, le monde… Un court-circuit psychique où se rejoue à son corps défendant la déréliction du petit homme à la naissance. Le burn-out se manifeste par les mêmes symptômes, mais il provient d'une longue usure imposée par les conditions de travail et l'absurdité de ses finalités.

Dans *Le trou noir de la psyché*[2], Tustin reprend le témoignage d'un tel effondrement chez un alpiniste : « *Une passe difficile met en difficulté Dave. Le vertige et la conscience brutale de sa fragilité le tétanisent. Les derniers rebonds de cette pierre étaient à peine audibles lorsqu'elle atteignit l'éboulis cent vingt mètres plus bas, et cela fit*

---

[1] St Paul, 2e épitre aux Corinthiens, 9b-10.
[2] Frances Tustin, *Le trou noir de la psyché*, Editions du Seuil, 1989, p. 123-124.

ressortir le silence, la hauteur, l'espace, l'isolement. Je n'avais conscience que de l'espace et de l'isolement, avec un vague pressentiment que je ne pouvais pas, même en moi-même, appeler cela « peur ». Quand Alan arriva, je ne pouvais parler que par monosyllabes. J'emmêlai la corde quand nous échangeâmes nos positions pour qu'il assure. Je me remis à grimper, maladroitement, sans goût (...) J'étais concerné, et je ne participais pas. Ce n'était pas moi qui me tenais là. Je me transformais en observateur indifférent de mon corps propre. Mes émotions s'étaient mises en état de « conservation par le froid » : pas d'excitation, pas de maladresse par la nervosité. Aussi, quand Alan appela du haut du premier piton, je me vis, froidement, impassiblement commencer à grimper. J'étais un automate.

L'auteure poursuit son analyse : *(...) Après avoir ainsi fait face à cette terrifiante situation, Dave raconte le retour progressif de son moral, et de sa confiance. « Alan dit : « Dave, déplace-toi vers la droite. Il y a de bonnes prises sur l'arête, et la roche est tout à fait sèche. » Et voici la réaction de Dave : « Ces mots venaient du monde extérieur. Je n'avais aucune idée du temps qui s'était écoulé ni de la façon dont j'avais grimpé. Il y eut, de fait, un retour à la conscience, d'une conscience qui appréhendait une personne complète, en son entier — corps et esprit -, s'efforçant de bien grimper et grimpant avec plaisir. Le plaisir enfla jusqu'à devenir une vibrante et confiante ivresse. »*

Le sujet angoissé peine à demeurer présent au monde, comme si les choses, les autres et lui-même n'étaient plus accessibles. Comme si les représentations qui les rendaient présents n'opéraient plus leur travail de médiation. Il est des événements qui surgissent avec une telle force que le psychisme ne peut garder la distance nécessaire à l'élaboration de ces représentations. Ils opèrent comme un tsunami psychique. Le tissu des représentations mentales qui donne au réel sa présence se déchire sous le choc ; surgit alors l'innommable. Une implosion qui affecte aussi la reconnaissance de soi : *nuit de l'identité* que Ricœur formule avec force : *« La phrase : "je ne suis rien", "je suis perdu", doit garder sa forme paradoxale : "rien" ne signifierait plus rien, si rien n'était en effet attribué à un "je" ? Mais qui est encore je quand le sujet dit qu'il n'est rien ? (...) En ces moments de dépouillement extrême, la réponse nulle, à la question qui suis-je, renvoie, non point à la nullité, mais à la nudité de la question elle-même*[1]. »

Il en va comme si la distance nécessaire à l'élaboration de ces représentations était submergée par la puissance envahissante du réel. Ainsi, l'angoisse surgit, non parce que les choses échappent à nos prises, mais parce qu'elles se font trop proches. L'angoisse est suscitée par le manque du manque[2]. L'irruption du réel sature et brouille l'espace psychique.

Cet effondrement possible révèle la manière d'être propre de l'espèce humaine, qui se laisse percevoir chez l'enfant. Elle met à jour un travail silencieux et secret, celui d'un jaillissement originaire et donateur de sens par le détour des mots et des présentations mentales qui y sont attachées. Sens par lequel nous nous *présentons* le monde, sens par lequel le monde est mis en scène, mais aussi autrui et soi-même. Chez l'enfant, ce jaillissement originaire se soutient de celui de ses proches ; il se reconnaît dans le regard bienveillant des parents qui acquiescent à sa joie lorsqu'il montre son dessin, et il l'exprime : *c'est moi qui ai fait ça !* Cette présence bienveillante et signifiante est le cœur même de la filiation qui assure la transmission d'une culture d'une génération à l'autre.

Nous sommes ainsi *foyer originel de significations*[3]. Ce jaillissement donateur de sens d'où procède la loi du symbolique constitue l'homme en son essence la plus intime. Les mythes sont une manière, traditionnelle, de constituer un monde signifiant, à travers des représentations collectives : le tohu-bohu, Adam et Eve... Ainsi, l'homme est un être à qui il ne suffit pas d'être. Encore faut-il qu'il donne sens au monde et dans le même mouvement, à lui-même.

L'angoisse réactionnelle est un coup porté à ce jaillissement originel qui nous constitue : un mal-être au sens fort du terme. Le réel que nous prenons en pleine figure fait éclater nos évidences habituelles. La

---

[1] Ricœur, *Soi-même comme un autre*, Editions du Seuil, 1990, p. 197.

[2] Lacan, *L'angoisse* (S X), 1962-1963, Paris, Editions du Seuil, 2004.

[3] Merleau-Ponty, *Phénoménologie de la perception*, introduction, Paris, NRF, Editions Gallimard, 1945.

douleur est une affection du corps, la souffrance une affection de la vie psychique (consciente et inconsciente), l'angoisse est une affection de ce jaillissement originel qui nous constitue au plus profond. Jaillissement de sens qui fait de soi et du monde des réalités à advenir. L'homme n'est pas statiquement comme la chose ; il est projet, constituant du même coup le monde qui l'entoure et lui-même. Il n'est pas donné immédiatement à lui-même, il a à advenir. L'angoisse brise momentanément cet élan spontané. Il ne peut plus être *pour lui* selon l'expression de Hegel[1].

Le tableau Guernica de Picasso fait éclater les références qui rendent notre monde familier : le temps et l'espace. Le regard n'y trouve ni profondeur ni mouvement. Il n'y a plus la perspective qui donne à voir l'espace en mettant à distance les corps et les objets. Il n'y a plus le mouvement des corps, mouvement par lequel se laisse pressentir le temps. Un geste familier laissant deviner ce qu'il y avait avant, ce qui suivra. Sur la toile de l'artiste, corps et membres sont entremêlés en des formes étranges et exacerbées. Temps et espace implosent ou explosent dans une immédiateté immobile et traumatisante : mouvement brisé de l'éclatement paradoxalement éternisé sur la toile, surface sans profondeur. Cette faille qui surgit dans l'expérience quotidienne du spectateur laisse pantelant, sans pouvoir mettre des mots devant l'étrangeté du spectacle qui le brutalise. L'exégèse habituelle du tableau à la recherche de symbole (le cheval, le lion) s'inscrit à faux contre cette violence, elle met du sens là où précisément l'œuvre entend le briser. En 1937 une rencontre laisse penser que c'est bien là l'intention de Picasso : l'ambassadeur nazi, Otto Abetz, s'arrêtant devant le tableau « Guernica », demanda à Picasso : *« c'est vous qui avez fait ça ? », « Non, c'est vous ! »*, répondit ce dernier.

Une conversion possible

Si cet effondrement intérieur est une épreuve redoutable, elle n'est pas pour autant la fin de l'histoire du sujet. Ricœur suggère que ce néant de l'identité peut déboucher sur une transformation ou une conversion : *« Il se pourrait en effet que les transformations les plus*

[1] Hegel, *La phénoménologie de l'esprit*, Editions Vrin, 2006.

dramatiques de l'identité personnelle dussent traverser l'épreuve de ce néant de l'identité... Maints récits de conversion portent témoignage sur de telles nuits de l'identité personnelle[1]. » De nombreux récits, ainsi que l'accompagnement des personnes en fin de vie[2], évoquent une traversée possible qui débouche sur une transformation du sujet. Le terme religieux de *conversion* trouve ici une signification anthropologique.

Ce passage est vécu comme un changement qui n'est pas le fruit d'une ascèse ou d'un projet volontaire. Car l'épreuve dont il est question affecte la capacité même du sujet à élaborer des projets. Il s'agit d'une lente *disruption* qui opère à l'insu du sujet, comme une *dé-maîtrise* subie. Comme la femme *en travail* d'accouchement. Du fond de cet effondrement, dans une passivité essentielle, naît, au fil du temps, comme un murmure d'abord inaudible, une saveur inattendue et inconnue de la vie. Le sujet y découvre comme une fraîcheur nouvelle qui se développe d'elle-même, secrètement. Un équilibre fragile se met en place. Le temps opère, à l'insu de la volonté claire et consciente. Cette passivité lovée au cœur de l'expérience conduit de nombreuses traditions à attribuer cette transformation à Dieu. On parle aujourd'hui de résilience. Une *renaissance* qui se laisse percevoir à travers divers traits : l'humour, l'attention au présent, une nouvelle hiérarchie de valeurs...

L'équilibre qui s'ensuit a moins besoin des étayages habituels pour tenir : statut social, image de soi, regard des autres. Comme si la singularité du sujet trouvait enfin une assise intérieure sans passer par les processus habituels : rivalité à relever, défi à assumer, preuves à donner, narcissisme à défendre. Ces étayages qui suscitaient l'agressivité lorsqu'ils étaient remis en cause cachaient maladroitement les mécanismes de défense psychiques qui les sous-tendaient et la fragilité qu'ils occultaient. Il en va comme si l'angoisse qui sous-tendait la manière d'être antérieure se faisait moins prégnante. Cette transformation est particulièrement probante dans la manière qu'a le sujet d'investir les images de lui-même. Il n'est plus crispé sur des représentations, personnelles et sociales ; un

[1] Ricœur, *Soi-même comme un autre*, Editions du Seuil, 1990, p. 197.
[2] J-P Sauzet, *La personne en fin de vie*, Editions L'Harmattan, 2006.

déplacement du centre de gravité du sujet relativise les images de soi avec lesquelles il peut alors plaisanter. L'humour est la signature de ce basculement, cette capacité à jouer avec les représentations de soi. Parce qu'elles ne sont plus que des représentations. Comme si elles s'étaient décollées d'un *soi* qui a pris une consistance eu lui-même.

Le rapport à soi, mais aussi au temps se transforme. L'épreuve ébranle la représentation d'un avenir possible qui se disloque en même temps que s'effondrent le passé et le présent. Les projets se brisent sur le roc de l'impensable. Le passé devient illisible, l'avenir insaisissable. Cette expérience éclaire, après coup, la manière dont nous vivons spontanément le temps. Le présent se nourrit à notre insu d'une histoire lisible et d'un avenir possible. Lorsque le passé éclate sous le choc de l'événement traumatisant, lorsque l'avenir se brouille dans l'effondrement brutal de la vie quotidienne, c'est le temps lui-même qui perd sa consistance. L'épreuve fait découvrir que le temps vécu n'est pas une donnée immédiate, même s'il semble évident. Il relève d'une élaboration souterraine qui peut momentanément s'effondrer. Le présent ne prend corps que sur fond de la représentation d'un avenir possible dans laquelle l'esprit projette des données du passé. Il n'est pas assez riche en lui-même pour se tenir par lui-même. L'avenir impossible disqualifie le présent dans lequel nous sommes pourtant vivants et bien vivants. Il s'agit du sens même de son existence. Nous verrons comment le capitalisme pensé comme une ère culturelle pervertit cette donnée fondamentale, et apparaît alors comme une faillite de l'esprit, générant dans une infime partie de la population une réaction titanesque dans laquelle le meurtre de masse et le suicide se nouent dans un acte de toute-puissance qui se veut apocalyptique.

Traversant l'épreuve, sans savoir comment ni pourquoi, le sujet découvre une nouvelle manière de vivre le temps. Il en va comme si l'être se rassemblait en une adhésion spontanée à la vie présente. Chaque instant se chargeant d'une densité nouvelle dans laquelle se laisse deviner à travers un regard, un geste, une parole, la beauté de l'humain. Le sujet est affecté en ce jaillissement originel de sens qui le constitue. Ce cheminement n'est pas un retour à une existence préconsciente, c'est plutôt un accès à une nouvelle innocence. Nouvelle parce que ce n'est pas l'innocence de l'enfant marquée par l'insouciance. C'est une innocence chargée du poids de la vie, d'une gravité sereine forgée à travers une histoire vécue. Cette manière d'être est davantage celle de l'artiste que celle du technicien ou de l'homme de science. Dans la création artistique, le sujet s'en remet au présent sans savoir avec précision ce qui va se dessiner sous son crayon ou son pinceau. C'est de l'acte s'accomplissant que sourd un sens nouveau, une œuvre singulière. Cette manière d'être est aussi celle du mystique qui s'approche de l'insaisissable. Sachant que les représentations de Dieu sont toutes frappées de caducité, il s'ouvre à l'imprévisible. Il n'est pas maître de ce qu'il dit, mais s'étonne de ce qui advient. La parole se nimbe alors de silence et se fait rare. Les victimes du burn-out racontent de tels itinéraires[1].

Il en va comme si l'homme trouvait sans le vouloir ce contact avec le jaillissement présent de la vie qui lui échappait depuis la naissance à cause de sa fragilité native. Comme s'il fallait, pour le trouver, prendre le chemin que l'on ne pouvait prendre. Traverser à reculons le mal-être constitutif de notre mode d'être. Ce passage est mis en scène dans les rituels et les récits initiatiques. Le romancier est plus à même d'évoquer cette nouveauté. Maurice Bellet, dans les jardins du Luxembourg, met en scène l'effondrement brutal de son personnage et l'issue inattendue de cette épreuve : *« Le voilà immobile, noué au milieu de l'espace vide, cloué vif, dans le halètement et le hurlement muet, cloué sur le poteau de l'angoisse. Le Luxembourg est un désert qui s'étend jusqu'aux limites de l'univers. Et le vide qui encercle Monsieur Périer et qui le fouaille jusqu'au-dedans des os est bien plus dur, d'une absence bien plus atroce que l'intersidéral pour le cosmonaute. Car ce que Monsieur Périer connaît, en cet instant, c'est la vacuité du monde, c'est la grande vidange de tout. »*

Puis, dans les pages suivantes, un regard nouveau s'offre à M. Périer : *« Ce n'était pas la vision obscure d'autrefois, c'est une vision éclatante. Et il voit qu'il voit. Non qu'il réfléchisse, qu'il s'examine au miroir. Pas du tout. Aucune distance. Il est dedans, il est dans ce regard qu'il donne à toutes choses, et son regard est doucement pris et aimé par cet éveil des choses, où Jean Périer s'illumine tout entier - car la lampe du corps, c'est l'œil. Il voit ce qu'il a toujours vu... Et pourtant ce qu'il voit, c'est l'envers lumineux du monde. A moins que ce ne soit l'endroit,*

[1] *La mécanique du burn-out*, documentaire télévisé d'Elsa Fayner. 2018/02/14.

et que notre regard ordinaire ne voie que l'envers de la tapisserie, confus et laid. De l'autre côté, de l'autre côté est la merveille[1]. »

La liberté ne s'affirme plus à travers des savoirs élaborés et des procédures maîtrisées, mais dans l'audace discrète de prendre des décisions, d'oser des rencontres, d'élaborer un récit à travers une parole surprenante. La tonalité d'une vie ne se dit plus dans la maîtrise d'un avenir, mais dans l'accueil du présent. Nous retrouvons les intuitions des grandes figures de la philosophie ou de la religion. Est-ce le *dire oui* de Nietzsche, *l'esprit d'enfance* de Ste Thérèse, *la joie pure* de saint François ? Ce temps d'appropriation spirituelle de la fragile condition humaine se révèle d'une richesse humaine insoupçonnée.

La vie et les gestes simples du quotidien prennent une nouvelle profondeur. Vivre un assentiment grave et serein à la vie qui sourd. Tant qu'elle sourd, à travers une parole qui prend du poids, une main lovée au creux d'une autre main, la chaleur délicate d'un rayon de soleil qui traverse le rideau. Cette adhésion fondatrice et tâtonnante au surgissement originel de la vie qui nous porte est appelée par les religions : la foi. Quel nom peut lui donner le philosophe qui la pense à la lumière vacillante de la simple raison ? Elle ressemble aux gestes hésitants et pudiques des jeunes amoureux qui s'abandonnent maladroitement au désir qui les anime.

Une autre manière d'être se laisse deviner : celle de l'accueil du don jaillissant et insaisissable de la vie qui irrigue secrètement le présent. La beauté de l'homme ne s'y manifeste pas dans la réalisation d'un projet maîtrisé, mais au cœur de sa fragilité, comme une profondeur de l'être qui advient d'elle-même. Une expérience de vérité qui surprend, dans laquelle le sujet se découvre réconcilié avec sa fragilité native.

Il se pourrait que cette production tout à la fois psychique et sociale qu'est la culture ne puisse se réduire à une défense contre l'angoisse, mais être aussi une création singulière qui s'inscrit dans le déploiement insaisissable de la vie. Il nous faut alors élargir notre réflexion à l'ensemble de ces créations qui forment les cultures.

---

[1] Maurice Bellet, *Les jardins du Luxembourg*, Editions Desclée de Brouwer, 1996

II) La culture : un milieu de vie

« Toute culture peut être considérée comme un ensemble de systèmes symboliques au premier rang desquels se placent le langage, les règles matrimoniales, les rapports économiques, l'art, la science, la religion. »

Lévi-Strauss

Le petit homme survit grâce à son environnement social. Cet environnement n'est pas le milieu naturel avec lequel interagit tout vivant. Il s'inscrit dans une culture qui le prévient, le porte, l'enveloppe et l'appelle. La culture se comprend comme un cocon protecteur tissé au cours des millénaires, une boursoufflure de la nature.

La culture comme milieu de vie

Ainsi définie, la culture est constitutive de l'existence humaine. Dans son utilisation courante, le mot a le plus souvent d'autres sens.

Une culture de classe

Le terme culturel comporte trois significations. En France, la plus courante en fait un synonyme d'érudition et de bonne éducation. Un homme cultivé a de nombreuses connaissances dont il rend compte en société. Elle s'accompagne d'un certain savoir-vivre et engendre une reconnaissance sociale prisée dans *la bonne société*. Définie ainsi, elle fut et reste encore l'apanage d'une classe sociale : l'aristocratie, la bourgeoise. Dans cette perspective, l'éducation se définit comme la transmission d'un patrimoine intellectuel : celle des grands auteurs, les grands classiques qui ont marqué la culture occidentale. Et d'un savoir-vivre. La culture se réduit ainsi à une culture de classe, niant implicitement d'autres cultures.

Un marché

Cette conception bien française se double d'une nouvelle conception avec l'apparition et le développement d'un marché de la culture ; l'ensemble des activités et des occupations de divertissement : cinéma, musique, lecture, photo, sport, savoir... transformées en marchandise. Le loisir, ou *temps libre,* devient un vaste marché dans lequel le sujet est sollicité en tant que consommateur. Cette mutation réduit les traditions à des folklores divertissants pour attirer les touristes, à des outils de marketing pour les villes et les régions au rythme des *événements culturels* qui jalonnent le temps des vacances. Une nouvelle dimension de l'activité humaine est née, avec ses métiers :

l'événementiel. Le *temps vacant* — libre de toute activité déterminée, abandonné à la créativité spontanée — se noie dans une multitude de sollicitations : la société de consommation. La culture est ainsi instrumentalisée dans une logique du profit.

Le mode d'adaptation de l'espèce humaine

Cependant, ces approches oublient un fait fondamental : tout homme est cultivé. La culture n'est pas le trait caractéristique d'une classe sociale ou un nouveau marché offert aux consommateurs. L'individu privé de la connaissance des grands auteurs et n'ayant pas accès au marché de la culture est encore et toujours un homme *cultivé*. L'expression *culture populaire*, nourrie des traditions qui portent en elles l'odeur des terroirs, les couleurs des paysages, et un art de vivre, se rattache à cette troisième conception. Des œuvres en manifestent la richesse comme *Le pays violet*[1].

La culture définit la condition humaine. Elle détermine l'objet de l'anthropologie : l'étude de l'homme en tant qu'il appartient à une culture. La prise de conscience de cette dimension ne va pas de soi… parce qu'elle va paradoxalement trop de soi. Elle est ce milieu dans lequel l'animal parlant grandit et s'ouvre au monde et à lui-même. Elle est toujours déjà là, comme l'air que nous respirons, le sol que nos pas attendent inconsciemment pour s'y poser spontanément avec une confiance aveugle et spontanée. Elle façonne *la vie quotidienne*[2] dans ses épisodes les plus familiers, elle en détermine la texture, le ton, la couleur. Elle est tout à la fois inconnue et étalée devant nos yeux, intégrée dans notre corps et notre psychisme, donnant forme à la saisie intuitive que chacun a du monde. Le voyage et la rencontre de l'étranger sont les révélateurs privilégiés de son existence et de sa diversité. Celui qui pratique la danse sait d'emblée que l'Africain n'habite pas son corps comme l'Occidental. Chez lui, la danse est un souffle vital qui anime tout le corps, social et individuel. Les anthropologues disent que l'Africain fait société au rythme de la danse, le français autour d'une table bien garnie. Nous pressentons ainsi deux *modes d'être*, deux *postures existentielles*, pour prendre un

---

[1] André Griffon, *Le Pays violet* , illustrations de Gaby Beaume, 1985.
[2] Henri Lefebvre, *La Vie quotidienne dans le monde moderne*, Editions Gallimard, 1968.

mot trop savant. La culture apparaît alors comme une manière de vivre, de penser, d'aimer, de tisser des relations, de se nourrir, de voir le monde... Une manière d'*être présent* à soi, aux autres, au monde, partagée par un peuple et une époque.

Le tissu de la culture est fait de médiations disait Lévi-Strauss : *« toute culture peut être considérée comme un ensemble de systèmes symboliques au premier rang desquels se placent le langage, les règles matrimoniales, les rapports économiques, l'art, la science, la religion[1]. »*

Une médiation est un élément médian, un intermédiaire entre deux réalités. Dans le cadre d'un conflit, le médiateur est celui qui prend place entre deux adversaires dans l'intention de rétablir une relation mise à mal par un conflit. Cette définition retrouve précisément le sens étymologique du symbole. Dans l'antiquité grecque, le symbole était composé des deux morceaux d'une porterie brisée. Morceaux qui pouvaient être joints bout à bout. La jonction de ces deux morceaux permettait à deux émissaires de se reconnaître lors d'une rencontre. Ainsi, médiation et symbole ont le même sens, la formule *médiation symbolique* serait ainsi une tautologie. Une médiation symbolique crée un lien entre deux personnes, entre membres d'un groupe, entre la conscience et le monde. Appeler quelqu'un par son prénom établit un contact. Le geste ritualisé a la même fonction : serrer la main, faire la bise. Les connaissances de même. Elles ne peuvent se réduire à un ensemble d'abstractions cohérentes agencées dans un discours, elles nourrissent une manière de saisir le monde, à notre insu. L'astronomie offre tout un vocabulaire qui nous donne à voir l'univers. La distinction entre planète et étoile permet de les reconnaître… comme des masses de matière en fusion ou éteinte. Ces termes induisent à notre insu un regard sur l'univers. Le monde n'est plus une création qui témoigne de la grandeur des dieux, mais un espace soumis à des lois qui lui sont propres. L'astrologie utilise un autre vocabulaire et induit une autre relation : l'univers est perçu comme le miroir de la destinée de chacun et de tous. L'homme y projette son destin[2].

---

[1] Lévi-Strauss, *Les structures élémentaires de la parenté*, La Haye-Paris, Editions Mouton, 1968.
[2] Jean-Paul Sauzet, Paroles d'astres, *Etudes*, mai 1991.

Ces médiations constituent le monde proprement humain. Elles organisent l'espace, le temps et la vie sociale dont les fils se croisent pour constituer la trame sur laquelle se tissent nos existences collectives et individuelles.

Le temps

En effet, l'histoire n'existe que par le truchement du langage. Il ne reste des temps anciens que quelques ossements, vestiges et peintures rupestres. Il y faut le travail et le génie de l'historien, pour développer sur ces bouts d'os et ces fragments poussiéreux d'argile cuite, un discours qui nourrit une vision du passé, qui influence notre présent et nos perspectives d'avenir. Sans ce discours, ces vestiges sont insignifiants, ils échappent à notre attention et sont, pour nous, inexistants. Il en va de même pour le futur qui n'existe pas, car il n'existe pas encore[1]. Il nous est présent et façonne nos projets à travers une projection imaginaire : une ligne sur laquelle le passé est derrière nous et le futur devant nous. Schéma qui se révèle arbitraire lorsque l'on considère la représentation du temps chez les Amérindiens. Les Indiens des Andes placent le futur derrière eux, et non devant. Ce qui n'est pas stupide : le futur échappe au regard comme ce qui est derrière nous. Le passé nous est présent par la mémoire, comme ce qui s'offre au regard devant nous.

L'espace

Il en va de même pour l'espace géographique. Celui qui n'a jamais voyagé ne connaît l'existence du Brésil qu'à travers le récit du voyageur, le roman de l'écrivain ou le cours du professeur. Sans représentation mentale de l'espace, de la géographie nourrie des paroles de l'autre… le monde se réduit à ce qui s'offre à la portée de notre regard, au paysage qui se dévoile sous nos yeux, en deçà de l'horizon… sans plus. Au même titre qu'un territoire de chasse pour l'animal. Mais si l'animal marque son territoire par l'odeur de son urine, l'homme transforme l'espace par son travail et ses connaissances. Il le marque de son empreinte. Et ce dès la préhistoire comme en témoignent les peintures rupestres. Il lui donne une

[1] St Augustin, *Les confessions*.

dimension tout autre qui va bien au-delà de l'immédiatement perceptible et sensible grâce à l'ensemble des médiations symboliques qui constituent la culture.

La vie sociale

De même, la vie sociale n'existe qu'à travers des médiations. Le mythe dans les sociétés traditionnelles, les Constitutions dans les sociétés modernes sont des médiations qui offrent une représentation commune de la société et assurent leur cohésion. Adhérant au même récit des origines, ou aux mêmes valeurs constitutionnelles, l'autre est mon semblable. Nous partageons un monde commun. Et ces éléments ne sont pas qu'affaire de langage, oral ou écrit. Le pouvoir qui structure les groupes humains n'existe qu'à travers des médiations qui lui donnent son existence même : une mise en scène disait Michel Foucault. Sans cela, il n'est que force brutale, violence, rapport de force instable. L'habillement, le logement, la voiture… sont autant de *marqueurs sociaux* qui constituent les identités de classe. Ils réalisent un lien en donnant à voir une réalité : un pouvoir, une classe sociale, l'univers, Dieu…

La technique

Même la technique ne peut être réduite à un ensemble d'instruments fabriqués en vue de leur utilité, donnant à penser que l'outil et la machine sont moralement neutres. Ce ne serait que l'intention de l'utilisateur qui les rendrait bons ou mauvais. Moralement neutre, certainement, car c'est l'action de l'homme et non un objet qui est susceptible d'un jugement moral. Mais au niveau anthropologique : il en va autrement ! L'instrument médiatise la relation de l'homme à la nature et nourrit ainsi une posture existentielle, à son insu. Il transforme la nature autant que l'homme : « *Au contraire, l'outil est quelque chose qui résiste, et qui impose sa forme à la fois à l'action et à la chose faite. Par la seule faux, l'art de faucher est transmis du père à l'enfant. L'arc veut une position des bras et de tout le corps, et ne cède point. La scie de même ; les dents de fer modèrent l'effort et réglementent le mouvement ; c'est tout à fait autre chose que de ronger. Tel est le premier outil. J'en aperçois un autre, qui est que l'outil est comme une armure. Car le corps vivant est aisément meurtri, et la douleur détourne ; au lieu que l'outil oppose solide à solide, ce qui fait que le jeu des muscles perce enfin le bois, la roche, et le fer même. Le lion mord vainement l'épieu, le javelot, la flèche. Ainsi l'homme n'est plus à corps perdu dans ses actions, mais il envoie l'outil à la découverte. Si le rocher en basculant retient la pioche ou le pic, ce n'est pas comme s'il serrait la main ou le bras. L'homme se retrouve intact, et la faute n'est point sans remède. D'où un genre de prudence où il n'y a point de peur. On comprend d'après ces remarques la puissance de l'outil*[1]. » La technique ne transforme pas seulement l'environnement naturel, mais aussi l'homme, sa psyché, son comportement, ses relations. On ne peut connaître à l'avance les bouleversements sociaux que peuvent engendre une découverte scientifique et ses implications techniques : l'invention de l'imprimerie, l'Internet.

Manières de vivre, langues, techniques, savoirs... sont intimement liés. Une rupture dans un élément bouleverse l'ensemble. Le langage articulé trouve sa signification et sa fonction au sein de la culture. Dans une culture religieuse, le langage liturgique déploie le mystère qui en est le socle. Les sciences modernes fabriquent des termes dont la signification se veut aussi précise que possible, reposant le plus souvent sur des mesures. Ce langage nourrit des innovations techniques et transforme notre manière d'appréhender le réel. Le monde perd sa profondeur symbolique pour se réduire à des objets de mesure et de manipulation. Le rituel qui accompagnait la personne en fin de vie à la maison dans les sociétés traditionnelles s'efface pour laisser place au protocole dans l'espace médicalisé de l'hôpital. Dans les écoles de commerce, le langage est un outil de marketing, il porte un message qui dispose à l'achat.

Dans leur diversité, ces médiations interagissent entre elles et forment un système. Un système est en ensemble d'éléments qui s'articulent entre eux selon une rationalité propre. La langue articulée des communautés humaines est un système de signes : les mots s'ordonnent dans une phrase selon des règles grammaticales précises. Ensemble, ils forment un tout porteur de signification : la phrase, le

---

[1] Alain, *Propos,* 1930.

récit, le discours. Les lois qui président au fonctionnement et à l'évolution d'une langue constituent l'objet de la linguistique. Les outils forment un système : la technique. Les œuvres d'art de même. Les mythes et les rites… et les sciences sont autant de systèmes qui ont leur propre logique et interagissent entre eux. La culture désigne alors plus précisément un système qui rassemble ces multiples systèmes, propre à un peuple dans une époque donnée. Elle se manifeste à travers une cohérence qui se reconnaît à l'œuvre dans le fonctionnement de tous les systèmes qu'elle rassemble. Les systèmes qui la composent forment ainsi une totalité cohérente, cette cohérence ou rationalité est appelée : *un paradigme*. Complexe, elle ne peut qu'évoluer en fonction des bouleversements naturels, des événements historiques, de son voisinage avec les autres cultures. La culture se caractérise ainsi par sa plasticité. Lorsqu'un peuple tente d'essentialiser sa culture en délimitant des frontières rigides, il se fait violence, et justifie la violence envers les autres cultures.

La publicité a bien compris cette vérité anthropologique. La marchandise n'est pas un simple objet répondant à un besoin. Elle renvoie à autre chose qu'à son utilité immédiate. Elle est symbolique, elle donne corps à une singularité individuelle et sociale. La publicité ne propose pas un objet pour son utilité triviale, mais pour l'image de soi qu'il nourrit subrepticement, de l'identité qu'il étaye[1]. La marque

---

[1] « Ce que la publicité ajoute aux objets, sans quoi « ils ne seraient que ce qu'ils sont », c'est la chaleur. Qualité moderne que nous avons reconnue comme étant le ressort de l'ambiance : de même que les couleurs sont chaudes ou froides (non rouges ou vertes), de même que la dimension déterminante de la personnalité (…) est la chaleur ou la froideur, de même les objets sont chauds ou froids, c'est-à-dire indifférents, hostiles ou spontanément sincères, communicatifs : « personnalisés ». Ils ne se proposent plus à tel usage strict – pratique grossière et archaïque – ils se livrent, se déploient, ils vous cherchent, vous entourent, vous prouvent qu'ils existent par la profusion de leurs apparences, par leur effusion. Vous êtes visé, aimé par l'objet. Et parce qu'on vous aime, vous vous sentez exister : vous êtes « personnalisé ». C'est l'essentiel : l'achat lui-même est secondaire.
Si l'abondance des produits met fin à la rareté, la profusion publicitaire met fin, elle, à la fragilité. Car le pire est d'être dans la nécessité d'inventer de soi-même des motivations d'agir, d'aimer, d'acheter. Chacun se trouve affronté à sa propre méconnaissance, inexistence, mauvaise foi et angoisse. Tout objet sera dit mauvais qui ne résout pas cette culpabilité de ne savoir ce que je veux, de ne savoir ce que je suis. Si l'objet m'aime (et il m'aime à travers la publicité), je suis sauvé. Ainsi la publicité (comme l'ensemble des public-relations) ôte-t-elle à la fragilité psychologique par une immense sollicitude, à

est plus importante que la marchandise, que ce soit une voiture ou une paire de chaussures. Elle révèle une classe sociale, une appartenance ou une distance dans laquelle le sujet affirme sa singularité. Elle offre une multitude d'éléments que le psychisme intériorise pour se structurer. La publicité façonne ainsi les subjectivités et les identités bien plus sûrement qu'une propagande dont la grossièreté et la lourdeur suscitent le rejet. La publicité apparaît alors comme une propagande particulièrement subtile et puissante qui crée et le désir et l'objet du désir. Elle a ainsi le génie de nous faire aimer l'aliénation qu'elle génère et dont l'addiction en est l'expression pathologique la plus évidente[1].

Les sociétés traditionnelles mettaient en scène des êtres imaginaires à travers des récits (les mythes) pour donner un sens à l'existence individuelle et collective. Les cultures contemporaines mettent le réel en formules mathématiques pour le maîtriser et le posséder. L'une donne sens à l'existence : elle répond à *la question : pourquoi* ? L'autre sait de plus en plus comment fonctionnent l'univers, l'organisme vivant, le climat… et répond à la question *comment faire.* L'une situe l'homme dans une attitude de réceptivité vis-à-vis du réel, l'autre nous installe dans un rapport de domination.

Les peintures rupestres témoignent d'un rapport à la nature radicalement différent du nôtre. Les dessins et les couleurs épousent les contours et les reliefs de la paroi, les failles et les boursoufflures de la roche. Le dessinateur a le génie de faire avec ce qui se présente à son regard et sous ses doigts. Il ne transforme ni ne maîtrise la matière rocheuse, il la transfigure en l'épousant : elle devient une épiphanie, la révélation d'un regard sur le monde. Ces dessinateurs des temps anciens témoignent d'une présence étonnante au réel, à l'image du léopard qui adapte son approche à l'environnement pour surprendre sa proie. Un rapport de réciprocité remarquable entre le sujet et son environnement.

---

laquelle nous répondons en intériorisant l'instance qui nous sollicite, l'immense firme productrice non seulement de biens, mais de chaleur communicative qu'est la société globale de consommation. »
Jean Baudrillard, *Le système des objets*, Editions Denoël-Gonthier, p. 201-202.

[1] Marc Valleur, Jean-Claude Matysiak, *Les pathologies de l'excès*, Editions Lattès, 2006.

Nécessaire culture

L'existence des diverses cultures témoigne d'un fait incontournable. L'homme est cet animal qui ne peut se contenter de la nature telle qu'elle se présente autour de lui et en lui[1]. Il n'a de cesse de la transformer par son travail, de la bouleverser par la technique, et de la revêtir de sens par les mythes. Il n'a de cesse de se transformer lui-même par des interdits, des morales, des codes, des contraintes sociales... Certes, l'éthologie nous amène à être beaucoup plus prudents sur la différence entre la vie animale et la condition humaine. Certaines espèces ont des embryons de culture, leur comportement peut varier au cours du temps et à travers l'espace... mais chez l'Homo Sapiens la culture prend une telle dimension qu'il reste toujours pertinent de caractériser l'homme par cette dimension. D'autant plus qu'elle peut être saisie comme un mode d'adaptation parmi d'autres. Une manière de survivre, de vivre et de se développer dans un environnement particulier. Dans cette perspective, l'esprit (l'ensemble de nos facultés intellectuelles) se présente comme une modalité de l'instinct, dont la spécificité serait la souplesse et la créativité lorsqu'elle ne se sclérose pas en croyances rigides, religieuses ou laïques. Souligner l'importance décisive de la culture ne revient pas à renier nos racines animales, mais à souligner leur spécificité.

Comment cela ? En prenant en compte les ravages provoqués par l'absence ou l'effondrement d'une culture. Si l'effondrement d'une culture s'accompagne de la dislocation et de la disparition d'une société dans une explosion de violence, alors la culture est bien la

---

[1] « Je pose en principe un fait peu contestable : que l'homme est l'animal qui n'accepte pas simplement le donné naturel, qui le nie. Il change ainsi le monde extérieur naturel, il en tire des outils et des objets fabriqués qui composent un monde nouveau, le monde humain. L'homme parallèlement se nie lui-même, il s'éduque, il refuse par exemple de donner à la satisfaction de ses besoins animaux ce cours libre, auquel animal n'apporte pas de réserve. Il est nécessaire encore d'accorder que les deux négations que, d'une part, l'homme fait du monde donné et, d'autre part, de sa propre animalité, sont liées. Il ne nous appartient pas de donner une priorité à l'une ou à l'autre, de chercher si l'éducation (qui apparaît sous la forme des interdits religieux) est la conséquence du travail, ou le travail la conséquence d'une mutation morale. Mais en tant qu'il y a homme, il y a d'une part travail et de l'autre négation par interdits de l'animalité de l'homme. »
Georges Bataille, *L'Erotisme*, Editions Minuit, Paris, 1957.

médiation élaborée par une communauté pour survivre. Le déploiement de la culture supposerait un manque qu'il viendrait précisément étayer pour assurer une vie possible. Cet abîme ressurgirait lorsque la culture ferait défaut, pour une raison ou une autre. Comme le retour du refoulé : la violence qu'elle aurait vocation à sublimer.

La culture peut faire défaut au petit homme, volontairement ou accidentellement. Lorsqu'il ne trouve que le donné naturel comme milieu de vie, il dépérit. Au 13e siècle le roi Frédéric II, qui parlait neuf langues, voulait savoir quelle était la langue originelle de l'humanité. Il rassembla six bébés dans une pouponnière et ordonna à leurs nourrices de les alimenter, les endormir, les baigner ; mais il leur interdit de leur parler. L'empereur espérait ainsi découvrir la langue que les enfants parleraient spontanément, sans être influencés par la langue maternelle. Il pensait au grec ou au latin. L'expérience s'avéra dramatique. Aucun bébé ne se mit à parler, ils dépérirent et finirent par mourir. Leur corps parla, par le dépérissement. La langue, centre névralgique de toute culture, apparaît comme la médiation qui assure la survie et la pérennité de l'espèce humaine.

L'éducation : transmission d'une culture

Dans le film *l'enfant sauvage,* Truffaut met en scène la vie d'un enfant abandonné en s'inspirant du document passionnant — *Mémoire et Rapport sur Victor de l'Aveyron* — de Jean Itard (1774-1838). Un enfant de 10 ans avait été découvert dans la forêt de Lacaune. Il avait dû être abandonné vers l'âge de 5 ans. Il ne savait pas parler, il mordait et criait. Il avait du mal à se tenir debout, se balançait sur ses jambes et marchait à quatre pattes. Il était incapable de vie sociale, fuyant toute rencontre. L'autre se réduisait à l'étrange qui provoquait la peur et la fuite. Il entendait des bruits qui répondaient à ses besoins, était sourd aux sons habituels de la société des humains… La communauté scientifique de l'époque pensait que cet enfant était atteint de déficience mentale, et avait été abandonné pour cette raison. Jean Itard, jeune médecin, lecteur de la philosophie humaniste de son siècle, fit le pari que ce handicap était engendré par l'absence d'éducation et la privation de relation sociale. Il entreprit de l'éduquer et de l'insérer dans la société. Son étude montrait les difficultés, les souffrances et les résultats qui rythmaient ses efforts. Elle donne à penser qu'un enfant privé d'éducation, c'est-à-dire de la culture de son époque, n'accède pas à son humanité. C'est un miracle s'il survit, il a le comportement maladroit d'un être en prise avec ses besoins vitaux. Ainsi l'accès à la culture par le biais d'une éducation et donc d'une immersion dans la société, est vital. L'homme ne trouve pas en lui-même de quoi se développer, il a besoin d'un environnement culturel et social tout à la fois. **L'éducation se définit alors comme la transmission d'une culture.** Elle assure ainsi l'intégration dans la société et structure la vie psychique.

La fonction décisive de la culture se manifeste lorsqu'elle fait défaut. Elle révèle aussi son importance lorsqu'elle s'effondre pour une raison ou pour une autre.

L'anthropologue Colin Turnbull, dans son livre *Les Iks. Survivre par la cruauté*[1], analyse l'impact de l'effondrement de la culture d'un peuple, suite à un déracinement. Les Iks formaient un peuple vivant sur un petit territoire situé au nord-est de l'Ouganda, en bordure du Soudan et du Kenya. Évalués, dans les années 1970, à environ 2000 membres, ils étaient des chasseurs semi-nomades, regroupés dans plusieurs villages. Cette communauté fut profondément traumatisée lorsque leur territoire reçut, par décision gouvernementale, le statut de parc national. La chasse fut interdite, mais la communauté refusa de quitter son territoire. Ces nouvelles conditions de vie engendrèrent des bouleversements dramatiques, rapides et profonds : explosion de la violence, destruction des liens sociaux et familiaux… L'implosion de la société Ik révélait l'importance vitale de la culture. Partagée par tous les membres de la tribu à travers un ensemble de représentations symboliques, leur culture assurait les fondements d'un monde familier et habitable. Lorsque ces structures symboliques se désagrégèrent, ce fut l'ensemble de la société qui s'effondra. Les relations se réduisirent à des rapports de force pour assurer la survie de chacun. Une telle société eut le plus grand mal à se perpétuer. La violence qui explose

[1] Colin Turnbull, *Les Iks. Survivre par la cruauté,* Editions Plon, Paris, coll. Terre Humaine, 1987, p. 243.

dans les pays anciennement colonisés témoigne du même processus : en Amérique latine, en Afrique.

La culture, une boursoufflure de la nature

Si l'effondrement d'une culture engendre la mort, nous avons la preuve historique que l'espèce humaine ne peut se suffire de la nature telle qu'elle est, autour de lui et en lui. La culture serait alors l'immense et millénaire artifice que l'Homo Sapiens inventa et développa à tâtons, au gré des événements qui marquèrent sa mémoire. Comme la plante qui lutte contre une blessure en produisant une excroissance, l'espèce humaine produit la culture pour habiller sa nudité, revêtir de sens sa fragile condition. Une boursoufflure visant à border une blessure originelle, un manque d'être.

Le psychiatre[1] pressent ce gouffre en côtoyant la folie quotidiennement. Cette caractéristique de l'espèce humaine n'est pas une découverte de l'anthropologie, de la psychiatrie et de la psychanalyse, elle suinte des mythes, des religions et de la création artistique. Les mythes expriment l'intuition de cet abîme originaire qui préside à la naissance de l'humanité, se renouvelle à chaque naissance, et ressurgit lorsque la violence éclate. Le tohu-bohu de la Bible, le chaos originel dans les mythes de création grecs sont les mises en scène mythologiques de la condition humaine.

Platon[2] fait référence à un mythe de création qui présente l'homme comme un animal dépourvu des capacités qui lui permettraient de

---

[1] Georges Devereux, *Essai d'ethnopsychiatrie générale*, Editions Gallimard, 1970 (réédité en coll. Tel, 1983).

[2] « C'était le temps où les dieux existaient, et où il n'y avait point encore d'êtres mortels. Lorsque le temps de leur existence marqué par le destin fut arrivé, les dieux les formèrent dans le sein de la terre, les composant de terre, de feu et d'autres substances qui se combinent avec le feu et la terre. Quand ils furent sur le point de les faire apparaître à la lumière, les dieux ordonnèrent à Prométhée et à Epiméthée de distribuer convenablement les qualités dont ces êtres devaient être pourvus. Epiméthée conjura son frère de lui laisser faire cette distribution. « Quand je l'aurai faite, dit-il, tu examineras si elle est bien. » Prométhée, ayant consenti, se met à faire le partage… Or Epiméthée, dont la sagesse n'était pas parfaite, ne s'aperçut pas qu'il avait épuisé toutes les facultés en faveur des animaux, et il devait encore pourvoir l'espèce humaine, qui n'était pas dotée. Et il ne savait quel parti prendre à son égard. Dans cet embarras, Prométhée survint pour

survivre. Privé de pelage pour lutter contre les intempéries, de crocs pour déchirer sa proie, d'ailes pour fuir les prédateurs... il doit sa survie à Prométhée qui vole à Zeus la maîtrise du feu et la connaissance des arts. L'homme développe ainsi des capacités qui ne sont pas partagées par les animaux, mais par les dieux. Il n'a pas de gueule pour déchirer sa proie, il a une bouche pour parler. Une manière de souligner l'originalité de la condition humaine. Les dieux seraient une élaboration mentale et sociale (culturelle) qui répondrait à un besoin de la psyché et du groupe dans son élan pour vivre.

La Bible présente la nature, dans sa nudité première, comme une masse informe. C'est de la parole de Dieu que viennent les distinctions qui permettent de sortir de la confusion originelle, de reconnaître les choses et de leur donner une présence : la terre et l'eau, la nuit et le jour, les animaux... Le chaos originel est l'ombre portée d'un être inadapté à son environnement. Ce dernier ne prend forme que par l'intervention d'une parole : « *que la lumière soit, et la lumière fut* ». La parole sépare, nomme, décrit et juge : « *Et Dieu vit que cela était bon* ». Elle crée le monde, c'est-à-dire, un monde humain. Cette parole est confiée par Dieu à l'homme, une manière de souligner l'originalité de l'homme et la nécessité de la culture. La notion de salut dans le christianisme évoque en termes théologiques cette nécessité. L'accès à la parole ne répond pas seulement à une curiosité intellectuelle, elle est vitale, elle engage la vie elle-même arc-boutée à l'abîme de la fragilité. La parole est vivante, puissance vitale qui anime, libère et sauve. Ce *miracle* se renouvelle au cours de l'histoire à chaque concept nouveau donnant à voir un visage inattendu du monde : la mécanique de Newton, la dignité de Kant, la Relativité d'Einstein...

---

jeter un coup d'œil sur la distribution. Il trouva que les autres animaux étaient pourvus avec beaucoup de sagesse, mais que l'homme était nu, sans chaussures, sans vêtements, sans défense. Cependant le jour marqué approchait, où l'homme devait sortir de terre et paraître à la lumière. Prométhée, fort incertain sur la manière dont il sauvegarderait l'homme, prit le parti de dérober à Héphaïstos et à Athéna les arts et le feu : car sans le feu la connaissance des arts serait impossible et inutile ; et il en fit présent à l'homme. Ainsi notre espèce reçut l'intelligence qui s'applique aux besoins de la vie. »
Platon, Protagoras.

Lorsque les mythes s'effacent ou s'effondrent avec l'évolution de la philosophie et la naissance des sciences modernes surgissent la fragilité de la condition humaine et l'épreuve psychique qui l'accompagne : l'angoisse. Pascal est l'un des premiers témoins de ce bouleversement. La terre n'est plus le centre du monde, mais *une pointe très délicate* perdue dans un *monde infini*. L'homme n'est plus le sommet de la création, mais un *égaré dans un canton détourné de la nature*[1]. Il est saisi par un vertige existentiel entre l'infiniment grand et l'infiniment petit. L'activité humaine prend un nouveau sens : un divertissement pour oublier l'angoisse dont l'habit mythologique adoucissait la profondeur insondable. A la suite de Pascal, de nombreux philosophes renouvellent cette analyse : « *la société moderne n'a plus d'idole ni de tabou, plus d'image glorieuse d'elle-même, plus de projet historique mobilisateur*[2]*… Nous sommes dans un type de société où aucune transcendance, ni celle de Dieu, ni celle de l'homme, ni celle de l'évolution ne soumet l'action collective à un sens qui la dépasse*[3]*… Nous sommes voués à vivre désormais à nu et dans l'angoisse de ce qui nous fut plus ou moins épargné depuis le début de l'aventure humaine par la grâce de Dieu*[4]. » La deuxième partie de notre réflexion prendra ses distances vis-à-vis de ces analyses pour souligner la nouvelle religion qui s'étend à travers pays et continents jusqu'à ce 21e siècle où elle s'épanouit sans rencontrer d'obstacles.

La culture est ainsi comprise comme une boursoufflure de la nature, un symptôme engendré par la fragile condition de l'espèce humaine. Penser la culture comme un au-delà de la nature, une réalité autre, témoigne d'une manière d'être tout à fait étonnante. Celle d'un être qui se croit supérieur à une nature réduite à un ensemble d'objets à mesurer et manipuler. Les mythes qui pensent l'homme comme un élément parmi d'autres dans la nature sont animés par une intuition plus juste que le mythe moderne de l'homme maître et possesseur de la nature. Car que serait l'homme sans la nature ?

---

[1] Pascal, *Les pensées*.
[2] Gilles Lipovestsky, *l'Ere du vide*, Paris, Editions Gallimard, 1983, p. 12.
[3] Alain Touraine, *La voix et le regard*, Paris, Editions du Seuil, 1978, p. 10.
[4] Marcel Gauchet, *le désenchantement nu monde*, Editions Gallimard, 1985, p. 300.

La question du sens

« *La réponse est le malheur de la question.* »
Maurice Blanchot

Ce mode d'adaptation règle tout et ne règle rien. Par les mots, les choses sont reconnues, elles prennent sens et présence. Elles se distinguent les unes des autres et un monde humain prend forme. Notre expérience du monde ne se limite plus à un flux ininterrompu de sensations confuses, à une succession sans fin d'impressions qui nous laisseraient immerger dans un espace étrange et angoissant : un tohu-bohu. Il devient un monde habitable et familier. L'enfant donne une cohérence aux mots qu'il articule dans son discours et questionne le proche qui l'entend. C'est dans un même mouvement qu'il développe ses représentations mentales et qu'il saisit comme un problème ce que ces représentations visent. Les questions métaphysiques des enfants de 4, 5, 6 ans montrent bien le caractère existentiel et vital du langage. Comme des énigmes insistantes, parfois angoissantes. Pourquoi grand-père est-il mort ? Où est-il ? Se révèle ainsi la quête de sens qui définit l'esprit comme un élan vital. Une culture qui minerait cet élan vital par l'absurdité de son paradigme serait porteuse d'une violence indicible. Nous développons cette thèse dans la dernière partie de notre livre, à propos du terrorisme[1].

Cette quête de sens qui se renouvelle à chaque génération est l'ombre portée de notre fragile condition. C'est parce que la vie et la mort échappent au sujet qu'elles sont perçues comme des problèmes et que les communautés élaborent des rites — rituels de naissance, de décès -. C'est parce que le sujet échappe à lui-même que la question — *qui suis-je* — surgit avec tant de force à l'adolescence et tout au long de l'existence lorsque la crise surgit. Et que s'élaborent les biographies. C'est parce que, fondamentalement, l'homme demeure étranger à lui-même qu'il apparaît à ses propres yeux comme un problème et que surgit alors le désir de reconnaissance. Et que le sujet réalise des œuvres au fil de son existence comme autant de miroirs qui donnent une réponse… jamais définitive puisque les œuvres se succèdent. Rituels, récits, mythes, œuvres qui constituent les cultures.

---

[1] Supra., p. 246 : Capitalisme et terrorisme.

Ainsi se pose la question du sens de l'existence dès l'enfance. L'important n'étant pas la réponse - qui peut prétendre l'avoir ? -, mais la mise en parole de cette interrogation vitale qui suppose une oreille disponible dans l'entourage pour laisser advenir ce questionnement. L'enfant et l'adolescent peuvent ainsi découvrir le plaisir de parler, d'interroger, de formuler, de questionner. Ils peuvent vivre au creux de leur fragilité comme une jubilation, celle de comprendre, celle d'ouvrir un horizon, de passer un cap… L'appétit de vivre se nourrit de la curiosité, de la recherche, de la découverte, de la rencontre, de la création, de l'invention.

Dans un même mouvement, l'enfant accède à la reconnaissance de la chose en se saisissant du mot qui la représente et se questionne sur cette chose. Ainsi l'accès au langage est porteur d'un questionnement fondamental, indépassable et d'une intention qui lui donne son poids. La parole fait apparaître la chose et s'accompagne d'un questionnement : pourquoi ? Et Leibniz pose l'essence de ce questionnement : *pourquoi y a-t-il quelque chose plutôt que rien* ? Comme si le *rien* était l'horizon de toute chose, l'écho de notre fragilité. Le mot fait apparaître la chose, ouf ! Mais la chose comme problème. Question existentielle : *pourquoi elle est ?* Et question essentielle : *qu'est-ce qu'elle est* ? Plus tard, avec le développement de la philosophie, l'enfant pourra organiser ce questionnement, le rendre systématique.

Certes, l'homme peut agir et décrire son action. Mais surgit la question : *pour quoi faire ?* Telle est la question morale. Certes, l'homme naît, vit et meurt comme tout être vivant. Mais gronde sourdement une angoisse : *pourquoi suis-je là* ? Question existentielle. Il reconnaît les choses, relate les événements, décrit les phénomènes. Mais toujours, se love dans un interstice du langage la question : *est-ce bien ça ?* Ainsi naît la question de la vérité. Face au visage de l'autre, la question surgit : *qui est-ce* ? Ainsi naît la question de la justice. Autrui n'est pas tant affaire de connaissance que de reconnaissance, reconnaissance d'une existence singulière et énigmatique qui demande le respect. L'on pressent derrière les mots, les actes et les pensées, les attitudes, la tonalité de la voix, la courbure du dos et du regard plus que ce qui se dit dans le sens premier du discours tenu, plus que ce dont l'individu a conscience.

Nous *parlons les choses* parce qu'elles nous échappent. Et cette perte primordiale est notre condition comme notre salut : elle est la source secrète de l'esprit. *La pensée est le courage du désespoir*[1].

A la source de la culture

Cette fragilité native est la source des exigences qui structurent l'esprit comme les besoins assurent la survie de l'organisme.

La question de la vérité ne naît pas après un cours laborieux de philosophie, elle sourd de l'esprit qui s'ouvre au monde avec l'accès au langage. La question du sens qui se déploie ainsi exprime le mouvement profond de la vie psychique, cette recherche de la vie elle-même dans son déploiement incessant et souvent inattendu. La question du sens est donc une question vitale, elle ne peut se réduire à un problème abstrait et secondaire… à un cours de philosophie. S'y joue notre mode d'être, spécifiquement humain. L'animal ne se questionne pas. L'adolescent, qui perçoit l'absurdité du monde dans un regard encore innocent, est tenté de glisser vers la folie ou la violence.

Cette quête du sens témoigne d'une extraordinaire créativité qui porte en elle sa propre Loi. La Loi au sens anthropologique du terme, qui se distingue des lois de la nature, des lois juridiques, des lois de la logique. Les lois de la nature que le savant formule en terme mathématique, les lois que le législateur élabore pour organiser la vie sociale, les règles de la logique que le mathématicien développe dans le monde des notions abstraites que sont les chiffres et les figures... Cette Loi première qui fonde la vie de l'esprit est l'interdit de la fusion originelle. Exigence de sortir de l'immersion première dans le sensible qu'est la vie intra-utérine. S'extirper de la sensation pour creuser un espace vide d'où surgit l'esprit comme quête de sens. Castration symbolique qui ouvre l'accès au langage, comme une nouvelle naissance. Dans la mesure où nous parlons, où nous vivons en société, elle nous structure à notre insu, comme le sol toujours déjà là sur lequel se posent nos pas. Cette étape, une fois acquise, peut

[1] Giorgio Agamben.

s'effondrer lorsque le réel déchire ce tissu de significations dont on l'habille. Elle peut s'effriter sans tambour ni musique, lorsque le mode vie invite sans cesse à l'immersion dans les sens, celui de la publicité.

C'est à ce prix que le langage se distingue de la production imaginaire sans s'en couper radicalement. La Loi est produite par la puissance créatrice de l'imaginaire qui rencontre le réel et le métabolise au-delà du trauma, sous forme d'interdit : *tu ne tueras pas*. Elle est une parole comme l'exprime le mot interdit. Mais une parole qui a sa propre consistance. La loi juridique qui est transgressée se solde par une sanction, la loi naturelle par l'accident ou la maladie. Lorsque la Loi du symbolique ne peut plus advenir, c'est le sens même de l'existence qui chancelle avec ses multiples symptômes : dépression, folie, burn-out, suicide, barbarie.

Cette Loi est structurelle, elle préside à l'accès au langage. Elle est l'expression de la saisie du réel par l'esprit, toujours éprouvante, à l'encontre de la jouissance sur laquelle se referme spontanément la pulsion. Elle se donne comme exigence dans la relation à autrui et à soi (la morale), comme contraignante dans le Droit qui organise la vie sociale, comme déterminante dans les lois de la nature. Avec elle advient *le sens* qui nourrit l'esprit.

La découverte de la possibilité de mentir chez l'enfant est une étape importante. Il prend conscience que le mot n'est pas la chose et le récit n'est pas le déroulement des faits. L'acte de mentir témoigne donc de cette capacité de l'esprit à jouer avec les représentations, de tordre son lien intime avec le réel. Mais cette liberté n'est pas neutre. Elle met en jeu une part d'angoisse et de souffrance. Elle a des conséquences, psychique et sociale. Découvrir que l'on a été trompé, que la parole de l'autre cachait une intention inavouée, est une expérience douloureuse qui affecte la relation et ébranle le sujet. Ce n'est pas une simple opération intellectuelle, sans affect. La peur n'est pas simplement peur de la sanction. Le mensonge atteint l'être même de l'esprit, il contredit le mouvement qui porte l'esprit dans son ouverture au monde et à lui-même. Le mensonge est une opération de l'esprit qui nie ce qui anime l'esprit. Le mégalomane qui se plaît dans le mensonge perd progressivement le contact avec la réalité. Il ne sait plus ce qui est vrai, ce qui est faux. Son monde se brouille, ses relations s'effilochent. Il engendre le chaos autour de lui et en lui.

La justice est cette exigence psychique de viser autrui comme tel, dans sa singularité, dans une relation *juste*, ajustée à son objet. La vérité est ce désir de saisir, à travers des connaissances, l'objet visé... pour se rendre le monde familier et vivable. La culpabilité qui tenaille celui qui ment, le traumatisme de celui qui tue son semblable, indiquent que ce que nous appelons *la morale* met en jeu une dimension vitale, celle des conditions de possibilité de nos existences. Pour cette raison, les guerres reposent toujours sur des croyances qui réduisent autrui à un ennemi sinon à une vermine à exterminer. Autrui y est revêtu d'une signification qui vise à occulter sa présence énigmatique pour dissoudre le choc psychique de sa mise à mort. Avant d'être réelle, la guerre est d'abord symbolique. Ou plutôt imaginaire, elle repose sur une propagande qui chosifie l'autre. A l'opposé de ce que la Bible dit de l'expérience de l'homme face à Dieu : *crainte et tremblement*, qui expriment l'ouverture au réel mystérieux.

Ainsi la vérité n'est vérité qu'en tant qu'elle est recherchée. Dans la folie, le sujet, transi par l'angoisse, n'est pas capable d'assumer cette distance entre la chose et le mot. Il sature cette faille par une certitude inébranlable : le mot est la chose elle-même. Il *est* Napoléon. La folie est la croyance d'un seul disait Lacan, celle d'une évidence qui ne supporte aucune faille. La croyance relève du même mécanisme, mais elle passe inaperçue, car elle est collective. Lorsque le sujet et la communauté pensent avoir trouvé la *Vérité*, ils s'enferment dans une représentation imaginaire qui fonctionne comme une défense contre l'angoisse et un ciment social. Ils se coupent de la complexité et de la mouvance du réel. Au fil des ans se creuse un écart entre le sujet et son environnement, entre la communauté corsetée dans ses croyances et la réalité mouvante et complexe. Un écart qui devient un aveuglement et engendre des crises, psychiques, sociales, spirituelles et son lot de violence. Ainsi en va-t-il des dogmes, religieux, politiques, philosophiques. A ce titre, la parole se nourrit de silence ; le silence de celui qui se met à l'écoute du monde, et se laisse travailler par son écho. La parole qui n'est pas nimbée de silence risque de ne faire que du bruit quand elle n'est pas fureur. Le doute n'est pas seulement un procédé pour atteindre la vérité ; il a des racines ontologiques.

La culture, c'est la pudeur

Ainsi la culture est cette tentative plus ou moins maladroite d'habiller de sens le simple et angoissant fait d'être là. La culture, c'est la pudeur. L'absence de culture, c'est l'obscène, la brutalité quand ce n'est pas la violence. Pour le dire autrement : entre le viol et l'amour, il y a la poésie ; le monde des médiations symboliques qui humanise la pulsion.

La culture comme espace transitionnel

L'enfant s'approprie les objets de son environnement pour les transformer au gré de ses désirs et de ses rêves. Un bâton devient une épée, un chiffon une robe. Il investit le monde en l'habillant de sa subjectivité. Il se crée un lieu intermédiaire entre le monde et lui-même qui lui ressemble et dans lequel il peut vivre et grandir. L'espace transitionnel est ce point de rencontre entre deux mondes, le subjectif et l'objectif. Il témoigne de la capacité de l'enfant à se saisir de ce qu'il côtoie tout en le marquant du sceau de sa subjectivité pour s'ouvrir progressivement au monde qui l'entoure.

Ce concept peut être élargi aux institutions[1] dont l'existence et la dimension débordent celles des individus. Elles sont vécues comme un cadre stable qui rassure, offre des racines et rend possible un avenir, étaye une identité. Elles sont des contenants qui donnent forme aux existences des uns et des autres : l'Education nationale, l'entreprise, l'armée, l'église.... Elles assurent une fonction matricielle. De la mère à l'institution, il est possible d'élargir cette réflexion à la culture. D'une certaine manière, la culture n'est qu'un espace transitionnel d'une autre ampleur. Les multiples médiations symboliques qui la constituent forment un tissu protecteur face à l'étrangeté du monde. Comme l'enfant qui fait d'un bâton une épée, l'astrologie fait de

[1] *Winnicott et la création humaine*, sous la direction de Alain Braconnier et Bernard Golse, Editions Erès, 2012.

l'univers le lieu de projection de la destinée humaine, processus par lequel l'individu y reconnaît sa propre son histoire, y entrevoit son avenir, et conforte son identité[1].

Ainsi la culture est une production séculaire tout à la fois psychique et sociale dans laquelle se rencontrent et se nouent les subjectivités et leur environnement. Se crée ainsi un espace intermédiaire dans lequel le réel devient un monde familier, la horde animale une société organisée, l'être humain un sujet doué d'une subjectivité. La culture serait un espace transitionnel élargi à une communauté et ossifié à travers des traditions, au fil des siècles.

La puissance créatrice qui se manifeste dans la diversité du vivant prend une modalité spécifique, elle se traduit par l'élaboration des cultures. La culture assure ce qui manque au corps et à la psyché du petit homme, elle est une extension de son être, tout à la fois sociale et symbolique. De même que l'animal ne peut vivre que dans son milieu qui se réduit à un territoire de chasse, à un terrier et à quelques proies, de même l'homme ne peut survivre que dans une culture qui élargit, approfondit, complexifie son milieu de vie. Ce milieu fut appelé *cosmos* dans l'antiquité grecque, il est aujourd'hui le monde, ce visage humain que l'homme donne à son environnement.

Une collègue psychologue accueillait une petite fille de trois ans et demi, accompagnée de ses parents qui se tenaient un peu à l'écart dans le cabinet du thérapeute. La petite fille se mit à jouer avec la poupée qu'elle avait entre ses mains. La poupée devint rapidement l'enfant du couple qu'elle formait avec une copine imaginaire. La famille ainsi conçue lui posa vite problème. Qui était le père, elle ou son amie imaginaire ? La solution fut vite trouvée « *Eh bien, nous serons homosexuelles* » dit sereinement la petite fille. Les parents furent choqués : l'homosexualité ne faisait pas partie de l'univers mental du couple parental. Ce n'était pas l'éducation familiale, mais l'esprit du temps qui façonnait inconsciemment l'imaginaire de la petite fille. Cet écart prouve la prégnance de la culture sur les jeunes générations et le fossé qui peut se creuser entre générations. Derrière la multitude des

[1] Jean-Paul Sauzet, Parole d'Astre, *Etudes*, mai 1991.

faits divers se cache une cohérence profonde que l'on appelle aussi l'esprit du temps.

Habillant le réel de représentations élaborées par l'homme lui-même, le réel prend un visage. L'homme y trouve ce qu'il y met : du sens. Telle est la valeur anthropologique de l'activité humaine, qui ne peut se réduire à se nourrir, se protéger, et à se reproduire. Ces bijoux qui ont cent mille ans, ces peintures rupestres qui ont plus de trente mille ans témoignent de cette prodigieuse capacité.

La culture, une matrice primordiale

Avant d'être une réalité à laquelle on participe par nos fabrications et nos créations, la culture est une donnée qui nous prévient, nous porte et nous façonne de manière primordiale, à notre insu, comme un ventre maternel. Elle colore *notre expérience première*[1] du monde. Vouloir s'en échapper est une illusion, comme si nous pouvions vivre sans la peau protectrice qui assure notre relation au monde et à nous-mêmes. La culture est une matricielle primordiale.

De la religion comme culture

Cette conception de la culture nous amène à analyser les religions sous un regard inhabituel. La croyance et la foi sont à saisir dans une perspective anthropologique qui élargit le champ de leurs utilisations et approfondit leurs sens.

Le fait religieux ne peut se réduire à une affaire privée et individuelle comme est tenté de le faire un esprit laïc. Certes, les religions sont enracinées dans les expériences *premières et intimes*, les relations à la mère et au père, comme l'a montré Freud. Mais elles rassemblent toujours une communauté. Elles manifestent, de fait, des dimensions multiples : des institutions avec leurs hiérarchies, leurs traditions, leurs rites, leurs croyances, leurs histoires et leur géographie, leurs sentiments, leurs morales. Elles assurent une fonction matricielle qui en fait des cultures à part entière.

---

[1] Infra., p. 34.

Les religions sont les façons dont les communautés ont répondu inconsciemment au besoin vital de donner du sens à l'existence. Sens qui prend corps dans un récit plus ou moins imaginaire : le mythe. Elles ont produit des œuvres de toutes sortes, des temples et des cathédrales, des codes et des poèmes, des institutions et des calendriers, des livres et des écoles, des monastères et des hôpitaux, des théologies et des universités. La religion n'est pas nécessairement régressive, synonyme d'obscurantisme et de violence, elle est aussi un puissant facteur de sublimation et de socialisation, ou pour le dire autrement, d'humanisation…

Le refus d'accorder aux religions une reconnaissance sociale et institutionnelle tend à enfermer l'expérience religieuse dans le domaine de l'ignorance, de l'affect brut et brutal, et de replier des communautés sur elles-mêmes. Ce refus freine le processus lent et secret de leur évolution et de leur intégration. Les universités de théologie sont des institutions qui ouvrent le sentiment religieux à la réflexion, érodent sa brutalité et favorisent sa sublimation. L'humiliation publique du sentiment religieux engendre la souffrance et fait le lit d'une violence sourde et imprévisible.

De la croyance

La croyance se définit comme l'adhésion à un ensemble de propositions — un Crédo — que l'on tient pour vraies sans pouvoir ni les prouver ni les démontrer. L'essence de la croyance est à chercher dans son identification à la vérité. La croyance est tenue pour vraie, ou elle n'est pas. Constituée de certitudes, elle peine à accepter l'interrogation et la critique, elle reste sourde aux événements qui peuvent la contredire. Ceci est particulièrement visible chez le jeune converti. Tout empli de sa découverte, il ne peut prendre distance vis-à-vis de son crédo. Il est alors tenté de considérer les autres croyances comme une erreur, voire un péché. La relation à l'autre se vit au mieux dans l'espérance de sa conversion et pire dans sa condamnation. Une même rigidité mentale se perçoit dans sa vision de l'histoire. Les témoins de Jéhovah ont annoncé maintes fois pendant des décennies la fin du monde. Les échecs de ces prédictions se sont succédé sans remettre en cause leur croyance. La croyance ne peut supporter la blessure qu'inflige la distance entre le mot et le réel. Le Crédo est une parole pleine, sans faille.

La croyance fige le réel en quelques vérités éternelles qui ne rendent pas compte de la condition humaine. Elle apparaît alors comme une défense contre l'angoisse existentielle. Elle est l'ombre portée de la passion de l'ignorance[1] : l'incapacité à reconnaître la contingence de l'existence. Tenant pour existant ce qui n'est qu'une production psychique et sociale, elle s'apparente à un délire collectif. Rien de nouveau dans cette analyse, depuis Freud.

Si les croyances furent traditionnellement religieuses, elles ne le sont plus nécessairement, elles sont aujourd'hui laïques, politiques, et scientifiques. Toute théorie est tentée de réduire le réel aux représentations qu'elle s'en fait. L'idéologie qui prétend avoir la clé du devenir historique : la main invisible du marché ou la lutte des classes, le Progrès sans fin de la raison qui assurerait le salut de l'humanité, la Science qui serait la clé de tous les problèmes. Et enfin l'expertise actuelle qui trouve dans les formalisations mathématiques — statistique, courbes, équation — la réponse aux grands problèmes qui secouent le monde contemporain. La croyance est l'ombre portée du langage, avons-nous déjà dit.

De la foi

Le réel n'a pas la simplicité, l'évidence et la constance de quelques propositions claires et nettes, ni la cohérence de nos raisonnements. Ce que la croyance fuit sans le savoir surgit un jour ou l'autre. L'épreuve, celle que l'on ne choisit pas, que l'on ne voit pas venir. Lorsque le choc du réel fissure la clarté de nos Vérités, de nos Certitudes et de nos Valeurs morales, une mutation peut se mettre en route, obscurément, à notre insu. La vie psychique mue, elle abandonne ses certitudes comme de vieilles peaux. Les anciennes évidences laissent place au questionnement et à l'écoute. La parole se fait plus discrète, moins brutale, s'entoure de silence. Les représentations que le sujet se fait de lui-même, de son passé, de son avenir, de son personnage social vacillent. Advient maladroitement

[1] Pour Lacan, le sujet est animé par trois passions : l'amour, la haine et l'ignorance.

une nouvelle relation au monde, aux autres, à soi qui ne peut plus s'identifier à la croyance. Cette nouvelle relation trouve dans les traditions religieuses un mot qui prend ici une signification anthropologique : la foi.

Le choc inattendu du réel laisse des traces dans les subjectivités. Sur la terre brûlée et dévastée, des pousses nouvelles et fragiles se faufilent entre les racines calcinées. On se surprend à goûter puis à rechercher la solitude. On découvre une nouvelle source de plaisir dans le simple fait d'être. Un espace intérieur se déploie de lui-même, composé de silence, de présence à quelque chose qui sourd discrètement en soi, d'émotions secrètes. Une nouvelle manière d'être. Comme un don à laisser advenir lorsqu'il se présente et que l'on est disponible. La vie en son expérience la plus intime se creuse. Elle ne relève plus d'un projet à réaliser, maîtrisé et conscient. Elle ne prend plus corps dans un objet à posséder, une image de soi à défendre. Elle se reçoit au cœur d'une passivité originelle, dans l'écoute d'un silence et d'une solitude qui ont leur propre consistance.

Serait-ce que la vie qui nous soulève depuis notre conception se laisserait enfin goûter là même où le vide angoissant suscitait de multiples défenses à l'origine de la culture et de la religion ? On préfère ici se taire, comme si tout discours devenait indécent, sinon obscène. Pudeur de celui qui se tient en ce seuil, dont seule la rareté des paroles, sinon le silence, rend compte. Registre de l'intime où se forge un désir singulier. Est-ce de ce désir que parle Lacan dans l'éthique de la psychanalyse : *ne jamais céder sur son désir !* Lieu dans lequel se forgeront d'eux-mêmes des projets, des ruptures, des audaces et des combats parfois incompréhensibles pour les proches. Donnant au mot désir, son sens fort, celui qui anime une existence et manifeste la singularité d'un être, à mille lieues des multiples envies qui tissent la vie quotidienne du consommateur. En ce lieu d'où sourd un *projet originaire*, selon l'expression de Sartre.

La foi, l'audace de l'esprit

En son sens anthropologique la foi serait une posture existentielle caractérisée par un abandon confiant et grave à la vie qui sourd en soi.

Un acte de confiance par-delà l'inconnu et l'incertitude, marqué au coin par une angoisse qui a perdu de son pouvoir tétanisant, qui devient un compagnon de route. Il en va comme si cette vie qui nous échappait depuis notre naissance se laissait enfin pressentir comme une force secrète et silencieuse, sans jamais lâcher les amarres de sa fragilité native. La condition humaine n'est plus alors vécue comme un abîme intérieur à fuir, mais comme une cicatrice, une blessure secrète et indépassable qui nous accompagne et que l'on assume. La foi, contrairement à la croyance, n'est pas une fuite. Est-ce la manière dont l'espèce humaine peut assumer sa fragilité ? Est-ce là où se tient le psychanalyste lorsqu'il écoute l'analysant pour que ce dernier s'autorise à déplacer sa quête ? La foi apparaît alors comme l'audace de l'esprit qui ose partir à l'aventure dans la rencontre de l'autre et la découverte du monde.

La liberté serait alors l'acquiescement intime, en deçà de la conscience claire et lucide, à cet élan qui nous soulève au rythme de la vie qui s'écoule. Elle s'identifie à la foi. Le contraire de la foi ne serait pas tant l'athéisme que le suicide ou l'autisme. Le refus de s'abandonner à la vie énigmatique, dans l'impossibilité de s'ouvrir à l'autre. Cette analyse permet de pressentir la nouvelle aliénation qui se déploie aujourd'hui, celle qui sature la vie quotidienne de sollicitations incessantes qui se tiennent au plus près de nos fantasmes. Qui normalise nos existences par des projets laminés par des évaluations incessantes. Et interdit, de fait, sans le dire, ce *recueillement en soi* où peut advenir la singularité du désir, la fraîcheur discrète de l'existence. Aliénation qui ne dit pas son nom, mais qui se manifeste par un mal-être envahissant. Donnant l'illusion d'être portée par ce flot, faisant l'économie de ce retour sur soi… jusqu'à épuisement et l'effondrement ou l'explosion de la violence.

Si la croyance a la raideur de la certitude, la foi a la souplesse de l'incertitude qui ouvre le chemin de la rencontre et des itinéraires inattendus, la souplesse de la vie qui jaillit là où on ne l'attendait pas, se faufilant dans les fissures qui travaillent nos certitudes. Contrairement à la croyance, la foi ne refoule pas l'angoisse, elle l'a apprivoisée parce qu'elle l'a traversée. Dès lors, elle accepte de ne pas savoir et ose s'aventurer malgré son ignorance. Ainsi la traversée de l'angoisse induite par l'épreuve inattendue peut opérer une alchimie

psychique profonde et secrète qui débouche sur une nouvelle relation au monde. Elle nous apprend, à notre corps défendant, que l'être humain n'accède à lui-même que dans la reconnaissance de sa radicale faiblesse, de son ignorance indépassable, à l'opposé du Surhomme ou de l'Homme nouveau, du Saint ou du Héros, ou du *premier de cordée*. Le visage de l'homme trouverait son authenticité dans l'ouverture humble et audacieuse au mystère qu'est le réel.
Il est ainsi un lieu où l'existence n'a pas besoin de donner ses raisons, de faire ses preuves, de se soumettre aux regards d'autrui et à des évaluations. Elle est et cela suffit, *fragilement* si l'on peut ainsi dire. A ce stade, la vie n'est plus à gagner, l'existence n'est plus à justifier : elle se donne comme un jaillissement secret, source de toute richesse. Il est alors possible de cultiver ce lieu, de prendre les moyens de se tenir en son seuil, pour écouter comme un murmure qui semble en sourdre. Prendre le temps de s'approprier le simple fait d'être, sans autre projet que celui-là. Et pratiquer ainsi ce que l'on peut appeler une spiritualité laïque. Laisser être les choses et leur présence en soi-même. Tel Cézanne qui se laissait habiter par la puissance massive de la Ste Victoire pour, dans un deuxième temps, rendre visible cette image intérieure, cette empreinte charnelle, sur un tableau. Ainsi naît une nouvelle mise en forme du monde, une œuvre. Laisser advenir ce rapport charnel au monde que la conscience et la pensée ont refoulé dans les recoins obscurs de la psyché. Lorsque l'environnement culturel, les conditions sociales et matérielles le permettent.

Dans cette perspective, une personne peut être amenée à prendre des décisions qui vont à l'encontre du convenable : une rupture dans la vie professionnelle, dans la relation conjugale, un engagement risqué et incompris. De ces actes que l'on ne peut pas ne pas faire si l'on veut rester soi-même. L'artiste qui prend son pinceau sans trop savoir ce qui adviendra, abandonnant les canons de la beauté de son époque, le résistant qui refuse la soumission, l'officier qui dit non à la hiérarchie, le soldat qui refuse de prendre les armes, le conjoint qui met un terme à une relation perverse, Abraham qui quitte son pays et sa famille pour un pays inconnu… Dans cette perspective, l'euthanasie peut avoir un sens. Elle n'est pas nécessairement vécue comme la fuite d'une déchéance insupportable, mais comme l'ultime étape d'une existence. L'ultime décision, celle d'une vie qui est arrivée à son terme, simple, grave et irrévocable.

Ainsi la liberté n'est pas simplement la faculté de se déterminer par soi-même, mais plus fondamentale, l'audace hésitante d'adhérer à cette vie qui nous prévient et nous appelle sans trop savoir pourquoi. Ce n'est qu'après coup, modestement, que le sujet lentement se reconnaît. Si la chose est objet de connaissance, l'être humain est objet de reconnaissance, par-delà une ignorance indépassable. Le sens de son existence n'est pas connu à l'avance, n'est pas donné par une divinité ou un texte inspiré, une idéologie clefs en main ou un gourou. Il sourd de sa propre histoire que l'on s'approprie dans un dialogue tâtonnant avec soi-même et les événements qui surgissent, et la parole des autres. La vie nous travaille et nous appelle comme une vocation qui nous presse. Mais la vie quotidienne prisonnière des mailles de plus en plus serrées de notre culture marchande devient de plus en plus étrangère à ce mouvement de fond. Il n'est pas étonnant que de plus en plus de personnes craquent et engagent un virage décisif pour leur avenir.

III) De la culture occidentale

« On dit d'un fleuve emportant tout qu'il est violent, mais on ne dit jamais rien de la violence des rives qui l'enserrent. »

Bertolt Brecht

« La raison, c'est la folie du plus fort. La raison du moins fort, c'est de la folie. »

Eugène Ionesco

Ce long détour permet de comprendre des éléments fondamentaux de la condition humaine. L'homme ne vit plus dans la nature, mais dans la culture grâce à laquelle il se rend présent au monde et à lui-même. La culture donne une forme, c'est-à-dire, des contours. Pour le dire autrement, des limites. Le petit homme advient à lui-même, à son insu, grâce à ce cocon qui le précède, le porte et l'appelle. Cette approche permet de jeter un regard inattendu sur la culture occidentale dont la logique profonde se révèle à travers son histoire.

La vie quotidienne dans le monde occidental contemporain est prise dans les filets d'une information incessante porteuse de contraintes toujours plus nombreuses ; l'espace psychique et social nécessaire à la prise de conscience de l'histoire dans laquelle elle est embarquée se restreint de plus en plus. Dans ce contexte qui engendre la cécité, le capitalisme prend une importance décisive. Il se révèle être bien plus qu'un simple mode de production et d'échange. Et s'il n'existe pas un capitalisme en soi, mais des capitalismes qui se développent selon les circonstances historiques, sociales et politiques, il a cependant une rationalité spécifique, qui demeure à travers ses figures historiques, qui définit son essence.

La culture occidentale se constitue à partir de quatre dimensions : l'humanisme des lumières comme philosophie, le capitalisme comme type d'économie, le libéralisme comme philosophie politique, la technoscience comme technique. L'humanisme permet de repenser les Interdits fondateurs à partir de la condition humaine et non plus des dieux. Mais le capitalisme justifie une dynamique d'accumulation sans limites, mettant la technoscience à son service. Le libéralisme apporte au capitalisme la justification politique dont il a besoin : une conception de la liberté et de la propriété privée. Ces quatre dimensions forment une culture qui porte en elle une contradiction qui explique les crises successives qu'elle engendre et dont elle se nourrit.

Une injonction contradictoire

La culture occidentale est porteuse d'un idéal universaliste qui prend corps dans la DUDH[1] tout en engendrant une violence telle qu'elle

[1] La Déclaration Universelle des Droits de l'Homme.

remet en cause l'avenir de l'humanité lui-même. On parle ainsi d'une Europe génocidaire[1], d'un Occident terroriste[2]. Violence indicible parce qu'enrobée dans des valeurs humanistes qui en cachent l'horreur et la justifient. Cette contradiction est vécue comme une injonction impossible et monstrueuse : *tu respecteras la dignité de tout homme, tu feras du profit…* en réduisant autrui en esclavage. Injonction paradoxale qui véhicule une violence physique et psychique cachée au sein d'une justification sans cesse renouvelée.

L'Europe humaniste

Effacement de la limite

Les guerres de religion au 16e siècle amenèrent l'Occident à inventer une nouvelle manière de vivre ensemble. Les religions n'assuraient plus le lien social ; elles devenaient la pierre d'achoppement qui divisait les groupes et les peuples. Avec elles s'étiolait l'héritage du passé. Il ne s'agissait plus de recevoir la Loi de Dieu, mais d'élaborer un contrat social, à hauteur d'homme. Ce bouleversement politique s'inscrivait dans une évolution bien plus large. Avec la découverte de nouveaux continents, les nouvelles techniques, la naissance des sciences modernes, les nouvelles philosophies… un monde nouveau se cherchait, les germes d'une nouvelle culture apparaissaient. Le monde n'était plus celui des dieux ou des ancêtres, mais devenait objet de découverte, d'exploitation, de maîtrise. Il n'était plus à recevoir, mais à investir, à créer, à fabriquer. La société n'était plus une évidence, mais un projet à réaliser, un combat à mener.

La Renaissance jette les bases de cette nouvelle culture. La fresque *Allégorie et effets du Bon et du Mauvais Gouvernement* d'Ambroggi Lorenzetti, peinte en 1339 sur les murs du Palazzo Pubblico à Sienne, représente pour la première fois des hommes occupés à construire une ville heureuse. L'*Annonciation du couvent San Marco* de Fra Angelico, de 1437, intègre pour la première fois la perspective dans la

---

[1] Georges Bensoussan, *L'Europe. Passion génocidaire*, Editions Mille et une nuits, Paris, 2006.

[2] Chomsky, *L'occident terroriste*, Editions Payot, 2015.

représentation de l'espace. L'art donnait à voir cette révolution sociale et spatiale.

Une liberté libérée des entraves du passé

L'époque moderne poursuit cette révolution. Les contraintes et les limites imposées par les traditions et les religions s'effilochaient. Les rites, les mythes, les dogmes, les institutions héritées du passé perdaient de leur crédibilité et de leur pouvoir. Les limites, toujours plus ou moins maladroites qu'elles transmettaient, devenaient poreuses, quand elles n'étaient pas tout simplement devenues caduques. Une nouvelle manière d'être émergeait sur la ruine du passé pour s'ouvrir sur un avenir à construire. Les champs du savoir, de la recherche, des découvertes techniques, du pouvoir et de la richesse s'ouvraient sur un horizon infini, de nouvelles conceptions du monde et de l'homme s'élaboraient. La nature ne chantait plus la gloire de Dieu, mais parlait le langage des mathématiques annonçait Galilée. Le cosmos des Grecs devenait l'univers soumis à une loi qui prenait la forme d'une équation mathématique. Descartes remettait en cause l'ensemble des traditions de son époque et entendait trouver la vérité dans la solitude de la conscience. Il envisageait un avenir sans maladie grâce aux progrès de la médecine. Le philosophe formulait avec concision et pertinence ce nouveau paradigme culturel : l'homme se comprenait *comme maître et possesseur de la nature*. Leibniz développait une pensée qui rendait compte de tout, même du mal. La société n'était plus rassemblée autour d'un mythe religieux, mais résultait d'un rapport de force comme l'analysait Hobbes. Un savoir et un pouvoir voués à un progrès sans fin qui nourrissait le sentiment d'une liberté enfin libérée des entraves des traditions et de la volonté des dieux.

Animée par cette dynamique, l'histoire de l'Occident moderne connaît une accélération qui va croissante. Sciences et techniques se développent conjointement pour donner aujourd'hui la technoscience qui donne à penser que tout problème trouvera demain une solution technique[1]. Dans le sillage du capitalisme, la nature devient une source inépuisable de matériaux livrée entre les mains de ceux qui

---

[1] Jean-Pierre Lebrun, *Un monde sans limite*, Editions Ères, 1993.

veulent s'enrichir. La marchandisation du monde s'étend toujours plus, minant les limites qu'elle peut encore rencontrer. La liberté absolue défendue par le libéralisme justifie l'esclavage qui prend de nouveaux visages avec la prolétarisation et la précarisation des populations modestes.

La question du pouvoir de l'homme sur l'homme connaît la même évolution. Les totalitarismes du 20e siècle n'ont rien à envier au pouvoir qu'exerçaient les églises dans l'Ancien Régime. Le pouvoir absolu prend la forme des fascismes, des totalitarismes et de la guerre totale. On parle ainsi d'ensauvagement[1]. La violence a pris les traits apocalyptiques de la guerre totale, de sa *brutalisation*[2]. Partout où la colonisation et le FMI sont passés, les cultures millénaires se sont effondrées et la violence explose : l'Amérique du Sud, l'Afrique, devenant les plaques tournantes de la drogue et de la vente d'arme. Ces quelques instantanés pris sur le monde contemporain témoignent d'un esprit, d'une tonalité qui rend compte de la culture occidentale et qui trouve dans la mondialisation financière et économique une justification et une extension planétaire.

L'absence de limites

Cette absence de limite se révèle tout particulièrement dans le monde financier comme en témoignent des événements récents. La circulation de l'argent ne doit rencontrer aucun obstacle. L'Union européenne sanctuarise cette conception dans ses traités. L'intégration de l'argent de la drogue et de la prostitution dans le PIB est la dernière en date de ce processus. L'argent se multiplie en devenant une industrie financière qui *produit* de l'argent. La richesse s'accumule dans les poches des spéculateurs, des actionnaires et dans les coffres des paradis fiscaux sans véritables limites.

Entre le début de cette nouvelle culture et notre actualité, une même logique est à l'œuvre. Elle s'étend et s'approfondit à travers cinq

---

[1] Thérèse Delpech, L'ensauvagement, le retour de la barbarie au XXIe siècle, Editions Grasset, 2005.

[2] George L. Mosse, *La Brutalisation des sociétés européennes. De la Grande Guerre au totalitarisme*, Editions Hachette littérature, 2000.

siècles. Elle dessine les traits d'un nouvel âge de l'humanité, au même titre que le néolithique inaugurait une nouvelle manière d'être avec la domestication des animaux et des plantes, laissant à la marge la culture des chasseurs-cueilleurs. Une ère culturelle qui se caractériserait par l'effacement de la limite signifiée traditionnellement par l'Interdit.

Enjeu anthropologique

L'homme est un néotène, une espèce vivante particulièrement inadaptée comme en témoigne sa fragilité native. Ne trouvant pas dans son corps les moyens de sa survie, il puise dans sa créativité psychique et sociale de quoi s'adapter à son environnement. Il crée lentement un nouveau mode d'adaptation : des représentations mentales et langagières qui lui permettent de s'ouvrir au monde.

Ce mode d'adaptation est d'une créativité infinie comme en témoigne la diversité des langues et des cultures. Il porte en lui les meilleures comme les pires possibilités. La représentation imaginaire bouleverse l'économie psychique et sociale. Cette nouveauté transforme la nature du besoin : il n'est plus simplement l'expression d'un manque physiologique, il se nourrit tout autant des représentations imaginaires que la psyché crée à partir du manque. Le besoin s'extirpe des limites de la biologie pour vivre dans une autre dimension, celle de l'imaginaire.

Cette économie psychique est mortifère si elle ne rencontre pas des butées que l'homme élabore pour lui-même : la Loi du symbolique. Les générations successives sont prises dans les filets des relations sociales et du langage qui comportent leurs propres exigences. Elles butent ainsi sur des limites d'une autre nature : l'interdit, les exigences (morales, intellectuelles, religieuses, relationnelles), les contraintes sociales.

L'esprit des lumières

Ce cadre anthropologique éclaire la mutation décisive que représente la culture occidentale dans l'histoire de l'humanité. L'homme se libère de ses représentations religieuses comme autant de représentations désuètes qui perdent leur crédibilité. Il comprend progressivement que le cadre qui rend possible sa survie ne tombe pas du ciel, il dépend de lui et réciproquement. Et accède ainsi à une liberté jusque-là inconnue et enivrante.

La quête de sens définit l'esprit

Avec la perte de crédibilité des mythes, c'est la quête de sens inscrite au cœur de l'existence humaine qui chancelle. L'humanisme relève le défi et propose un sens qui n'a plus besoin des dieux. Pour l'anthropologue, la création des dieux est une manière d'affirmer le caractère sacré de la quête de sens logée au cœur de la condition humaine. L'humanisme des lumières élabore un nouvel *intouchable*. Le sacré se déplace, il ne tombe plus du ciel, il se livre dans la simple présence du proche : *la dignité de la personne*. Le Principe, le Fondement, l'Ultime exigence, l'Impératif catégorique selon la formule de Kant : *ne jamais considérer autrui comme un moyen, mais toujours comme une fin*. L'homme, ne recevant plus l'interdit des Dieux, se donne lui-même ses limites, son sacré, dans la reconnaissance modeste de sa fragilité native. C'est ce que Kant appelle *l'autonomie de la raison*. Ainsi naît une éthique à hauteur d'homme sur l'effondrement des morales religieuses et traditionnelles. La philosophie n'a *ni dans le ciel ni sur la terre, de point d'attache ou de point d'appui*[1]. La vie n'est plus à chercher ni auprès des dieux ni du côté de la nature. Elle est à découvrir dans cette quête de sens qui définit l'esprit, modalité de l'instinct.

L'esprit porte en lui cette exigence, un - *tu dois !* - surgissant des profondeurs de la vie psychique et sociale. L'humanisme ressaisit la transcendance des dieux pour la situer au cœur de l'homme. Cette Loi est l'ultime fondement de la vie sociale, essentielle à la survie. Elle prend diverses formules selon la perspective que l'on prend : les *Droits de l'homme*, le *Bien commun*, *l'Intérêt public, la République*. L'homme est cette espèce vivante qui ne subit pas simplement l'ordre naturel, il élabore un ordre symbolique. Les limites qu'ils rencontrent

[1] Kant, Fondement de la métaphysique des mœurs, deuxième section.

ne relèvent plus seulement de la nature ou des dieux, mais de la structure même de son esprit.

Une ignorance fondamentale, ressort de l'esprit

Avec cette philosophie, les limites ne sont pas abolies, elles se déplacent. **En politique**, le pouvoir ne peut plus s'exercer au nom de Dieu, il relève d'un débat et d'une organisation à construire et à maintenir. Le débat débouche sur un texte fondateur : une Constitution. Elle distingue et organise les différents pouvoirs : une manière de limiter le pouvoir qui veut toujours plus de pouvoir. Cette approche élaborée par Montesquieu est une des idées les plus géniales de l'époque moderne. Elle est au fondement de la laïcité, qui en est son accomplissement. **Dans le domaine des connaissances**, le savant d'aujourd'hui a conscience des limites de son savoir. Limites au-delà desquelles il pressent l'obscurité insaisissable du réel. Obscurité qui nourrit sa curiosité et sa recherche. La connaissance se déploie ainsi sur l'horizon d'une ignorance indépassable, comme des zones de lumière dans un océan d'obscurité. Cette ignorance fondamentale n'est pas l'échec de l'esprit, mais son ressort le plus intime. Elle nourrit son élan, sa curiosité, sa pugnacité face aux énigmes de la nature.

Un retour en arrière impossible

Ainsi, l'humanisme des lumières se déploie, constitutif de cette nouvelle culture occidentale. C'est en soi un gain inestimable, le retour en arrière devient impossible pour celles et ceux qui en font le cheminement. Il en va comme si l'humanité progressait lentement dans l'intelligence de sa propre condition en assumant la fragilité et la créativité qui la caractérisent. Elle est ainsi capable d'ouvrir des horizons nouveaux, faisant de l'avenir une promesse. Une histoire qui progresse ?

Cet esprit traverse l'histoire de l'Occident moderne et contemporain. Confronté à l'horreur de la violence sous toutes ses formes, l'humanisme connaît un sursaut sous l'influence des mouvements de résistance aux fascismes et aux totalitarismes du 20e siècle. Il prend conscience de ses dimensions politiques et économiques. Il se déploie dans des déclarations, des institutions, des résistances, des Constitutions, des printemps. Il se manifeste lors des grandes crises planétaires à travers des textes emblématiques : la Déclaration de Philadelphie, le Programme du Comité national de la Résistance, la DUDH.

A Philadelphie, le 10 mai 1944, a été proclamée la première *Déclaration internationale des droits à vocation universelle*[1]. Elle stipulait que :

– le travail n'est pas une marchandise ;
– la liberté d'expression et d'association est une condition indispensable d'un progrès continu ;
– la pauvreté, où qu'elle existe, constitue un danger pour la prospérité de tous.

La Conférence proclamait également que « *les représentants des travailleurs et des employeurs, coopérant sur un pied d'égalité avec ceux des gouvernements, participent à de libres discussions et à des décisions de caractère démocratique en vue de promouvoir le bien commun.* » Précédant de quatre ans la Déclaration universelle des droits de l'homme, ce texte entendait faire de la justice sociale l'une des pierres angulaires de l'ordre juridique international. Il s'agissait de libérer l'homme du besoin en liant de manière indissoluble justice sociale et prospérité économique.

A la même période, le Conseil National de la Résistance publiait un programme qui jetait les bases de la politique de l'après-guerre dans plusieurs pays européens. La dernière partie présentait :

– des mesures politiques, comme le rétablissement de la démocratie, du suffrage universel et de la liberté de la presse.
– des mesures économiques, caractérisées par « *l'instauration d'une véritable démocratie économique et sociale, impliquant l'éviction des grandes féodalités économiques et financières de la direction de l'économie* ». Les nationalisations, perçues comme « *le retour à la*

[1] Alain Supiot, L'esprit de Philadelphie. La justice sociale face au marché total. Editions du Seuil, 2010.

nation des grands moyens de production monopolisée, fruits du travail commun, des sources d'énergie, des richesses du sous-sol, des compagnies d'assurances et des grandes banques. »
– des mesures sociales, dont un rajustement important des salaires, le rétablissement d'un syndicalisme indépendant et des délégués d'atelier et « *un plan complet de sécurité sociale, visant à assurer à tous les citoyens des moyens d'existence, dans tous les cas où ils sont incapables de se le procurer par le travail, la gestion appartenant aux représentants des intéressés et de l'État.* »

L'historien Eric Hobsbawm[1] disait qu'en 1918 les Etats européens n'avaient pas su trouver de solution pour éviter la guerre. Impuissance qui avait fait le lit de la Deuxième Guerre mondiale. En 1945, les Etats trouvèrent la solution, dans l'esprit de Philadelphie.

En France, ces déclarations ont connu des réalisations politiques et économiques remarquables dans l'immédiat après-guerre, au terme de combats politiques durement menés. Un Etat social vit le jour, inspiré par le Programme du CNR nourri des luttes sociales qui le précédèrent. On lui doit la Retraite, la Sécurité sociale, l'Education nationale… Les Services publics ont permis la reconstruction du pays dévasté par la guerre. L'économie n'était pas capitaliste, mais mixte ; une grande partie échappait à la loi du marché, elle était assumée par les Services publics. Les infrastructures du pays furent financées par les cotisations sociales et non par les banques : la construction des hôpitaux, des collèges et des lycées. Ces cotisations étaient gérées par des comités d'entreprise rassemblant tous les acteurs de la vie économique[2].

Ce n'est pas le capitalisme qui permit la reconstruction de la France, mais un régime mixte qui faisait dire à des touristes chinois : *ce n'est pas la Chine qui est communiste, mais la France*. Nommer cet Etat social *l'Etat Providence* est une insulte pour tous ceux qui se sont battus pour son édification. Ce glissement de vocabulaire suppose un nouvel horizon de sens qui s'est développé depuis les années 1970.

---

[1] Eric Hobsbawm, *L'âge des extrêmes, le court 20ème siècle*, Editions Complexe, Le Monde diplomatique.
[2] Bernard Friot, *Puissances du salariat*, nouvelle édition augmentée, Paris, Éditions La Dispute, 2012.

L'humanisme se renouvelle sans cesse. Il a inspiré, il y a peu, les printemps arabes. Les forums sociaux mondiaux se succèdent et s'inscrivent dans ce sillage les luttes écologiques. Cependant, l'humanisme n'épuise pas la complexité de la culture européenne. Une rapide vue de l'histoire révèle en son cœur une contradiction monstrueuse.

L'Europe génocidaire

Cette liberté nouvelle a du mal à se donner des limites. Elle est séduite par l'accumulation possible de la richesse et du pouvoir. Dérives qui trouvent dans le capitalisme et le libéralisme des rationalisations pour se justifier, des institutions pour s'incarner et se déployer.

Cette contradiction se manifeste dès sa naissance. L'origine lointaine du capitalisme se situe dans la découverte du Nouveau Monde à la fin du 15e siècle : elle offrait les conditions nécessaires à l'accumulation primitive du capital, selon l'expression de Marx. La recherche et la captation de l'or provoquaient la destruction des cultures, la disparition des peuples indigènes et l'accaparement des terres. Dans ce contexte naissait une philosophie politique : le libéralisme. S'y ajoutait au 18e siècle, une philosophie économique : le capitalisme. Les empires coloniaux, avec de développement massif de l'esclavage, se structuraient et enrichissaient l'Occident.

Cette politique est présente au sein même des pays européens. Au 18e siècle, le développement de la propriété privée avec le mouvement des enclosures en Angleterre jetait dans la misère toute une population rurale modeste. La révolution industrielle du 19e siècle attirait cette population qui migra vers les villes pour trouver du travail. La naissance du prolétariat réduisait l'homme à une simple force de travail. Cette foule ne trouvait pas d'institution traditionnelle capable de la défendre. Misère et exploitation engendrèrent le marxisme et les régimes communistes du 20e siècle. Le rapport de force qui s'établissait entre les possédants et les ouvriers rendit possibles des politiques sociales qui se confirmèrent après la Deuxième Guerre mondiale. Il aura fallu une trentaine d'années pour que ce rapport s'étiole et que domine à nouveau le pouvoir de l'argent avec une nouvelle figure du capitalisme : le néolibéralisme et son corollaire : la misère. Le désastre humanitaire et politique de la Grèce en est l'exemple paradigmatique.

Le respect de la dignité de la personne pâlit face à la jouissance promise par le pouvoir et l'argent. La liberté promise par ces temps nouveaux devait s'accomplir dans l'ouverture à l'autre à travers une délibération dans laquelle tout un chacun était invité à participer à un avenir commun. Elle se pervertit dans la recherche sans fin du profit. A la lumière du progrès civilisateur, la liberté privée de la tutelle des dieux, n'ayant plus que la raison comme boussole, se laissait emporter par les passions déchaînées.

« Le Nouveau Monde » : esclavage et génocide

Faire remonter le capitalisme à l'esclavage européen peut paraître une erreur historique. Pourtant, il s'y repère les caractéristiques à l'œuvre dans toute l'histoire du capitalisme : rapports sociaux de domination, économie de prédation et d'accumulation, système de justification et d'organisation administrative, juridique et étatique.

L'esclavage et la traite existaient bien avant le 15e siècle, dans d'autres cultures. Mais la traite perpétrée par les Européens fut un tournant dans son histoire, par sa nature, sa durée, la façon dont elle a été conçue et gérée, ainsi que sa légitimation[1]. Jusque-là, la traite s'effectuait par voie terrestre et l'esclavage était principalement réservé aux vaincus. C'était affaire de force, le procédé était sauvage. Désormais, des théories, des doctrines et des codes vont encadrer ces pratiques qui devenaient systématiques et planifiées. Elle commençait par l'expédition des Portugais qui atteignit le cap Gojador ou cap de la Peur en 1434. Les premières razzias connues remontaient à 1441 dans le Rio de Ouro, le fleuve d'or. Elle se prolongeait durant quatre cents ans.

---

[1] Christiane Taubira, *L'Esclavage raconté à ma fille*, Paris, Editions Bibliophane, coll. « Les mots à cœur », 2002. L'essentiel de cette partie est tiré de ce livre.

Les justifications commencèrent dès le début. En 1454, le pape Nicolas V légitimait le commerce des êtres humains qualifiés de *bois d'ébène* dans sa bulle Romanus Pontifex, par laquelle il accordait son autorisation au roi du Portugal, Alfonso V. La légalisation fit son chemin. En France, le Code noir fut conçu par Colbert, ministre du Commerce, et édicté par Louis XIV en 1685. Dans l'article 44, les esclaves étaient considérés comme du mobilier, au même titre que les autres biens appartenant aux maîtres. Et dans la comptabilité des plantations, les esclaves étaient répertoriés dans la rubrique *cheptel*. A l'article 38, il était stipulé que le maître avait droit de vie et de mort sur ses esclaves.

La véritable raison de ce phénomène était *un commerce fructueux*. Les livres de négociants ainsi que leurs correspondances montraient que, eu égard aux risques de la navigation et aux aléas du commerce, le rendement devait être considérable. Ils étaient nombreux à investir dans cette activité plutôt que dans d'autres, y compris dans des placements plus commodes. Ce commerce générait des activités économiques diverses qui pourvoyaient en recettes multiples les caisses de l'Etat. Celui-ci percevait les dividendes des compagnies de charte ou de privilèges, les dividendes sur les revenus des plantations domaniales. Les gains provenaient des licences d'armement, des redevances sur cargaison, des taxes sur l'affranchissement des esclaves qui rachetaient leur liberté. C'était un véritable système économique avec ses circuits de redistributions. L'Etat accordait également des dérogations et des exonérations fiscales pour doper l'initiative privée sur la traite. Un âge d'or du profit.

L'intérêt économique était tel que lorsque la traite devint un problème de conscience, elle fut supprimée, mais pas l'esclavage. Et lorsque le congrès de Vienne (1814-15) déclara que la traite était répugnante *à la morale universelle*, prévoyant de mettre en place une police maritime pour sanctionner le trafic des négriers, l'esclavage continua à prospérer. Les Maîtres des plantations, les propriétaires de sucreries et de distillerie continuaient à s'enrichir grâce à cette force de travail gratuite. Les sévices continuaient à pleuvoir sur les esclaves.

La traite négrière fut une étape décisive dans le développement d'une économie fondée sur la production et l'appropriation de richesse, sans limites. Ainsi naît et se développe le capitalisme, développement qui s'accompagnait d'une philosophie politique pour se justifier : le libéralisme.

Du libéralisme

Le libéralisme tel qu'on l'entend aujourd'hui dans les pays de culture occidentale est perçu comme une philosophie politique qui revendique la liberté de la société civile dont l'Etat serait le garant. Cette perception lui donne une légitimité qui paraît à première vue indiscutable, surtout si l'on se souvient des régimes totalitaires des pays communistes. Cependant, cette mise en exergue de la liberté cache des conséquences sociales, politiques et écologiques redoutables qui se révèlent à travers son histoire. Et une conception de la liberté quelque peu problématique. Un enjeu anthropologique redoutable.

Le libéralisme naquit et se développa au sein du groupe des propriétaires d'esclave établis dans les colonies suite à la découverte du Nouveau Monde. Au nom de la liberté et de la propriété privée, ils rejetèrent les contraintes imposées par les religions et les Etats pour exercer un pouvoir sans limites sur les populations colonisées. Le libéralisme fut ainsi l'acteur d'une industrialisation et d'une radicalisation de l'esclavage, justifiant dans son sillage l'expropriation, la déportation et l'extermination.

Cette conception se structura chez les philosophes dès le 17e siècle. Pour libérer *les sujets de la servitude*, Hobbes et le libéralisme définirent la liberté à partir d'une métaphore : un *moi sans entraves* compris comme une gerbe de désirs et de passions voulant s'épanouir sans obstacle. « *La liberté est l'absence totale d'entrave susceptible de détourner une part de ma puissance et m'interdire d'accomplir tout ce dont j'ai envie*[1]. »

Le premier pays à emprunter cette voie fut celui qui manifesta un attachement particulièrement tenace à l'institution de l'esclavage au 18e siècle : la Hollande. Les colons d'origine hollandaise ont opposé la

[1] Thomas Hobbes, *Léviathan*

résistance la plus acharnée aux premières mesures abolitionnistes introduites au nord des Etats-Unis. Le pays déclara lors des états généraux de 1791 que la traite des Noirs était essentielle au développement de la prospérité et du commerce des colonies. Elle tirait une grande partie de sa richesse de l'esclavage depuis le 17e siècle.

En Hollande, en Angleterre puis aux États-Unis, cette philosophie justifia pendant près de trois siècles l'esclavage des noirs ainsi que l'état d'esclavage des miséreux sur leur propre sol. Au nom de la liberté, les propriétaires refusèrent les ingérences des églises et du pouvoir politique qui, d'une manière ou d'une autre, tentaient de restreindre leur pouvoir. Ils refusaient de tenir compte par exemple des droits matrimoniaux que les églises reconnaissaient aux esclaves convertis au christianisme. Cette manière de lutter contre toute contrainte fait étrangement écho aujourd'hui avec la volonté politique de *libérer le travail.*

On estime à plus de 12 millions le nombre d'esclaves arrivés vivants aux Amériques et aux Caraïbes entre le XVe et le XIXe siècle. Sans compter les millions qui sont morts dans les guerres de razzia, sur les routes, dans les baraquements et sur les bateaux. Le développement économique et l'ascension politique et militaire de l'Angleterre et des États-Unis furent dus en grande partie à *l'asiento* : le monopole de la traite des esclaves[1]. L'esclavage colonial a contribué à la construction du capitalisme nord-américain et européen. La domination de la marine anglaise, la Royal Navy, fut liée au développement de la traite. Toute une série de progrès dans la navigation — la conception des bateaux, la connaissance des courants, la création d'une charte des vents — fut faite pour accélérer le transport des esclaves.

Esclavage et industrialisation

Sans l'esclavagisme, il n'y aurait pas eu d'industrialisation de l'Europe. Le sucre n'était pas raffiné dans les colonies, mais en Europe. Le coton était tissé dans les usines d'Angleterre.

[1] Domenico Losurdo, *Contre-histoire du libéralisme,* Editions La Découverte, 2013, p. 126.

L'esclavagisme a contribué au développement au système bancaire et d'assurances. La Lloyds — *géant de l'assurance britannique* — à Londres a commencé par assurer le *cargo* — les captifs africains — des bateaux négriers, ce qui lui a permis en très peu de temps d'acquérir une position inégalée sur le plan mondial.

Une société structurée en castes

Cette situation décrite et justifiée par les penseurs anglais du 17e siècle se prolonge jusqu'au 19e siècle, structurant la société en castes : celle des hommes libres et celle des esclaves dans laquelle se mêlent les noirs, les miséreux, les enfants, les prisonniers et les soldats. John Locke distinguait dans la société de son époque trois groupes distincts : les hommes que le *droit de nature* soumettait à la domination absolue de leur maître, ou qui étaient soumis *à la condition de l'esclavage sous sa forme parfaite :* les esclaves venant d'Afrique. Se trouvaient ensuite les hommes libres et, enfin, les serviteurs blancs, frères de sang des hommes libres[1]. Au 19e siècle Tocqueville remarquait que cette structure sociale des États-Unis était l'héritage des *lois civiles* de l'Angleterre, nettement déséquilibrées au profit des riches[2]. Dans l'Empire britannique coexistaient trois situations juridiques différentes : la première placée sous le signe de la liberté, la deuxième de la servitude et la troisième de l'esclavage au sens strict du mot. Malgré le fossé qui séparait l'esclave noir du serviteur blanc, ce dernier ne faisait pas partie de la communauté des *hommes libres*[3].

Donner naissance à une classe servile héréditaire

Cette population servile assurait la richesse et le pouvoir de la communauté des hommes libres. Il importait alors qu'elle se reproduise, de génération en génération, pour donner naissance à une sorte de caste servile héréditaire. Pour Mandeville — 18e siècle -, la reproduction de cette caste était une nécessité absolue. Dans cette perspective, la guerre jouait un rôle bénéfique. Si avec les massacres périodiques, elle

---

[1] Ibid., p. 126

[2] A. de Tocqueville, *Œuvres complètes*, vol. IV, p. 136.

[3] Domenico Losurdo, *Contre-histoire du libéralisme,* Editions La Découverte, 2013, p. 127.

n'arrivait pas à remédier à l'excédent de mâles que l'on constatait à la naissance, les femmes, que se disputeraient trop de soupirants, deviendraient une sorte de marchandise rare, accessible seulement aux riches. La société ne pourrait plus alors se réapprovisionner en *fils de pauvres, le plus grand et le plus étendu de tous les bienfaits qui viennent de la société*. La reproduction héréditaire des pauvres destinés à accomplir *toutes les corvées pénibles et sales* se révèlerait difficile ou impossible[1]. Cette caste devait donc se reproduire et rester dans sa condition. L'accès des *pauvres travailleurs* à l'instruction devait être absolument évité pour que *la société soit heureuse*[2].

En Angleterre, les workhouses étaient des établissements où étaient enfermés les enfants *des délinquants et des suspects*. En encourageant les mariages précoces dans cet univers concentrationnaire, et en gardant les enfants comme apprentis jusqu'à leur majorité, la société pouvait disposer d'une réserve inépuisable de force de travail. Par l'intermédiaire de *la plus aimable des révolutions*, la révolution sexuelle, la *classe indigène* se reproduisait de génération en génération et devenait une sorte de *race indigène* mise au travail dès l'âge de trois ans.

Sieyès imaginait au 18e siècle un *croisement* entre des *singes* et des *Nègres*, afin de créer des êtres domesticables et adaptés au travail servile. Une nouvelle race de singes anthropomorphiques : « *Quelque extraordinaire, quelque immorale que cette idée puisse apparaître au premier coup d'œil, je l'ai méditée longtemps, et vous ne trouverez pas d'autre moyen, dans une grande nation, surtout dans les pays très chauds et très froids, de concilier les directeurs de travaux avec les simples instruments de labeur*[3]. »

Limiter la masse des pauvres

Mais si l'on doit d'un côté, stimuler la production et la reproduction d'une race de serviteurs ou d'esclaves au sens propre du mot, il fallait,

---

[1] B. de Mandeville, *La fable des abeilles,* Editions Vrin, coll. « Bibliothèque des textes philosophiques », 1998, p. 112.
[2] Domenico Losurdo, Contre-histoire du libéralisme, p.225.
[3] E.-J. Sieyès, *Ecrits politiques*.

d'un autre côté, limiter au maximum la surpopulation improductive et parasitaire : la masse des pauvres qui, loin de générer de la richesse, la dévorerait. Pour maintenir l'équilibre démographique, Malthus prônait une politique qui retarderait les mariages et la procréation des classes populaires. Mais la nature s'y prit autrement grâce aux guerres, aux disettes, aux épidémies. De ce point de vue, le rôle que devait jouer la médecine devenait problématique. En 1764, Franklin écrivait à un médecin : *« La moitié des vies que vous sauvez ne sont pas dignes d'être sauvées, parce qu'elles sont inutiles, alors que l'autre moitié ne devrait pas être sauvée parce qu'elle est perfide. Votre conscience ne vous reproche jamais l'impiété de cette guerre permanente contre les plans de la Providence*[1] *? »*

Les acteurs et penseurs de la Révolution française refusèrent globalement cette politique. Condorcet dénonçait la *corruption générale* de la Hollande et de l'Angleterre en tant que société esclavagiste. Il élargissait sa critique au modèle américain[2]. Alors que la Terreur le menaçait, Condorcet affirmait que la France révolutionnaire était le pays qui devait en finir avec « *cette politique astucieuse qui, oubliant que tous les hommes tiennent des droits égaux de leur nature même, voulait tantôt mesurer l'étendue des droits qu'il fallait leur laisser sur la grandeur du territoire, sur la température du climat, sur le caractère national, sur la richesse du peuple, sur le degré de perfectionnement du commerce ou de l'industrie ; et tantôt partager avec inégalité ces mêmes droits entre diverses classes d'hommes, en accorder à la naissance, à la richesse, à la profession…*[3] »

L'abbé Grégoire critiquait le libéralisme dans un petit livre dont le titre révélait le contenu : *Noblesse de peau*. L'interdiction des mariages interraciaux aux Etats-Unis était comparée à l'obligation sociale qui, sous l'Ancien Régime, imposait à l'aristocratie de ne pas se laisser contaminer par des éléments étrangers, par *la roture*. L'auteur y voyait la préoccupation malsaine de maintenir *la pureté du*

---

[1] Benjamin Franklin, *Writings*, op. cit. p. 803, Lettre à J. Fothergill de 1764.
[2] Contre histoire du libéralisme : p. 166.
[3] Condorcet, *Œuvres de Condorcet*, édit. A. Condorcet O'Connor and M. F. Arago, vol. 11, Paris: Firmin Didot Frères, 1847.

sang[1]. La revendication d'une liberté sans limites ne mettait pas en cause les inégalités de l'Ancien Régime, elle les creusait. Elle se justifiait de la hiérarchisation des peuples qui brisait l'unité du genre humain. Et au sein de chaque peuple, d'une hiérarchisation interne sur la base de la naissance ou de l'ordre d'appartenance.

Cette politique se renouvela au 19e siècle avec l'industrialisation et les progrès techniques. A l'esclave s'ajoutait le prolétaire dont la condition était pratiquement identique. Tocqueville décrivit l'enfer des zones industrielles au cours de son voyage en Angleterre, entre 1833 et 1835. La zone industrielle de Manchester et les quartiers ouvriers apparaissaient comme un *labyrinthe infect*, un *enfer*. Les misérables masures étaient comme le « *dernier asile que puisse occuper l'homme entre la misère et la mort. Cependant, les êtres infortunés qui occupent ces réduits excitent encore l'envie de quelques-uns de leurs semblables. Au-dessous de leurs misérables demeures se trouve une rangée de caves à laquelle conduit un corridor demi-souterrain. Dans chacun de ces lieux humides et repoussants sont entassées pêle-mêle douze ou quinze créatures humaines* ». L'auteur, acquis au libéralisme, eut l'honnêteté de faire l'analyse qui s'imposait : « *les forces organisées d'une multitude produisent au profit d'un seul* » et de faire le constat : « *Ici l'esclave, là le maître ; là les richesses de quelques-uns ; ici la misère du plus grand nombre*[2]. »

De nouveaux esclaves

Aux Etats-Unis, à partir de la révolution américaine, le serviteur sous contrat et l'esclave blanc temporaire furent remplacés par l'esclave noir. Celui-ci, à son tour, après la guerre de Sécession, céda la place au coolie venu de Chine ou d'Inde, autre forme d'esclavage temporaire, même si la couleur de la peau avait changé. En 1834, l'année de l'abolition de l'esclavage dans les colonies anglaises, le libéral Wakefield reconnaissait que les esclaves jaunes commençaient à prendre la place des Noirs, de même que ceux-ci avaient pris la relève

---

[1] Abbé Grégoire, *De la noblesse de la peau*, Jérôme Million, Grenoble, 1996, p. 50-51, 60.

[2] Alexis de Tocqueville, *Œuvres complètes*, op. cit., vol. V, p. 80-82. In *Contre-histoire du libéralisme*.

des esclaves rouges (indiens). Ce fut environ 10 000 coolies importés de Chine qui travaillèrent à la construction périlleuse de la ligne de chemin de fer censée consolider la conquête de l'Ouest[1].

« *En 1860, comme en 1760, le travail contraint des non-Européens continue à être le type de travail préféré des capitalistes rationnels (...) Les 120 millions qui quittèrent l'Inde entre 1830 et 1910, tout au plus en qualité de serviteurs sous contrat, représentent le double du nombre des Africains contraints de débarquer en Amérique pendant les quatre siècles de traite atlantique des esclaves*[2]. »

Ce mouvement s'accompagne d'un projet d'extermination des natifs justifié par une théologie biblique. L'Amérique du Nord était perçue comme un berceau vide, une terre vierge que la Providence divine offrait à la communauté des seigneurs comme *terre promise*. Territoire vide d'êtres humains parce que les natifs étaient considérés comme des sauvages ou des bêtes.

Ainsi l'esclavage mis en œuvre par le libéralisme fut plus dur que *dans le monde islamique et dans tout l'Orient* reconnaissait Tocqueville[3] sous la Monarchie de juillet. La Tunisie, à la même époque supprimait cette institution alors qu'elle se maintenait dans les colonies de la France libérale et dans l'Amérique démocratique.

Les progrès techniques donnèrent des éléments nouveaux pour asseoir le pouvoir des propriétaires. Bentham imaginait une architecture qui permettrait une surveillance de tous les instants appelée à être mise en œuvre dans les prisons, les usines et les workhouses : *le panoptique*.

La première moitié du 20e siècle témoigne de la même logique. Si la condition ouvrière a évolué, ce n'est pas par philanthropie. Le rapport de force qui se tendait entre la classe ouvrière et la classe possédante, inspiré par les analyses de Marx, la Révolution russe et le socialisme

[1] Henry Steele Commager et Allan Nevins, *Petite histoire des Etats-Unis*. In Contre-histoire du libéralisme, p. 252.
[2] Seymour Drescher, From Slavery ton Freedom, p. 432. In *Contre-histoire du libéralisme,* p. 252.
[3] Alexis Tocqueville, *Œuvres complètes*, vol. III, p. 330.

de Jaurès permit la mise en place en France d'une réelle politique sociale, avec la réduction du temps de travail, la limitation du travail des enfants, les congés payés, les conventions collectives en 1936.

Les acquis de 1936 préparaient le terrain des politiques sociales de l'après-guerre. Les élites libérales des années 1920-1930 ayant été marginalisées, le patronat s'étant couvert de honte dans la collaboration, le Parti communiste français devenant un parti rassemblant 25 % de l'électorat, et l'URSS tenant les capitalistes en respect, les lendemains de la Seconde Guerre mondiale virent un impressionnant mouvement de synchronisation institutionnel au terme duquel le rapport de force capital - travail bascula en faveur (relative) du second terme : contrôle serré des capitaux, réduction du pouvoir et de l'activité de la Bourse, concurrence internationale hautement régulée, politique économique orientée vers la croissance et l'emploi, dévaluations régulières. Cette politique permit une croissance de 5 % et ramena l'accumulation du capital à un peu plus de décence[1]. Elle développa tout un champ de l'économie qui échappait à la loi du profit : les services publics. Mais le libéralisme n'abandonnait pas le combat ; il reprenait le devant de la scène politique avec le consensus de Washington. Dans son renouveau historique de l'après-guerre, il modernisait son vocabulaire et prenait un nouveau nom : le néolibéralisme.

L'histoire de l'Occident charge ainsi la notion de liberté d'une ambiguïté redoutable. Humanisme et libéralisme mettent en œuvre des conceptions de l'homme radicalement différentes tout en faisant appel un même principe : la liberté. La noblesse de la première occultant l'horreur de la seconde.

Du néolibéralisme

Le libéralisme mua en renouvelant sa philosophie, ses institutions et ses manières d'opérer : la délocalisation de l'industrie productrice et le développement de l'industrie financière. Ainsi naissait le néolibéralisme qui trouvait des justifications plus subtiles que son

---

[1] Frédéric Lordon : Avec Thomas Piketty, pas de danger pour le capital du 21ème siècle, *Le Monde diplomatique*, avril 2015.

ancêtre pour prendre en main les économies et les pouvoirs politiques. Il prenait plusieurs visages : le néolibéralisme à l'anglo-saxonne et l'ordo-libéralisme allemand. Jean Ziegler explicite son essence : « *Les valeurs principales qui inspirent les stratégies de la privatisation du monde sont la maximalisation du profit, l'expansion constante des marchés, la mondialisation des circuits financiers, l'accélération du rythme d'accumulation et la liquidation la plus complète possible de toute instance, institution ou organisation susceptible de ralentir la libre circulation du Capital*[1]. »

Le néolibéralisme anglo-saxon naissait dans le milieu des années 1950 aux USA. Il trouvait dans la situation économique de l'après-guerre les conditions de sa réalisation historique. L'industrialisation massive en Occident butait sur la saturation des marchés intérieurs et l'intensification de la concurrence internationale. Elle se confrontait à un monde ouvrier qui avait élaboré et imposé un droit social. La population misérable des pays du Tiers-monde offrait une main-d'œuvre soumise dans des pays où le Droit du travail et les contraintes environnementales étaient inconnus. La production industrielle migra dans ces pays. Le fordisme s'effondrait au rythme de la désindustrialisation des économies européennes.

Cette étape du capitalisme prit corps idéologiquement avec le Consensus de Washington dans les années 1980, il fit un pied de nez à la déclaration de Philadelphie dont l'humanisme ne pouvait cadrer avec son esprit. Il n'était plus question de lutte contre la misère engendrée par le capitalisme. Le partage des richesses mis en place par l'Etat social de l'après-guerre devait laisser la place à la dérégulation, la privatisation et la libéralisation. Les services publics qui assuraient aux pauvres des services accessibles devaient être privatisés pour être pris en mains par de grands groupes qui cherchaient à s'enrichir toujours plus.

En Allemagne le libéralisme prenait un autre nom : l'ordo-libéralisme. Cette logique fut facilitée par la chute du mur de Berlin. Les délocalisations se faisaient à portée de main, de l'autre côté de frontière et dans l'ancienne Allemagne de l'Est.

---

[1] Jean Ziegler, *Les nouveaux maîtres du monde*, Editions du Seuil, coll. Points, 2013.

L'industrie financière connut un renouveau avec les progrès techniques (Internet, l'informatique). Cette nouvelle économie se caractérisait par la mobilité vertigineuse du capital, l'autonomisation du secteur financier et la spéculation. Les actionnaires imposaient un nouveau management et une nouvelle politique salariale : le lean-management. Le management du dégraissage qui visait à supprimer tout temps mort, tout geste inutile dans le travail : une nouvelle forme de taylorisation qui s'élargissait à la plupart des métiers. C'est aujourd'hui le cadre économique dans lequel nous vivons. Le profit n'allait plus être produit seulement par la production massive de biens, mais par la spéculation boursière et une gestion toujours plus serrée du travail.

Les conséquences sociales, économiques et politiques ne se firent pas attendre. Un même esprit se répandait : qui « *s'oppose radicalement au fondement de l'Etat républicain et démocratique : la défense du bien public, la promotion de l'intérêt général, la protection de la nation, la solidarité, la souveraineté territoriale*[1]. » Le contrôle politique sur l'ordre économique s'affaiblissait et laissait la place au retour en force des puissances financières, commerciales et industrielles privées. Cette politique imposa aux pays du tiers-monde des réformes structurelles qui détruisirent les embryons de services publics mis en place avec la décolonisation. En Amérique latine comme en Afrique, elle eut pour effet d'aggraver considérablement la condition des classes populaires[2]. La pauvreté laissa la place à la misère lorsque l'effondrement des traditions culturelles s'ajoutait au dénuement matériel. Des conséquences identiques apparaissent en Europe depuis le début de notre siècle. Le cas de la Grèce est exemplaire. Les inégalités économiques et sociales explosent, la fracture sociale se creuse de manière obscène. Au début du 20e siècle, le banquier J. P. Morgan définissait l'écart maximal acceptable de 1 à 20. En 1988, les salariés de Peugeot se mettaient en grève en

---

[1] Ibid., p. 167-168.

[2] D'après l'Organisation internationale du travail (OIT), chaque fois qu'il fut créé 100 emplois entre 1990 et 1995, 84 le furent dans le secteur informel.
En 1980, 120 millions de personnes (41% de la population de l'Amérique latine et des Caraïbes) vivaient au-dessous du seuil de pauvreté. Fin 1999, près de **220 millions** de personnes sont dans cette situation (près de 45% de la population). Le monde diplomatique, *Un cahier spécial sur l'Amérique latine.*
http://Editions.monde-diplomatique.fr/cahier/ameriquelatine/consensuswashington

apprenant l'augmentation de salaire de leur patron qui bondissait à... 35 SMIC. Aujourd'hui, l'écart des salaires est, en France, de l'ordre de 1 à 1000. Aux Etats-Unis, certains dirigeants de hedge funds gagnent 20 000 fois plus qu'un ouvrier[1].

L'Europe connaît un déploiement remarquable de cette logique malgré des mises en garde. Elle en fait le crédo qui rythme les traités européens. Le 18 janvier 1957, Pierre Mendès France (1907-1982) intervenait à l'Assemblée nationale dans le débat sur le projet du Traité de Rome pour en souligner les dangers. Il n'hésitait pas à affirmer que ce projet *est basé sur le libéralisme classique du XIXe siècle* et à y voir *l'abdication de la démocratie*.

« L'harmonisation doit se faire dans le sens du progrès social, dans le sens du relèvement parallèle des avantages sociaux et non pas, comme les gouvernements français le redoutent depuis si longtemps, au profit des pays les plus conservateurs et au détriment des pays socialement les plus avancés. (...) Je mets le gouvernement en garde : nous ne pouvons pas nous laisser dépouiller de notre liberté de décision dans des matières qui touchent d'aussi près notre conception même du progrès et de la justice sociale ; les suites peuvent en être trop graves du point de vue social comme du point de vue politique. (...) Le mécanisme une fois mis en marche, nous ne pourrons plus l'arrêter. (...) Nous ne pourrons plus nous dégager. Nous serons entièrement assujettis aux décisions de l'autorité supranationale devant laquelle, si notre situation est trop mauvaise, nous serons condamnés à venir quémander des dérogations et des exemptions, qu'elle ne nous accordera pas, soyez-en assurés, sans contreparties et sans condition. »

La suite de l'histoire témoigne de sa lucidité. Ce nouvel esprit du capitalisme qui animait le Traité constitutionnel fut rejeté en France lors du référendum de 2005, mais imposé par le Traité de Lisbonne en 2007. Nous devons à cette philosophie politique la notion de *concurrence libre et non faussée,* et l'élévation au rang de principe constitutionnel une simple règle comptable : *la Règle d'Or* des 3 %.

---

[1] Gaël Giraud, Cécile Renouard, *Le facteur 12, pourquoi il faut plafonner les revenus*, Editions Carnets Nord, 2017.

Elle établit au cœur du contrat social des nations européennes, non un principe de liberté et de dignité, mais une règle comptable imposant un type d'économie. Une monstruosité juridique et anthropologique qui nie la liberté des peuples à choisir un type d'économie. A l'image de Staline qui gravait dans le marbre constitutionnel l'économie planifiée du Parti unique.

Les traités de libre-échange entre pays s'inscrivent dans cette logique. Le TAFTA[1] propose de libérer le commerce des réglementations qui permettent aux nations de protéger leur agriculture, leur environnement, leurs conditions de travail. Ces traités veulent balayer ces réglementations comme autant d'obstacle sur la route des multinationales[2]. Cerise sur le gâteau : lorsqu'un Etat contreviendrait à ses contraintes, il serait jugé par un tribunal composé de grands patrons. Il s'agirait d'une légalisation du pouvoir des multinationales sur les peuples et leurs représentants.

Un règne sans partage

Le libéralisme, intimement lié au capitalisme, s'est imposé sans partage. « *Pour la première fois depuis la Réforme, il n'y a plus d'opposition proprement dite — c'est-à-dire de vision du monde rivale — dans l'univers de la pensée occidentale ; et presque aucune à l'échelle mondiale, si l'on exclut les doctrines religieuses, archaïsmes inopérants (...). Le néolibéralisme, en tant qu'ensemble de principes, règne sans partage sur le globe*[3]. »

---

[1] Traité de libre-échange transatlantique.
[2] Eva Joly, *Le loup dans la bergerie*, Editions Les Arènes, Paris, 2016. P. 125-128.
[3] Perry Anderson, « Renewals », *New Left Review*, n°1, Londres, janvier-février 2000.

IV) Le capitalisme ou l'appât du gain

« Le mythe occidental d'une société réduite à une poussière d'individus rationnels maximisant leur intérêt méconnaît les données de base de l'anthropologie. »

Alain Supiot

« Le pouvoir est de déchirer l'esprit humain en morceau. »

George Orwell

La culture est le milieu dans lequel l'espèce humaine accède à son humanité et s'y maintient. L'économie se définit comme la production, la gestion et l'échange des biens et des services qui conditionnent la vie quotidienne et la survie de l'espèce. Une dimension parmi d'autres qui compose la culture.

Une économie qui libère la pulsion

L'Occident voit apparaître en son sein une économie particulière qui libère la pulsion d'accaparement en la justifiant moralement : une axiomatique de l'intérêt[1]. De proche en proche, elle marque de sa rationalité toutes les dimensions de l'existence humaine et devient ainsi, non seulement une culture, mais une ère culturelle. Quelques grandes dates marquent sa naissance et les étapes qui rythment son déploiement. Cette économie met cinq siècles à se développer à travers la création d'institutions[2] : le marché du travail, la mesure de la valeur par le temps de travail, la propriété lucrative, la création monétaire par le crédit, la spéculation boursière.

Avec l'effondrement du mur de Berlin, le capitalisme apparaît comme le seul type d'économie crédible, il ne fait plus qu'un avec le néolibéralisme. Il semble bien ne pas y avoir d'autre alternative, tant économique que politique.

Une nouvelle ère anthropologique

Il doit sa réussite à la nature même de l'argent. Contrairement aux autres richesses, l'argent est mobile et cumulable ; il ouvre la porte aux autres richesses, donnant l'illusion que la corne d'abondance est à portée de main. Cette économie libère une énergie redoutable qui bouleverse les cultures et inaugure une nouvelle ère de l'histoire humaine par son étendue géographique et son emprise anthropologique.

---

[1] Jean-Paul Sauzet, *Marché de dupes*, Editions L'Harmattan, Paris, 2004, p. 39.
[2] Friot, *Émanciper le travail* - Entretiens avec Patrick Zech, Paris, Editions La Dispute, 2014.

Cette importance accordée au capitalisme est suggérée par la relation qu'il engage avec les cultures traditionnelles et qu'il a eue avec ses ennemis historiques : les régimes à l'économie planifiée.

Capitalisme et cultures traditionnelles

Les quelques enclos où se sont perpétués des équilibres de vie traditionnelle sont en train de disparaître. Ces cultures anciennes ne sont pas nécessairement monstrueuses, les êtres humains qui y vivaient n'étaient pas nécessairement des animaux ou des barbares comme le pensait le libéralisme en Amérique du Nord. Un texte a circulé sur Facebook, attribué à John Lame Deer, un Amérindien, né en 1903 et mort en 1976. Il évoquait ce drame avec un humour grinçant : *« Avant que nos frères blancs viennent nous civiliser, on n'avait aucune prison. Par conséquent, il n'y avait aucun délinquant. Nous n'avions pas de clé ni de serrure, donc il n'y avait pas de voleur. Quand quelqu'un était trop pauvre pour s'offrir un cheval, une couverture ou une tente, il pouvait recevoir cela comme un cadeau. Nous n'étions tellement pas civilisés que nous n'accordions pas une telle importance à la propriété privée. Nous voulions posséder des choses pour donner aux autres, s'entraider. Nous n'avions pas d'argent, pour cette raison la valeur d'un homme ne pouvait être déterminée selon sa richesse. Nous n'avions aucune loi (écrite), aucun avocat (ou procureur), aucun politicien. Par conséquent, nous n'étions pas capables de tricher ou d'escroquer autrui. Nous suivions vraiment une mauvaise voie avant que les hommes blancs viennent, et je ne saurais vraiment pas expliquer comment nous nous y prenions pour nous en sortir sans ces choses fondamentales (c'est ce que nos frères blancs nous ont dit), qui sont absolument nécessaires pour une société civilisée. »*

Le développement du capitalisme engendre la destruction des cultures quand il ne les convertit pas à sa logique. En Occident, nous commençons à penser la disparition des espèces animales comme un drame, ce qui est vrai ; mais la disparition des cultures qui s'échelonne depuis plusieurs siècles passe au mieux comme un dommage collatéral du progrès, quand elle ne passe pas totalement inaperçue.

Un exemple récent et paradigmatique de ce processus : Tozeur[1], une petite ville de Tunisie à la frontière de l'Algérie, au nord-est du Sahara. Irriguée par 200 sources, elle est une des oasis les plus célèbres du monde : une palmeraie de plus de 1000 hectares avec 400 000 arbres. Cette agriculture ancestrale totalement intégrée au biotope nourrissait les hommes depuis des millénaires. Elle était centrée sur l'utilisation rationnelle de l'eau, selon une technique d'origine arabe, qui permettait à chacun d'avoir accès gratuitement à l'eau canalisée. Les conflits étaient réglés par un tribunal populaire qui assurait l'équilibre social d'une communauté autosuffisante sur le plan alimentaire.

Depuis 1990, le gouvernement a donné la priorité au tourisme international. Il finança la construction d'un aéroport. Une douzaine de grands hôtels de standing propose aujourd'hui des séjours clefs en main. Le tourisme contemporain s'épanouit : fête berbère le soir, musiciens folklorisés, méharées sur dromadaire. Une nouvelle culture s'impose. Les touristes consomment l'eau sans retenue, imposant une gestion moderne de l'eau. Forages pour l'irrigation des jardins et des pelouses, pour l'eau potable. Le dernier chantier est la construction en plein désert un golf. L'entretien du gazon (à 50° à l'ombre) durant la moitié de l'année épuise les ressources en eaux.

L'eau est maintenant payante et se raréfie, elle est devenue une marchandise. Les paysans qui travaillent encore leur bout de palmeraie doivent payer 150 euros par hectare et par an pour un arrosage hebdomadaire : à ce prix peu d'entre eux ont survécu. Ils quittent la terre pour se consacrer aux activités touristiques. La transmission de la culture traditionnelle s'est depuis rapidement délitée. Les jeunes ne veulent plus travailler la terre. Quelques-uns trouvent un CDD dans les hôtels, la grande majorité compte sur un emploi flexible, la population locale est devenue une réserve d'ajustement à la demande touristique.

Depuis le 11 septembre et la crise de 2008, le tourisme n'est plus à la hauteur des prévisions et des investissements. Le chômage apparaît et atteint 40 % de la population active, les conditions de vie dépendent

[1] Claude Llena, Tozeur, ravagée par le tourisme, *Monde diplomatique*, juillet 2009, p. 19.

maintenant de l'offre extérieure. La nourriture arrive par avion, produite dans des zones à forte productivité, à des coûts inférieurs à ceux de la palmeraie. Pour faire face au manque de liquidité, l'économie touristique demeure la seule source de revenus monétaires. Activité qui dépend du contexte international. Calcul et profit se sont imposés contre la capacité d'auto-organisation de la communauté.

Dans les esprits, la référence devient le modèle occidental. L'attraction du tourisme de masse génère des besoins que la production locale ne peut plus satisfaire. Les jeunes se vendent pour obtenir un peu d'argent ou une adresse pour partir : illusion migratoire comme seule issue à leur frustration.

Ces bouleversements culturels trouvent un symbole dans le recul de la palmeraie au profit du désert : seuls 25 % des terres sont maintenant cultivés, les palmiers meurent faute d'arrosage et d'entretien. La palmeraie sert aujourd'hui de dépotoir sauvage. En moins de deux décennies, une culture millénaire avec son équilibre symbolique, social et écologique est détruite pour laisser place à une économie tournée vers le tourisme de luxe au service d'une classe sociale privilégiée et étrangère. En attendant les touristes et malgré les préceptes fondamentaux de l'Islam, une partie de la population s'adonne à l'alcool pour oublier qu'elle a vendu son âme et sa palmeraie. En son sein, à l'abri des regards, à l'ombre des palmiers, les buveurs se rassemblent.

Une formidable machine de désaffiliation

Un écrivain public Ahmed relate ce bouleversement : *« il y a quelques années encore, les jeunes voulaient bien faire des efforts pour respecter la tradition... maintenant, cette jeunesse nous désespère. Ils ne veulent plus travailler la terre de nos ancêtres, ils préfèrent se pervertir au contact des groupes de touristes. Ils cherchent l'argent et pas l'amitié : ce sont deux choses différentes. Le musulman doit accueillir l'étranger et partager avec lui ce qu'il a de meilleur. Ils sont fascinés par le monde occidental. »* Le capitalisme se révèle être une formidable machine de désaffiliation.

La violence engendrée par la logique capitaliste aux cultures traditionnelles, quand elles existent encore, peut engendrer des pathologies déroutantes et dramatiques. Au Canada, les Atikamekw vivent actuellement dans la réserve de Manawan, à trois cents kilomètres au nord de Montréal. Leur espace vital se réduit de jour en jour sous les coups du déboisement et des raids pour touristes. Les Canadiens arrachent la forêt primaire pour planter des sapins. Les nouvelles plantations poussant mal par manque de sous-bois, le déboisement de la forêt se poursuit. Elle a disparu à 80 %, dont 40 % ces dix dernières années. L'orignal, qui est la nourriture principale des Atikamekw, est de plus en plus chassé par des groupes de touristes pour le bois et la langue. La réserve devient le terrain de chasse des tour-opérateurs. En supprimant la forêt et l'orignal, ce sont les assises existentielles de la communauté qui sont détruites. Le gouvernement canadien répond à ces spoliations par des subventions : télévision, coca, 4x4, téléphone et frigo se sont répandus. La jeunesse qui chassait et pêchait n'a plus d'autre horizon que la télévision. Elle en subit les effets : à Weimontaci, une des trois réserves Atikamekw, un groupe de jeunes filles de treize ans s'est organisé pour qu'il y ait un suicide par semaine parmi elles. Quelques jours avant la venue du médecin[1] français qui les visitait, l'une d'entre elles s'est donné la mort, bouleversant l'ensemble de la communauté.

Lévi-Strauss constatait que les mécanismes d'exclusion sociale mise en œuvre dans les communautés traditionnelles conduisaient les exclus à la mort physique[2]. Ce processus semble opérer à l'échelle des

---

[1] Thierry Castelbou, *Gardarem lo Larzac*, janvier-février 2004.

[2] C. Lévi-Strauss, *Anthropologie structurale*, Editions Plon, p.183-184.
« (...) un individu conscient d'être l'objet d'un maléfice est intimement persuadé, par les plus solennelles traditions de son groupe, qu'il est condamné ; parents et amis partagent cette certitude. Dès lors, la communauté se rétracte ; on s'éloigne du maudit, on se conduit à son égard comme s'il était, non seulement déjà mort, mais source de danger pour tout son entourage ; à chaque occasion et par toutes ses conduites, le corps social suggère la mort à la malheureuse victime, qui ne prétend plus échapper à ce qu'elle considère comme son inéluctable destin. Bientôt, d'ailleurs, on célèbre pour elle les rites sacrés qui la conduiront au royaume des ombres. D'abord brutalement sevré de tous ses liens familiaux et sociaux, et exclus de toutes les fonctions et activités par quoi l'individu prenait conscience de lui-même, puis retrouvant ces forces si impérieuses à nouveau

cultures. La mise à mort symbolique et économique d'une culture engendre la mort physique des générations les plus vulnérables : les jeunes. Nous trouverons dans ce processus des éléments de compréhension du terrorisme islamique dans la quatrième partie de ce livre.

Les scientifiques et les associations écologiques alertent l'opinion occidentale sur la disparition des espèces animales. Il est étonnant que la disparition des cultures traditionnelles échappe à la conscience collective. Au nom du progrès, le capitalisme s'empare des territoires, des savoir-faire ancestraux, détruit les équilibres culturels, provoque la disparition des langues et des groupes humains... l'uniformisation des espèces vivantes s'accompagne d'une uniformisation des cultures lorsqu'elles ne disparaissent pas. Le scandale relève du génocide indirect, mais bien réel. Il s'inscrit dans une histoire qui commença avec la recherche de l'or dans les pays d'Amérique latine, provoquant la disparition de cultures millénaires. Le capitalisme porte en lui un radicalisme impensé qui se révèle dans son histoire par la destruction les cultures. Il opère au sein des cultures comme une plante invasive dans la nature. Une plante qui prend tout l'espace.

La disparition des cultures témoigne de la radicalité d'un système qui oblige les ennemis qu'il suscite à se radicaliser et à disparaître.

Capitalisme et régimes communistes

Le capitalisme ne semble jamais mieux se justifier que lorsqu'il est comparé à son ennemi traditionnel : les régimes communistes devenus des dictatures du parti unique. Le premier se caractérise par la liberté d'entreprendre qui engendrerait prospérité économique et cohésion sociale comme le formulaient ses penseurs (Mandeville, Adam Smith). La consommation de masse semble bien leur avoir donné raison. Ce

---

conjurées, l'envoûté cède à l'action combinée de l'intense terreur qu'il ressent, du retrait subit et total des multiples systèmes de référence fournis par la connivence du groupe, enfin à leur inversion décisive qui, de vivant, sujet de droits et d'obligations, le proclame mort, objet de craintes, de rites et d'interdits. L'intégrité physique ne résiste pas à la dissolution de la personnalité sociale. »

régime économique serait connaturel à la démocratie fondée sur la liberté des citoyens.

Les régimes communistes imposaient une économie planifiée qui engendrait la pénurie. Il est presque indécent aujourd'hui d'évoquer ces régimes disparus sans les condamner. Des millions de morts, des goulags à la disparition des paysans par la famine en passant par la révolution culturelle en Chine et son amoncellement d'horreurs[1], et leur disparition sur la scène politique… confirmeraient la supériorité et la légitimité du capitalisme.

Pourtant, cette opposition qui semble si évidente laisse perplexe, car elle occulte une parenté dérangeante. L'hégémonie actuelle du capitalisme montre après coup une familiarité étrange avec son ennemi historique. Cette parenté ne devrait pas nous étonner : la philosophie marxiste et les projets communistes sont une réaction à l'immense cri de souffrance provoqué par la révolution industrielle qui fut une étape décisive dans le développement du capitalisme au 19e siècle. Les institutions de l'époque furent globalement sourdes et impuissantes face à cette souffrance. Elles étaient complices, sinon actrices de ce bouleversement historique : les églises, les Etats. Dans ce contexte se levèrent des hommes dont les pensées et les combats forgèrent une conscience de classe, des outils d'analyse, des institutions (syndicats, partis politiques). Ils donnèrent une espérance aux classes sociales misérables dont le sort n'était pas éloigné de l'esclavage quand il ne s'y identifiait pas. Ces hommes menèrent des luttes qui obligèrent les régimes capitalistes à atténuer leurs excès, à se donner des limites. Un Droit du travail fut lentement élaboré, des syndicats prirent place dans le fonctionnement des entreprises, une répartition plus juste des richesses produites par le travail à travers les cotisations sociales et des salaires décents fut mise en place.

L'histoire manifeste donc des liens étroits entre les régimes capitalistes et communistes. Par les drames qu'ils provoquèrent, les premiers engendrèrent les seconds qui obligèrent les premiers à se donner des limites. Leur histoire reste enchevêtrée jusqu'à la disparition des seconds.

---

[1] Ouvrage collectif : *Le livre noir du communisme*, Editions Robert Laffont, Paris, 1997.

L'origine des communismes montre le lien de filiation avec le capitalisme, le durcissement et l'effondrement de ces régimes ont laissé la porte ouverte à l'expression sans frein des gènes du capitalisme. Et cette nouvelle étape conforte la paternité de la première sur la seconde. N'ayant plus d'ennemi qui le contient, le capitalisme va jusqu'au bout de sa logique. Il manifeste sa nature sans limites depuis l'effondrement du mur de Berlin, il développe alors de nouvelles formes de violence qui ne sont pas sans rappeler, sous d'autres traits, celles des régimes communistes.

La vie politique en Union soviétique était rythmée par des purges qui se déroulaient selon un scénario juridique et médiatique bien rodé : procès, aveux, condamnation... Le condamné avouait une culpabilité forcée et était mis à mort[1]. Aujourd'hui, point n'est besoin de mise en scène juridique et médiatique ni de corde pour la pendaison. En effet, au niveau individuel, les salariés se donnent eux-mêmes la mort comme en témoignent les suicides au travail dont le nombre en fait un phénomène social. Une nouvelle forme de purges qui s'habillent d'un nouveau vocabulaire : ce n'est plus la lutte des classes qui mène l'histoire, mais *la concurrence libre et non faussée* au nom de laquelle le travail, libéré des entraves du Droit social, devient meurtrier.

La jeunesse communiste était embrigadée et endoctrinée par une propagande et une surveillance étroite. La jeunesse de nos pays tombe dès le plus jeune âge dans les filets de la publicité qui structure leur désir et sature leur imaginaire. En régime capitaliste, l'enfant et l'adolescent deviennent les cibles privilégiées du marketing. Il façonne leur identité en leur donnant des modèles à intérioriser, des raisons de vivre et d'exister[2], flatte leur pulsion en mettant en scène la jouissance par la publicité. Chaque nouveauté technique resserre les mailles du filet dans lesquels les jeunes esprits sont pris. Dans ce nouveau climat, l'enfant n'est plus celui qui doit grandir, il devient celui qui prescrit à ces parents ce que la publicité lui enjoint de croire et d'avoir. L'adolescent n'est plus celui qui doit devenir adulte, mais celui que l'adulte doit rester.

---

[1] Costa Gavras, *L'aveu*, 1970. Adaptation du livre du même titre d'Artur London.
[2] Baudrillard, *Le système des objets,* Editions Gallimard, Paris, 1968.

Cette pression continue et séduisante commence dès le plus jeune âge, se poursuit dans la scolarité et s'épanouit dans la vie professionnelle. L'école communiste était soumise aux impératifs de l'idéologie du Parti unique. L'école des pays capitalistes se plie de plus en plus aux impératifs du marché. Dès la maternelle, les parents choisissent les écoles les plus performantes et poussent leur progéniture à acquérir les compétences exigées par le monde du travail. La pédagogie se modèle sur la production industrielle par la multiplication des évaluations aux nombreux items qui rythment l'activité pédagogique et normalisent les savoirs, les comportements et la compétition.

La propagande communiste reprenait inlassablement l'idéologie politique du marxisme, son vocabulaire, son crédo. Le capitalisme développe une idéologie comptable qui éclipse les enjeux politiques. L'inscription dans les Constitutions européennes de la règle d'or (dette inférieure à 3 % du PIB) inscrit cette logique dans le marbre comme Staline l'avait fait avec l'économie planifiée.

Les régimes communistes connaissaient une administration pléthorique qui imposait des contraintes administratives continuelles. Une manière de surveiller, de formater et de maîtriser l'activité quotidienne du peuple. Le néolibéralisme est l'apôtre de la dérégulation qui donne à espérer une liberté plus grande pour les individus et les entreprises. Mais cette dérégulation se fait au profit d'une autre régulation plus discrète[1]. Il y a cinquante ans, les salariés n'avaient que 5 % de paperasserie à faire par rapport à aujourd'hui. De l'enseignant à l'infirmière en passant par le petit patron et l'ouvrier, les salariés doivent sans cesse faire des évaluations, remplir des formulaires, envoyer des informations, faire les bilans des objectifs et les bilans des bilans ; analyser les procédures, mesurer des taux, faire des comparaisons.

En Russie soviétique, le travail était animé par une propagande productiviste. Stakhanov offrait la figure du travailleur zélé que tout camarade devait imiter. Le management d'aujourd'hui utilise les outils de la psychologie pour imposer des normes qui sont intériorisées, au point que ce sont les salariés eux-mêmes qui s'évaluent. Ils sont ainsi

---

[1] David Graeber, *Bureaucratie*, Editions Les liens qui libèrent, 2015.

soumis à des cadences qu'ils ont intégrées. L'homme nouveau a pris chair dans le jeune cadre dynamique et ambitieux, toujours connecté, hyperactif, n'hésitant pas à marcher sur son voisin pour avoir la promotion. Il prend un nouveau nom : *le premier de cordée*.

Dans les régimes communistes, la peur du goulag était une arme redoutable pour soumettre les populations. Dans les régimes capitalistes, la peur du chômage de masse assure la même fonction. Le chômage ne peut plus être pensé comme un accident ou un obstacle à détruire, il est une arme redoutable engendrée par la structure de l'économie. Le chômage proviendrait de notre manque de compétitivité qui justifierait la réduction du nombre de salariés, l'augmentation des cadences de travail, le progrès technique mis au service de la réduction de la main-d'œuvre, la spéculation financière qui impose des plans sociaux, la réduction des salaires, l'allongement du temps de travail, le report de l'âge de la retraite. La crainte du chômage, du décrochage social et de la misère s'insinue dans les mentalités, dispose au fatalisme et à la soumission.

Dans les régimes communistes, la moitié de la population surveillait l'autre moitié. Aujourd'hui, chaque citoyen est un consommateur dont les centres d'intérêt sont suivis, analysés, mis en scène sur des courbes à son insu. Le profil de chacun est dessiné pour devancer et susciter son comportement. Dès la maternelle, l'enfant reçoit un numéro d'identification numérisé et nominatif qui donne accès aux multiples évaluations et dossiers qui s'accumulent au fil de sa scolarité et l'accompagneront jusque dans sa vie professionnelle. La possibilité de profiler le consommateur se conjugue avec celle de profiler le citoyen. La lutte contre le terrorisme donne une justification qui tombe à point.

Les conditions d'habitation réduisaient la vie privée à une peau de chagrin dans les pays de l'Est. La cohabitation migre vers les pays capitalistes. Pratique imposée par le prix des loyers et la modestie des salaires. L'impossibilité d'avoir un logement devient un phénomène social dont le drame se renouvelle chaque hiver. Les SDF dont un tiers sont des salariés n'ont pas accès au logement. Plus des deux tiers des demandes d'hébergement d'urgence en hiver ne sont pas honorés, en France.

Les régimes communistes ont presque fait réduit la classe paysanne par la famine. L'Europe, en trente ans, a fait disparaître le monde paysan[1] pour développer une agriculture industrielle peu gourmande en main-d'œuvre, au profit des multinationales de l'agroalimentaire. Le nombre de suicides dans cette profession ne se compte plus. Le taux de suicide est 20 fois supérieur à celui des autres catégories professionnelles.

Dans les régimes communistes, les statistiques devant répondre aux impératifs du Plan étaient truquées. Staline imposa le doublement de la production de tissu : les rouleaux de tissu furent coupés en deux. Aujourd'hui dans les universités de France, l'Etat ne verse plus de dotation pour les étudiants ayant zéro aux copies blanches. Les correcteurs, indignés ou facétieux, ont attribué des notes de 0,25 ou 0,1. Ils ont reçu le feu vert de l'administration[2].

La volonté des Marchés a pris la place des directives du Parti. Le regard du petit père des peuples partout affiché laisse place à la volonté des marchés sans cesse mise en scène. Matin, midi et soir, les médias égrainent la litanie des chiffres qui rendent compte de l'évolution des places financières. A l'automne 1956, alors que l'armée russe entrait dans Budapest, le directeur de l'agence de presse de Hongrie, quelques minutes avant que son bureau fût écrasé par l'artillerie, envoya par télex dans le monde entier un message désespéré qui se terminait par ces mots : *« Nous mourrons pour la Hongrie et pour l'Europe. »* Le 3 juillet, il y a quelques années, à Athènes, deux jours avant le référendum grec, dans le bureau de Kostas Arventis, le directeur de la radio Sto Kokkino, pro-Syriza, n'évoquait pas seulement la dette de la Troïka, mais aussi l'Europe des lumières : *« Ici à Athènes, nous avons des statues des philosophes de l'époque des Lumières, car c'est à eux que nous devons l'idée d'un Etat grec indépendant. Aujourd'hui, nous nous sentons abandonnés par l'Europe. Pire, l'Europe est devenue notre ennemie...*[3] *»* La

---

1 Henri Mendras, *La fin des paysans*, Editions A. Colin, Paris, 1970.

2 Alain Garrigou, Ubu règne sur l'université française, *Le monde diplomatique*, septembre 2017.

3 Christian Salmon: *Crise grecque : l'Europe kidnappée*, Editions.médiapart.fr, 3août 2015.

normalisation de la Tchécoslovaquie fait écho à la normalisation des pays qui veulent sortir de la logique infernale de la dette.

La critique des régimes communistes, aussi justifiée soit-elle, oublie trop naïvement la parenté de ces derniers avec le capitalisme qui se révèle en être la matrice, après coup. L'histoire récente confirme cette intuition, s'il est encore nécessaire de le faire. Le passage des pays communistes au capitalisme — pays de l'Est, Chine — se fait avec une facilité déconcertante et inattendue. Mao, à sa manière, reconnaissait à la fin de sa vie, cette proximité. A la question « *où se trouve la bourgeoisie ?* », il répondait : « *elle est aujourd'hui dans l'Etat.* »

La radicalité du capitalisme engendre la radicalisation de ses ennemis

Le capitalisme n'est pas étranger aux dérives des régimes communismes. Ces derniers en sont nés et en révèlent les traits a contrario. Ils font système : le premier, par sa radicalité, engendre ses ennemis et leur impose une radicalisation qui les pervertit et prépare leur effondrement. Se révèle ainsi la fonction matricielle d'une culture qui détermine les autres cultures. Si Fidel Castro n'avait pas durci sa politique, il aurait fini comme Allende au Chili. La lutte de la première puissance politique et économique de la planète contre cette petite île est étonnante : la CIA a tenté plusieurs centaines de fois[1] de se débarrasser de Fidel Castro. Les habitations construites sur la ZAD de Notre Dame des Landes témoignaient d'un projet de société fondé sur l'écologie et la coopération. Le harcèlement policier des occupants et la destruction des bâtiments menés par le gouvernement Macron au printemps 2018 s'inscrivent dans la même logique. Le capitalisme ne supporte pas un autre esprit que le sien, aussi modeste fût-il.

Une nouvelle religion

Le génie du capitalisme se nourrit d'une invention culturelle tout à fait géniale : *l'argent*. Dans sa fragilité native, l'être humain ne peut survivre que dans une communauté qui n'existe qu'à travers les

---

[1] Francois Bougon, *Le Monde,* la matinale du 26.11.2016

échanges : de paroles, de nourritures, de soins, de services… et l'argent est la médiation universelle qui les favorise. Comme Aristote en fit l'analyse, l'argent permet d'échanger des choses qui n'ont pas la même valeur. Un architecte qui veut une paire de chaussures aurait du mal à l'échanger avec le produit de son travail : une maison. L'argent est cette médiation qui rend possible l'échange de biens en attribuant à chacun un prix, une valeur relative. De plus, contrairement à toutes les richesses, l'argent peut être accumulé pour former un capital.

L'argent se présente alors comme une richesse qui rend possible toutes les richesses, il extirpe l'être humain de sa précarité en lui assurant des conditions de vie matérielle, un statut social et un avenir possible. Les exemples sont multiples parmi les individus, les populations et les Etats. En Occident, les femmes qui exercent une profession reçoivent un salaire, accèdent à l'autonomie financière et à une liberté nouvelle. Les populations pauvres qui perçoivent un salaire de base y trouvent les moyens de réaliser des projets qui permettent de développer la vie sociale et économique — Inde et Brésil[1] -. Les Etats peuvent engager de grands travaux comme autant d'investissements pour l'avenir : le New Deal aux USA, l'Etat social de l'après-guerre en France. Se passer de l'argent est impossible. Ce serait revenir à l'état de nature économique. Il est devenu un outil universel et vital.

Cette fonction se double d'une propriété originale : l'argent peut être accumulé. Il est difficile de conserver une grande quantité de nourriture, de maîtriser un territoire étendu, de dominer les foules… il est plus facile d'accumuler de l'argent comme en témoigne l'existence des paradis fiscaux et des fortunes colossales qui marquent le paysage contemporain. Cette accumulation donne alors à des individus et à des institutions (Banques, holdings…) des pouvoirs qui en font de véritables forteresses économiques, orientant de manière décisive directement ou indirectement les politiques des Etats.

L'argent : un paradigme anthropologique

Rendant possibles les échanges, produisant de la richesse et pouvant être accumulé sans limites, il ne peut rester un moyen parmi d'autres.

---

[1] Le salaire universel, les clés d'un nouveau modèle social : laviedesidees.fr

Il donne un pouvoir exorbitant capable de répondre à tous les rêves, d'offrir toutes les jouissances. L'argent se tient ainsi au plus près de la pulsion, comme le sexe et le pouvoir. Il colle à la peau et parasite la vie psychique. L'argent apparaît comme l'ultime valeur qui étend son ombre sur toute chose ; les choses et les êtres deviennent de simples moyens pour amasser plus d'argent : des marchandises. L'argent pour l'argent, c'est-à-dire le profit. Une formule populaire le dit avec justesse : *l'argent n'a pas d'odeur*... parce qu'il n'a que son odeur qui efface les autres odeurs. Comme la pulsion qui ne connaît qu'elle-même. Ainsi de simple moyen d'échange, il change de statut. Il brille de tous les éclats du divin. L'argent prend la fonction d'un paradigme anthropologique comme les dieux des sociétés traditionnelles : il façonne une manière d'être, de voir, de sentir, de penser au même titre que les grandes religions.

En effet, l'argent possède l'étrange pouvoir que l'on accorde aux dieux. L'idée de Dieu advient dans l'esprit humain comme une réponse à la quête de sens qui le définit. Besoin psychique que la philosophie au cours des siècles a explicité à travers un raisonnement logique. L'homme pressent sa fragilité foncière : il n'est pas à l'origine de son existence, il la reçoit des autres. Il n'est pas son propre créateur. Il est alors amené à penser qu'il *doit* y avoir *logiquement* un être qui ne dépend de personne d'autre que de lui-même.

Cause première de toute chose, au-delà de laquelle on ne peut aller. Etre qui existe par lui-même et de lui-même, Créateur incréé, Premier moteur, Référence ultime, Acte pur d'exister : les formules se multiplient pour combler sans le pouvoir le vide sur lequel bute la raison en quête de fondement. L'argent possède une propriété semblable, et cela de deux manières.

Il prospère du manque d'argent

Il est la seule réalité qui s'engendre elle-même à partir de pas grand-chose — un peu de métal, des bouts de papier -, sinon de rien. En effet, les banques, entre elles, forment un système qui leur permet de prêter de l'argent qu'elles n'ont pas. Elles possèdent dans le meilleur des cas 10 % de l'argent qu'elles créditent. La preuve indiscutable de ce fait est la crise financière. Lorsque les clients réclament en masse leur avoir en espèce sonnante et trébuchante, elles ne peuvent satisfaire la demande et font faillite. Le système ne fonctionne que parce que les clients ne demandent pas, en grand nombre, de récupérer leur argent. La survie du système bancaire repose sur la confiance de ses clients, comme Dieu dont l'existence repose sur la croyance et l'activité des fidèles. De l'autre côté, les consommateurs demandent des crédits pour faire leur projet, car ils manquent d'argent. Le remboursement des dettes causées par le manque d'argent des clients enrichit les banques : le payement des intérêts. Du manque de liquidité des banques au manque d'argent des clients, la boucle est bouclée : l'argent prospère du manque d'argent. Il est produit par le travail de chacun qui rembourse ses dettes ; à l'image Dieu qui naît de rien — ex nihilo -, du trou noir de la psyché qu'il faut calfeutrer.

De ce constat, Ann Pettifor[1] souligne que *l'on ne peut jamais être à court d'argent*. Dès ses débuts, le système bancaire a eu comme vocation de résoudre ce problème du *manque d'argent* en créant de la monnaie par le crédit pour compenser le manque d'épargne disponible. Le crédit constitue aujourd'hui l'essentiel de la création monétaire : 95 % de la monnaie en circulation a été créée par les banques commerciales, 5 % par les banques centrales. Le système est simple : les banques accordent des crédits sur des fonds qu'elles ne possèdent pas *en caisse*. Ces fonds sont alors immédiatement crédités en dépôts et l'immense majorité de ces fonds n'est pas transformée en argent fiduciaire, concret, dont la création est du seul apanage de la banque centrale. Sa production relève principalement des banques commerciales qui récoltent les intérêts des prêts accordés, fruit du travail de ses clients qui manquaient d'argent pour accomplir leur projet.

La spéculation

Elle est le processus par lequel l'argent engendre l'argent par le jeu de la bourse où s'achètent et se vendent des actions. Et ce processus peut rapporter des fortunes colossales en quelques instants comme en

[1] Ann Pettifor, *The production of money*, Verso Books.

témoigne l'activité des traders. Miracle ! Pour rassembler tant d'argent, de nouveaux espaces voient le jour : celui des paradis fiscaux. Les mythes présentent les paradis comme des créations divines. L'homme a inventé un dieu qui ne se confine plus dans les récits imaginaires des origines, mais qui trône dans l'espace secret des paradis fiscaux bien réels, un dieu qui conduit en grande partie le cours de l'histoire : une nouvelle providence.

L'argent se crée à partir de presque rien : le prêt à intérêt, et se reproduit de lui-même : la spéculation financière. Cette caractéristique est d'autant plus vraie aujourd'hui que le dollar, monnaie internationale, a perdu ses attaches avec toute réalité matérielle, qui, par essence, est toujours limitée. Le 15 août 1971, Nixon mettait un terme à l'indexation du dollar sur l'or. La spéculation financière pouvait dès lors s'épanouir à souhait, sans limites.

Ainsi, pour les banques comme pour les actionnaires, l'argent travaille : il produit de lui-même de l'argent, il s'auto-engendre. Avec le néolibéralisme, ces processus deviennent une nouvelle industrie : l'industrie financière. Et engendrent une nouvelle science : les mathématiques financières[1] et de nouveaux métiers : les traders. La corne d'abondance à portée de main ouvre toutes les portes : celles de l'opulence, du confort, des honneurs, de la notoriété, du pouvoir, du sexe… Dans l'Ancien Régime, les privilèges étaient attachés à une donnée qui se voulait naturelle : la lignée familiale, le sang. Aujourd'hui, ils dépendent de la richesse financière comme en témoigne une nouvelle dénomination sociale : les VIP[2].

La culture occidentale a ouvert un domaine qui échappe à la butée d'une limite : l'accumulation de l'argent. Cette absence de limite ouvre le champ à la pulsion d'accaparement. Ouvrant la porte à toutes les jouissances, l'argent se tient au plus près des fantasmes et mobilise

---

[1] Les **mathématiques financières** sont une branche des mathématiques appliquées ayant pour but la modélisation, la quantification et la compréhension des phénomènes régissant les opérations financières d'une certaine durée (emprunts et placements / investissements) et notamment les marchés financiers. Elles font jouer le facteur temps et utilisent principalement des outils issus de l'actualisation, de la théorie des probabilités, du calcul stochastique, des statistiques et du calcul différentiel. Wikipédia

[2] De l'anglais : Very Important Person.

les pulsions. Il opère sur la psyché comme le soleil sur la vue. A contre-jour, le regard ébloui devine les choses dans son champ de vision, mais ces dernières perdent leur contour et leur présence qui s'effacent sur fond d'une luminosité trop intense. Si la jouissance est au principe de l'addiction qui coupe l'individu de la réalité, l'argent a tous les atouts pour captiver les esprits et faire perdre le bon sens. L'argent est ce par quoi l'Interdit fondateur qui préside à l'accès et au maintien de notre commune humanité se dissout dans l'eau trouble des jouissances rêvées ou vécues. Le sens du réel s'émousse, le monde devient évanescent.

L'argent est le dieu du passage des dieux.

L'Interdit édicté par l'environnement social est la butée incontournable qui permet au sujet de s'arracher aux prises de la jouissance en imposant la limite qui conditionne l'ouverture au réel. Il ouvre ainsi un espace pour une liberté possible. Lorsque cette butée s'émousse sous l'effet d'un climat culturel qui valorise la jouissance, l'addiction devient une *pathologie* qui se diffuse comme un cancer. Comme le fut la névrose dans une société marquée par l'interdit trop présent : Freud. Les marchés sont mus par les fantasmes des actionnaires : le maximum de dividende. Et le fantasme se moque de la morale : on n'hésite pas à spéculer sur les céréales, spéculation qui engendre la famine dans les pays pauvres avec son cortège d'émeutes de la faim. Le pouvoir de Droit divin a laissé place au pouvoir de la finance qui impose des *sacrifices salutaires* aux populations et aux nations même si cette logique provoque des catastrophes pour l'humanité. L'argent, simple moyen d'échange, devient ce qui importe, absolument. L'argent : la valeur qui détruit les valeurs. Marcel Gauchet a pu dire que le christianisme était la religion du passage de la religion. L'argent est le dieu du passage des dieux.

Les trois religions du livre refusèrent jusqu'au 12e siècle le prêt à intérêt. Ces réticences exprimaient un pressentiment : l'argent devait être un concurrent redoutable, un autre Dieu. La Bible les y invitait : le Veau d'or est interdit… parce qu'il est en or, symbole de la richesse matérielle. Ce dieu qui ne se déclarait pas comme tel trouva enfin une autorisation pour entrer dans la bergerie et parasiter le logis jusqu'à en faire une coquille vide. Les groupes maffieux ne s'y sont pas trompés, ils sont les héros de cette nouvelle religion dont le crédo se dit en quelques mots : quand *il y a des millions, il n'y a pas de morale*. Ils se retrouvent avec les élites politiques et économiques qui connaissent l'accès aux paradis fiscaux et en partagent l'espace sacré. Ils savent, tous, à quel Dieu se vouer.

Si la démocratie a su limiter l'accumulation du pouvoir par la séparation des pouvoirs, l'argent a su, *sans mot dire*, la parasiter pour s'approprier le pouvoir, rendant du même coup, caduque cette limitation. L'humanité a besoin d'un nouveau Montesquieu capable de mettre des limites à l'appât du gain.

Un nouveau paradigme

Cette sacralisation se perçoit d'une multitude de faits. La volonté des Marchés nous rappelle la volonté des dieux, les litanies des chiffres de la bourse psalmodiées par les médias remplacent celles des prières qui rythmaient la journée des croyants. Plus besoin de lire dans les astres, d'aller voir la pythie, de se mettre en état de recevoir une révélation, de méditer sur des textes sacrés ou de supplier les divinités ; nos écrans dévoilent des listes de chiffres provenant de Waal-Street, de la City et des autres places financières ; courbes qui montent et descendent et captivent les consciences, comme un possédé saisi par un esprit.

Les places boursières déterminent les projets d'aujourd'hui et de demain. Les responsables politiques rappellent aux peuples qu'il faut gagner la confiance des marchés, coûte que coûte comme l'on se soumettait à la volonté de Dieu. Les actionnaires se précipitent sur les actions qui montent et fuient celles qui descendent : la volatilité des marchés remplace la profondeur mystérieuse de la volonté divine. L'argent est devenu l'objet séculier du Crédo occidental.

Nos institutions politiques, c'est-à-dire le pouvoir temporel, plient le genou devant les caprices de ce nouveau dieu, quelles que soient les promesses électorales. La règle d'Or est sanctuarisée en étant gravée dans les textes fondateurs des nations européennes : les Constitutions. Elle ne se discute pas, carctéristique qui définit le sacré. Et si les peuples disent non à un Traité qui sanctuarise la Loi du Marché, c'est qu'ils n'ont rien compris : elle est imposée par un détour ou un autre. Les peuples à la nuque raide doivent plier l'échine lorsqu'ils ne comprennent pas la pédagogie des élites politiques et des experts.

Nous y découvrons ce qu'il faut faire, ce que nous aurions pu faire, nous y vivons nos jubilations et nos désespoirs, parfois de manière hystérique… Les coffres des banques et des paradis fiscaux, inaccessibles à la masse de la population, prennent la place du Saint des Saints inaccessibles aux simples croyants. La main invisible du marché comme un dogme indépassable en lieu et place de la Providence divine nous assure d'un avenir radieux : prospérité économique et cohésion sociale. Les produits que le marché nous offre font l'objet d'un véritable culte : l'iPod fut présenté au cours d'une véritable liturgie de révélation.

Le Moloch des temps modernes

La dîme qui faisait vivre les églises laisse place aux *retours sur investissement* : 10 % ne suffisant plus, ils visent les 15 %, les 20 % et plus si possible. Quitte à réduire les salaires, le nombre des salariés et l'investissement. Quitte à délocaliser et multiplier *les plans sociaux* pour augmenter les profits. Devant de tels ravages, le crédit révèle sa véritable nature : une prédation qui donne à penser que *la dette, c'est l'argent des riches !* Les dettes des Etats sanctuarisent l'argent des riches ; leur montant représentant les intérêts à payer. Plus le pays est pauvre, plus le taux de l'intérêt est élevé et plus les politiques sociales sont détruites. L'argent prend la figure d'un dieu archaïque, le Moloch des temps modernes qui dévore ses enfants.

Les quartiers de nos vieilles villes avaient leurs églises qui prennent aujourd'hui la poussière. Les banques y prospèrent. Les cathédrales sont devenues des musées offerts au divertissement des touristes éduqués, les foules se pressent dans d'immenses et rutilants centres commerciaux baptisés *centre de vie*. Les soldes rythment le temps et le pas pressé des consommateurs jusqu'à l'hystérie collective… Le temps, l'espace, la vie sociale, l'esprit et la nature sont capturés et instrumentalisés.

Le profit sort du domaine de la finance pour élargir son champ à toutes les dimensions de l'existence humaine. Il devient le paradigme qui façonne à notre insu une manière d'être. Tout devient monnayable et donc objet d'un profit possible. Les choses et les êtres ne valent plus pour eux-mêmes, mais pour ce qu'ils peuvent rapporter. Les éléments de base comme la nourriture, l'eau, mais aussi les services, les conseils. Le corps doit devenir compétitif, se plier aux normes de la beauté, de la jeunesse, de la vitalité, autant d'exigences qui deviennent l'occasion de développer un marché. La nourriture doit apporter l'abondance au moindre prix pour le plus grand bonheur de la grande distribution et de l'industrie agroalimentaire, tout en engendrant des catastrophes sanitaires et écologiques. L'éducation devient progressivement un marché qui impose ses contraintes aux parents, aux enfants et rythme la pédagogie. L'hôpital n'accueille plus des patients, mais des clients qui remplissent leur panier de soins… Le travail, dont le coup est toujours trop élevé, doit générer le maximum de profit. Il devient lui-même une marchandise comme le suggère l'expression *: marché du travail*, une activité de plus en plus normée, évaluée, quantifiée, surveillée. La peur de l'enfer qui permettait de maîtriser le petit peuple est devenue la peur du chômage qui met à genoux des populations entières.

Le capitalisme étend son champ d'action en surface, mais aussi en profondeur. Dans les grandes entreprises, les salariés sont contraints de s'engager corps et âme. Le nouveau management distille la concurrence entre les salariés pour briser les solidarités, concurrence d'autant plus forte que le travail se fait rare. Les formations professionnelles ne visent plus telle ou telle compétence professionnelle, mais l'être même du salarié : son courage, sa créativité, sa résilience, son sens des relations, sa culture d'entreprise, sa soumission, sa plasticité… De même que le moine bénédictin vivait sa vocation en faisant de son travail une offrande à Dieu et un moyen de sanctification, de même le salarié doit tout donner à l'entreprise et faire de cette dévotion l'instrument de sa progression professionnelle et son assurance contre le chômage, de son identité sociale. On parle aujourd'hui de culture d'entreprise : elle aurait ainsi *une âme* que le salarié devrait épouser comme le moine se consacrant à la volonté divine.

L'Internet a l'immense privilège de rendre la vie privée poreuse aux exigences du travail : les courriels ne connaissent pas les horaires de travail ni la distinction des lieux de vie, comme l'esprit de Dieu qui souffle où il veut et quand il veut. Max Weber voyait dans le protestantisme une des sources de l'esprit du capitalisme. Selon cette tradition religieuse, le travail était à vivre comme une vocation religieuse et la réussite sociale comme une bénédiction divine. Cet esprit s'est totalement laïcisé.

Une nouvelle forme d'aliénation

Le croyant doit s'effacer pour être tout à son dieu : la conversion. Un processus semblable opère dans le monde du travail à travers un nouveau vocabulaire. On ne demande plus au demandeur d'emploi son métier, on lui demande d'être employable. L'employabilité est en passe de prendre le pas sur le métier. Ce dernier définissait un savoir et un savoir-faire spécialisé qui participaient à l'identité de l'ouvrier, il faisait sa fierté, assurait la cohérence de son récit de vie. L'employabilité ne renvoie pas l'ouvrier à son métier et son histoire, mais aux aléas de l'offre et de la demande qui définissent le marché. Cette nouvelle conception développe une précarité subjective et sociale, nouvelle forme de l'aliénation qui prend corps dans une nouvelle classe sociale faite de travailleurs pauvres et précaires : le précariat. Chaque étape du capitalisme trouve un nom et des justifications qui banalisent de nouvelles formes d'aliénation : l'esclavage, le prolétariat, le précariat. Un psychiatre[1] remarquait que le problème n'était pas le suicide au travail, mais son petit nombre. Il se demandait pourquoi il n'y en avait pas plus. L'accumulation de la richesse est proportionnelle à l'extension de l'esclavage.

Le Crédo d'une nouvelle croyance

Cette nouvelle conception du travail et de la richesse s'accompagne d'une justification philosophique pour rendre acceptable la violence imposée à l'immense cohorte de ceux qui y sont soumis par nécessité. Trois vérités fondamentales — politique, éthique, juridique —

[1] Marie Pezé : *La mécanique du burn out*, France 5, 14 février 2018.

forment le Crédo capitaliste ; elles s'ajustent mutuellement pour captiver les esprits et mobiliser les énergies.

Une liberté sans limites

Au 17e siècle, Thomas Hobbes[1] défendait, dans le cadre de sa philosophie politique, la conception d'une liberté sans limites : *« La liberté est **l'absence totale d'entraves** susceptibles de détourner une part de ma puissance et m'interdire d'accomplir tout ce dont j'ai envie.* » Définition reprise par Friedrich Hayek, au 20e siècle : *« le libéralisme se définit comme **le droit pour chacun de vivre comme il l'entend**... de produire, de vendre et d'acheter **tout** ce qui est susceptible d'être produit ou vendu. »*

Une justification morale : la vertu du vice

La justification morale ne tarde pas. Au 18e siècle, Bernard Mandeville, dans *La fable des abeilles*[2], met en scène une ruche dont les abeilles pratiquent tous les vices qu'ont les hommes. Elle devient prospère et heureuse : ***« Chaque partie étant pleine de vices, le tout cependant était un paradis. »*** Le récit fait alors intervenir un personnage divin qui rend les insectes vertueux. La ruche périclite, est envahie par ses ennemis et ne doit son salut qu'en se réfugiant dans un tronc d'arbre, vivant *dans le contentement et l'honnêteté.* La conclusion de l'allégorie est simple : **la vertu conduit une société à la ruine et le vice à la prospérité.** Les vices privés définissent le Bien commun.

Quelques décennies plus tard, Adam Smith reprend le même raisonnement en changeant les termes trop crus de Mandeville. Il ne s'agit plus de moraliser le vice, mais de légitimer l'intérêt personnel. *« Ce n'est pas de la bienveillance du boucher, du brasseur ou du boulanger que nous attendons notre dîner, mais plutôt du soin qu'ils apportent à la recherche de leur propre intérêt. Nous ne nous en remettons pas à leur humanité, mais à leur égoïsme (...) Chaque individu ne pense qu'à se donner personnellement une plus grande*

---

[1] Hobbes, Le Léviathan.
[2] Bernard de Mandeville, *La fable des ab*eilles, Edition Format Kindle, 2017.

sûreté (...), et ne pense qu'à son propre gain ; en cela, comme dans beaucoup d'autres cas, ***il est conduit par une main invisible*** *à remplir une fin qui n'entre nullement dans ses intentions.* ***Tout en ne cherchant que son intérêt personnel, il travaille souvent d'une manière bien plus efficace pour l'intérêt de la société****, que s'il avait réellement pour but d'y travailler.* » Prenant appui sur la culture religieuse de son époque, Adam Smith laïcise la notion religieuse de Providence. La volonté bienveillante de Dieu qui conduit son peuple vers le salut laisse place à la main invisible du marché qui promet la cohésion sociale et la prospérité économique.

La propriété privée comme Droit naturel et inaliénable

Pour que cette liberté puisse amasser la richesse sans rencontrer d'obstacle, il fallait inscrire la propriété privée dans le panthéon des valeurs constitutionnelles. Interroger cette démarche peut paraître saugrenu sinon scandaleux tant elle fait partie des évidences de la culture occidentale. L'histoire nous apprend qu'elle ne va pas de soi. Elle n'est ni naturelle ni imprescriptible.

La propriété privée rejetant toute limite se développe comme une revendication des colons occidentaux pour asseoir leur domination sur les esclaves et les terres colonisées[1] à partir du 16e siècle. Il s'agissait de résister à la prétention des Etats et des églises à limiter le pouvoir et la richesse des propriétaires terriens.

Cette révolution juridique se poursuit dans certaines régions de l'Angleterre aux 18e et 19e siècles avec le mouvement des enclosures. L'agriculture traditionnelle se présentait comme un *système de coopération et de communauté d'administration* des terres qui assurait aux petits paysans des droits d'usages et des espaces communaux. Les enclosures transformèrent l'espace rural en un *système de propriété privée* des terres. Les champs furent séparés les uns des autres par des barrières ou des haies. Ce nouveau cadastre privait les gens modestes des maigres ressources qui leur permettaient de survivre.

[1] Infra : L'Europe génocidaire, p. 88.

Cette évolution fut gravée dans le marbre des Constitutions qui s'élaborèrent durant l'époque moderne. La Révolution américaine, puis la Révolution française de 1789 proclamaient sans équivoque le Droit à la propriété individuelle comme *naturel et imprescriptible*[1]. L'accumulation de la richesse trouvait ainsi un cadre juridique qui la légalisait, sans lui donner de réelle limite.

Un tel discours ne peut pas ne pas captiver les esprits. De proche en proche, il s'impose comme le socle de nos existences, l'horizon de nos représentations et de nos rêves, comme peut l'être l'idée de Dieu. « *Le néolibéralisme s'est imposé comme la nouvelle raison du monde, qui fait de la concurrence la norme universelle des conduites et ne laisse intacte aucune sphère de l'existence*[2]. » Ses grands prêtres le célèbrent, proclament ses volontés, affirment sa Vérité et ses promesses, profèrent sa Loi, édifient ses lieux sacrés, ses rituels et ses litanies.

Il devient le moteur de l'histoire contemporaine. Il surgit là même où il est contesté avec le plus de force : les événements de mai 68. Ils furent un mouvement qui se nourrissait de la pensée marxiste. La société de consommation faisait partie des cibles des contestataires. Mais il ne fut pas sans lien avec cette matrice culturelle qui abolit les limites. Le slogan qui fleurissait sur le mur — *il est interdit d'interdire* — épousait le message implicite de toute publicité : *jouis sans entrave* ! Qui peut résister à un tel programme libérant la pulsion ? Mais ce slogan porte en lui une contradiction lourde de violence. L'interdit de l'interdit est encore un interdit, mais un interdit qui justifie la recherche aveugle de la jouissance et son corollaire : la violence.

Il ne s'agit pas ici de regretter les religions. La philosophie et la laïcité ont permis à l'espèce humaine de penser la fragilité et la richesse de la condition humaine. Celles et ceux qui font ce chemin ne peuvent plus

---

[1] Article 2 de la Déclaration des droits de l'homme et du citoyen (DDHC) : « Le but de toute association politique est la conservation des droits naturels et imprescriptibles de l'homme. Ces droits sont la liberté, la propriété, la sûreté et la résistance à l'oppression. »

[2] Pierre Dardot et Christian Laval, *La nouvelle raison du monde*. Essai sur la société néolibérale, Editions La Découverte, 2010.

regarder en arrière. Mais cet horizon ancien laisse pressentir la folie de la croyance capitaliste qui transpire la perversion en libérant la pulsion. La sagesse des anciens n'y a pas sa place. Si les religions ont su élaborer et transmettre des sagesses, le capitalisme justifie une rationalité du profit : l'individu est un être rationnel qui cherche à maximiser ses intérêts.

Cette dynamique remet en cause le mode d'adaptation de l'espèce humaine : la radicalité est son essence. Elle engendre une radicalisation des mouvements contestataires qu'elle suscite. Le capitalisme fait ainsi système avec la violence qu'il provoque et qu'il combat.

V) Le capitalisme, un cancer anthropologique

« Le danger aujourd'hui est que la direction des affaires soit accaparée par des oligarchies de compétents associés aux puissances de l'argent. »

Paul Ricœur

« Ce contemporain est celui qui fixe son regard sur son temps pour en percevoir non les lumières, mais l'obscurité…
Contemporain est celui qui reçoit en plein visage le faisceau de ténèbres qui provient de son temps. »

Giorgio Agamben

Le capitalisme altère ce qui fait l'essence même des cultures, en deçà de leurs diversités. Il marginalise implicitement la Loi du symbolique en gommant les limites que l'espèce humaine se donne pour assurer sa survie.

Perversion de la Loi

De la violence

En produisant des représentations mentales grâce à son imaginaire, l'homme transforme à son insu le besoin. Ce dernier n'est plus l'expression d'un manque organique limité par la structure anatomique du corps, il est suscité par une production imaginaire. Une représentation mentale qui se développe avec le langage. L'imaginaire étant sans limites, le besoin prend la caractéristique de son objet : il devient illimité. Il prend alors un nouveau nom : la pulsion capable de reproduire son objet indéfiniment et de se renouveler sans cesse. C'est à ce niveau fondamental que se repèrent le génie et la folie de l'espèce humaine, au niveau de son mode d'adaptation. La pulsion se nourrit de l'objet qu'elle produit : elle est une énergie créatrice. Par ce fait même, elle est toujours tentée de se replier sur cette production et de se couper de la réalité. Cet aveuglement est l'origine première de la violence, envers soi-même comme envers les autres et l'environnement naturel. Il n'est pas besoin de distinguer la pulsion de vie et la pulsion de mort pour expliquer ce processus. La pulsion qui ne rencontre pas de limite symbolique se loge au cœur de la condition humaine comme un germe toujours prêt à porter ses fruits meurtriers dans la psyché et la vie sociale. Il s'agit d'une seule et même économie, celle de la pulsion, qui s'ouvre au monde ou se replie sur elle-même dans la jouissance, selon le contexte culturel.

Le capitalisme se nourrit de l'imaginaire dans lequel se dissout l'interdit. De proche en proche, cette économie psychique irrigue toutes les dimensions de la condition humaine et opère ainsi comme un cancer dont les métastases se répandent dans tout le corps de l'humanité. Elle génère un climat nouveau qui nous fait entrer dans une nouvelle ère fondée sur la perversion.

Dans la perversion, la Loi n'est pas niée, elle est détournée, mise au service de la pulsion. Au niveau individuel, le pervers arrive à détruire la psyché de sa victime par la parole. Au niveau anthropologique, le capitalisme détruit l'espace psychique nécessaire à l'advenu de l'esprit : l'addiction et l'aveuglement se banalisent.

La Loi du symbolique est remise en cause de deux manières. Soit étant réduite à une loi naturelle. Soit en inversant le sens de l'Interdit. Deux manières de remettre l'homme entre les mains de sa *nature pulsionnelle* que toutes les cultures tentent plus ou moins maladroitement de canaliser.

De la nature, de la jouissance et des normes

Le développement du capitalisme trouve dans son environnement culturel les moyens de justifier sa propre loi.

Le 18e siècle qui connaît le développement du libéralisme politique et économique est influencé par la naissance des sciences modernes. Dans ce nouveau cadre, la conception de la Loi connaît une mutation décisive. Elle ne descend plus du ciel, elle est soit le fruit d'une élaboration collective comme le pensaient Rousseau et l'humanisme des lumières, soit une loi naturelle dans le contexte des découvertes scientifiques.

Pour Diderot[1], les lois de la nature étaient les seules auxquelles notre conduite devait obéir. « *La loi civile ne doit être que l'énoncé de la loi de la nature (...) Ce qui constitue l'homme ce qu'il est (...) doit fonder la morale qui lui convient.* » De la vérité naturelle accessible par la science découle la Loi des hommes. De ce qui est, se déduit ce qui doit être. Le libéralisme et le capitalisme qui se développent à la même époque trouvent dans cette philosophie un cadre de pensées dont ils ont besoin.

[1] Supplément au voyage de Bougainville, in D. Diderot, *Œuvres philosophiques*, Editions Garnier, 1964, p. 505.

De même que les phénomènes naturels s'expliquent à partir d'une seule loi — la force de la gravitation dans la théorie de la mécanique de Newton —, de même le devenir des sociétés s'explique à partir d'une loi unique, celle de l'égoïsme. L'attrait du profit assure la même fonction que la force gravitationnelle. Les individus sont mus par leur intérêt comme le mouvement des astres est mu par l'attraction des corps. Toute transcendance, tout mystère s'estompent pour laisser place à une mécanique des forces (la nature) ou des passions (la société). L'homme ne se définit plus par son appartenance à une communauté qui le devance et le porte, il devient une monade isolée et nomade, coupée de ses liens naturels et sociaux, allant là où l'appât du gain le pousse. La société n'est plus rassemblée autour d'un récit fondateur qui donne sens, elle est conçue comme un agrégat d'individus calculateurs.

Cette nouvelle compréhension de la vie sociale est porteuse d'un autre principe qui ne peut pas ne pas advenir au grand jour. L'argument de la loi naturelle épouse un déterminisme psychique : *le principe de plaisir*. Il suffit de mettre en scène la jouissance pour captiver les esprits. La publicité est porteuse d'un message implicite : *jouis sans entrave*[1] *!* Le consommateur est considéré comme un faisceau de pulsions que son environnement, mis en scène comme un flux de marchandises, suscite et séduit. Le capitalisme trouve ainsi au 20e siècle le génie de se faire désirable : la société de consommation.

La naissance et le développement de la publicité à partir des années 1920 témoignent de cette rationalité. Les industriels du tabac réalisaient qu'il y avait la moitié de l'humanité qui ne fumait pas : les femmes. Une montagne d'or à portée de main. Il suffisait de banaliser le tabagisme, le rendre socialement acceptable pour en tirer profit. La publicité fit son œuvre : des mannequins, cigarettes aux lèvres, défilaient dans les rues de Manhattan, pour diffuser ces images dans les actualités des salles de cinéma. Cette mise en scène glamour renvoyait implicitement à un imaginaire sexuel : la fellation. Ainsi, le langage de la publicité ne se présentait pas sous la forme d'un système de signes qui donnaient des informations. Il attisait les sens par un

[1] Charles Melman, *L'Homme sans gravité. Jouir à tout prix*, entretiens avec Jean-Pierre Lebrun, Editions Denoël, 2002.

ensemble de signaux suggérant la jouissance pour provoquer le passage à l'acte : l'achat.

Spectacle inlassablement renouvelé qui façonne à notre insu nos modes de vie, rend insupportable la frustration et dispose à l'addiction. Cette logique se fait de plus en plus subtile ; elle ne met plus en avant l'objet qui satisfait un besoin, elle façonne l'imaginaire pour déterminer le désir. Elle construit et le désir et l'objet du désir et, dans le même élan, offre une image de soi valorisée socialement. Elle répond au désir de reconnaissance et donne des raisons d'exister : *je le vaux bien* nous murmure la publicité d'un parfum. Elle laisse miroiter une liberté sans limites : *tout ce que je veux, quand je veux, comme je veux* proclame une autre publicité. Le besoin de reconnaissance, la construction de l'image de soi, le narcissisme, le désir de l'autre, la création, le principe de plaisir… les découvertes essentielles de la philosophie et de la psychologie sont instrumentalisées. Elles sont réduites à de simples outils dans des stratégies de marketing. Le fragile équilibre entre principe de plaisir et principe de réalité a le plus grand mal à se maintenir sous les coups répétés de cette séduction.

Le développement de l'informatique et de l'Internet offre de nouveaux outils au service de cette stratégie. La conception naturaliste de la Loi donnait à penser que la Loi du marché s'imposait comme une nécessité naturelle : il fallait accepter la crise comme on subissait le mauvais temps ! Les experts d'aujourd'hui développent une nouvelle manière de convaincre : la rigueur formelle du calcul. Ses productions et ses prédictions : les courbes, les algorithmes, les formalisations, les évaluations, les normes. L'évidence de la nature laisse place à l'évidence du calcul. Les possibilités de mesurer et de calculer rendues possibles par la révolution informatique permettent d'établir des moyennes qui deviennent des normes que les sujets doivent atteindre à travers des évaluations à répétitions. La norme prend subrepticement la place de la Loi. On ne discute pas un théorème ou un algorithme qui exprime, dans une formule abstraite, un principe économique, une cadence de travail, un temps moyen de production, un taux de vente, un déficit, une moyenne scolaire, un pourcentage, un sondage… Chaque innovation technique resserre les mailles du filet qui quadrille la vie quotidienne et professionnelle.

Dans le film *Moi, Daniel Blake*[1], Daniel apprend par téléphone que sa maladie n'est pas reconnue officiellement. Il lui fallait au moins 14 à l'évaluation de sa santé mesurée par un QCM, il n'a que 12. La conclusion est sans appel : il n'a pas le droit aux allocations chômage et doit chercher du travail… jusqu'à en mourir.

L'Interdit met des limites qui disposent à la liberté

Le développement des normes marginalise l'Interdit et génère une nouvelle manière d'être. L'Interdit ne dit pas ce qu'il faut faire, mais dit ce qu'il ne faut pas faire. Ce faisant il impose un cadre qui donne à la vie quotidienne un espace ouvert à la singularité et la créativité des individus et des sociétés. Dans le cadre des sociétés modernes, il prend la forme du Droit et de la Loi.

En régime démocratique, la Loi est le fruit d'une délibération et vise le Bien commun. La délibération ouvre un espace public dans lequel la liberté de penser tisse le lien social et se donne des limites.

Son application suppose un esprit qui interprète et justifie selon le contexte, l'histoire, l'avenir. Elle fait sens.

La loi impose la limite et n'opère que lorsqu'elle est transgressée. L'interdit du viol n'impose pas une manière d'aimer, il laisse l'individu libre d'aimer et de vivre comme il l'entend. Elle balise une direction dans laquelle chaque citoyen invente son existence, ose sa singularité plus ou moins selon les traditions, selon son courage.

L'injonction de l'Interdit arrache le sujet à la pulsion et le dispose à s'ouvrir à d'autres horizons que la jouissance immédiate. Elle ouvre une diversité de possibles : il n'y a pas de liberté sans l'Interdit.

Ainsi le Droit repose sur l'Interdit de la vengeance, Interdit sans lequel la vie sociale est livrée à la violence. L'Interdit de l'inceste contraint le cercle familial à s'ouvrir à la vie sociale.

---

[1] Ken Loach, *Moi, Daniel Blake*, 2016.

La norme impose un comportement

L'inflation des normes marginalise la Loi et bouleverse la tonalité de la vie quotidienne. La norme est un chiffre issu de mesures et de calculs élaborés. Elle se réclame de l'expertise face à laquelle l'avis du peuple fait bien pâle figure.

La norme s'impose à l'esprit par la logique du raisonnement formel, mathématique, comptable. Le chiffre ne dispose pas l'esprit à penser, mais à calculer. L'évidence de la logique marginalise la question du sens et de la délibération.

La mesure est étrangère au vécu des individus et des peuples. Le formalisme de la règle des 3 % est aveugle à la misère et de la souffrance qu'il implique.

La norme impose un comportement en codifiant la vie quotidienne, de manière explicite, dans le travail, ou implicite, dans le style de vie. Une société dans laquelle tout est mesuré, codifié, quantifié : le travail, la nourriture, les mœurs, les loisirs, les sports, l'intelligence, l'affectivité, la sexualité, l'éducation… *Une société intégrale*[1]. La prolifération de la norme réduit l'espace d'indétermination qui rend possibles la créativité et la liberté, là où l'Interdit leur donnait un cadre.

La norme ne vise pas le Bien commun. Son inflation s'inscrit dans le développement et la suprématie du néolibéralisme qui vise l'accumulation de la richesse.

L'armada du capitalisme trouve dans le principe de plaisir, le déterminisme naturel et la cohérence formelle trois leviers pour captiver les esprits, façonner les désirs et déterminer les comportements. Il assure avec une puissance inégalée la fonction matricielle d'une culture.

---

[1] Cédric Lagandré, *La société intégrale*, Editions Climats.

De la liberté

Dans un tel contexte, la question de la liberté devient problématique. Elle est tout à la fois *sacralisée, pervertie et niée*. Elle engage une vision de l'humanité que l'on trouve dans le libéralisme dès ses commencements.

De la sacralisation de la liberté

Reprenons quelques citations. Une du 17e siècle : « *la liberté est* ***l'absence totale d'entraves*** *susceptibles de détourner une part de ma puissance et m'interdire d'accomplir tout ce dont j'ai envie*[1]. » Une autre du 20e siècle : « *le libéralisme se définit comme* ***le droit pour chacun de vivre comme il l'entend****... de produire, de vendre et d'acheter* ***tout*** *ce qui est susceptible d'être produit ou vendu*[2]. »

Les Traités de la Communauté européenne reposent implicitement sur cette conception. Le Traité constitutionnel de 2005 mettait sur un pied d'égalité *la libre circulation de l'argent, des biens et des personnes.* Cette circulation ne doit pas rencontrer d'autres limites que *la concurrence libre et non faussée,* c'est-à-dire, l'appât du gain. Le Traité sur le fonctionnement de l'Union européenne (TFUE) déclare au terme de l'article 151 que c'est du *fonctionnement du marché intérieur*, c'est-à-dire du libre jeu donné aux calculs d'intérêt des opérateurs économiques, que doit advenir *l'harmonisation des systèmes sociaux*, c'est-à-dire, la cohésion sociale.

De la perversion de la liberté

Le texte du Traité Constitution souligne l'importance de la liberté. Mais de quelle liberté ? Le Traité mentionne *la libre circulation de l'argent, des biens et des personnes*, il met ainsi les personnes au même niveau que l'argent ou les biens. Cette conception entre étrangement en écho avec celle des propriétaires terriens qui

---

[1] Hobbes, Le Léviathan.

[2] Friedrich Hayek

considéraient les esclaves comme du bois d'ébène ou du bétail[1], lors de la naissance et du développement du libéralisme dès le 16e. Les personnes sont considérées comme des marchandises. Le texte engage aussi une conception de la liberté collective : le politique.

Ces Traités donnent un statut tout à fait particulier au capitalisme sans le nommer : il n'est plus un système économique à côté d'autres systèmes, il devient le fondement du vivre ensemble, le noyau dur du contrat social. Le citoyen est réduit à un simple élément d'un jeu qui ne se discute pas. Ce cadre théorique est en contradiction avec le principe fondateur de l'humanisme de Kant : *ne jamais considérer la personne comme un moyen, mais toujours comme une fin en soi*[2]. Le philosophe affirmait ainsi que l'être humain se distinguait radicalement des choses. Ces dernières ont une valeur relative, c'est-à-dire un prix. L'être humain est une *fin en soi* : il n'a pas une valeur relative, mais absolue. Il n'a pas de prix, mais une dignité qui demande le respect, absolument. Ce Principe est proclamé dans le préambule de la Déclaration des droits de l'homme de 1948 : « *Considérant que la reconnaissance de la dignité inhérente à tous les membres de la famille humaine et de leurs droits égaux et inaliénables constitue le fondement de la liberté, de la justice et de la paix dans le monde* ». Les auteurs de ce texte savaient ce qu'engendrait la négation de ce principe : « *Considérant que la méconnaissance et le mépris des droits de l'homme ont conduit à des actes de barbarie qui révoltent la conscience de l'humanité et que l'avènement d'un monde où les êtres humains seront libres de parler et de croire, libérés de la terreur et de la misère, a été proclamé comme la plus haute aspiration de l'homme.* »

La constitutionnalisation de *la liberté du Marché* fut confirmée récemment avec l'inscription dans les Constitutions des pays européens de la règle d'or des 3 %. Faire d'une règle comptable un principe constitutionnel revient à *mettre les choses sens dessus dessous*. Cette inversion des valeurs qui définit la perversion se retrouve ici ou là au gré des déclarations : un homme politique

---

[1] Infra., p. 88. L'Europe génocidaire.

[2] « Agis de façon telle que tu traites l'humanité, aussi bien dans ta personne que dans toute autre, toujours en même temps comme fin, et jamais simplement comme moyen. » Kant, *Fondation de la métaphysique des mœurs*.

reconnaissait récemment que *« seul l'appât du gain peut soutenir moralement la dynamique du capital. »* Cette formule suppose que l'appât du gain est moral, comme les propos du pédophile qui justifie ses penchants au nom de son amour pour les enfants. La pulsion est revêtue des habits de la moralité. Ainsi justifiée, elle peut s'épanouir.

Cette philosophie devient de plus en plus explicite. L'intégration des revenus de la prostitution et de la drogue dans le PIB suppose implicitement la banalisation et la légalisation de l'exploitation du corps et de la psyché. Le vice privé (l'appât du gain des proxénètes) et le vice collectif (les cartels de la drogue) deviennent source de richesse. La banalité du mal, que Hannah Arendt analysait dans le nazisme, s'inscrit dans l'histoire d'une banalité qui la précède et la légitime : l'égoïsme fait vertu.

Levinas perçoit dans ces processus la forme la plus subtile et accomplie de l'aliénation : *« Or, on sait que les possibilités de la tyrannie sont bien plus vastes. Elle dispose de ressources infinies, de l'amour et de l'argent, de la torture et de la faim, du silence et de la rhétorique. Elle peut exterminer dans l'âme tyrannisée jusqu'au pouvoir même d'être heurté, c'est-à-dire jusqu'au pouvoir d'obéir sur commandement. La vraie hétéronomie commence lorsque l'obéissance cesse d'être conscience obéissante, lorsqu'elle devient penchant. La suprême violence est dans cette suprême douceur. Avoir une âme d'esclave, c'est ne pas pouvoir être heurté, ne pas pouvoir être commandé. L'amour du maître emplit l'âme à tel point qu'on ne la voit plus, mais qu'on voit à partir d'elle. Que l'on puisse créer une âme d'esclave n'est pas seulement la plus poignante expérience de l'homme moderne, mais peut-être la réfutation de la liberté même*[1]*. »* Séduit par la possibilité de s'enrichir, la soumission à l'esprit du temps se pare des atouts de la liberté et se donne des justifications. L'esprit ne se distingue plus de la pulsion, il fait corps avec elle : *suprême douceur*. Cette démarche se retrouve dans les sectes au sein desquelles les disciples appellent salut leur propre aliénation. Et l'on sait combien il est difficile de se sortir d'une aliénation que l'on perçoit comme une voie de salut.

---

[1] Levinas, *Liberté et commandement*, Editions Livre de Poche, 1999.

Le capitalisme recèle la négation implicite de la Loi du symbolique qui impose la limite aux passions humaines. Cette conception est radicale, selon les deux sens du mot *radical.* On dit communément d'un engagement qu'il est radical lorsqu'il va jusqu'au bout de lui-même. Il ne se donne pas de butée, sinon la mort. Et selon son étymologie, radical se dit de ce qui a trait à la racine. Le capitalisme affecte bien ce point central où se joue la folie ou le génie de l'homme. La radicalité est bien son essence. Il porte en lui le germe qui altère le rapport au réel : aux autres, au monde, à soi-même. Il détruit le mode d'adaptation propre à l'espèce humaine.

De la négation de la liberté

En valorisant la liberté, le capitalisme se présente comme connaturel à la démocratie. La délibération politique est mise en place pour assurer un espace de liberté qui ouvre des possibles, tant dans la vie quotidienne, que dans le travail et le politique. Mais, la Loi du marché est conçue comme *une loi naturelle* qui s'impose à tous et à chacun, à la manière dont on subit le temps qu'il fait. Elle s'impose au nom d'un savoir assuré de lui-même par sa rigueur formelle (mathématique) : elle se fige dans une croyance rigide et aveugle à la complexité et la mouvance de la vie sociale. Le débat démocratique, qui engage les rapports de force entre classes sociales, entre patronat et syndicat, n'est plus qu'un ensemble des mots qui rendent acceptable leur disparition. C'est ainsi que Margaret Thatcher affirmait sans hésitation : *il n'y a pas d'alternative*. Formule reposant sur une vision de la société : *il n'y a pas de société, mais que des individus*. M. Jean-Claude Juncker, quelques décennies plus tard en tant que président de la Commission européenne, déclarait à l'occasion de la victoire de Syriza en Grèce : *il ne peut y avoir de choix démocratique contre les traités européens déjà ratifiés*[1].

Au nom d'un algorithme de prédiction économique, le FMI impose aux diverses nations en difficulté une austérité dévastatrice. Nos experts lui donnent le pouvoir de démontrer, de prédire et de justifier leur politique économique. Mais l'histoire des hommes ne se plie pas

[1] Déclaration de M. Jean-Claude Juncker, président de la Commission européenne, à l'occasion de la victoire de Syriza en Grèce.

à cette logique. La politique du FMI a dans les décennies précédentes plongé des pays africains dans la famine en détruisant les embryons de services publics qui avaient été forgés avec la décolonisation. L'Afrique est maintenant un continent qui explose sous la violence et devient une plaque tournante du commerce des armes et de la drogue. Elle offre un terrain propice au terrorisme religieux.

L'austérité économique imposée à la Grèce est un cas d'école : réduction des salaires, vente des terres et des infrastructures, destruction des services publics. Mais les prévisions du FMI n'avaient pas prévu l'augmentation des taux d'intérêt ni l'effet de l'austérité sur la consommation intérieure ni la hausse du chômage. Les prévisions se révèlent erronées, des investissements privés aux recettes fiscales des Etats. Le FMI a reconnu son erreur, mais il ne remet pas en cause la croyance qui sous-tend cette erreur : la formalisation mathématique du devenir des sociétés mis au service d'une idéologie. Pourtant, les limites de cette politique sont connues : « *Les décisions humaines engageant l'avenir sur le plan personnel, politique ou économique ne peuvent être inspirées par une stricte prévision mathématique, puisque la base d'une telle prévision n'existe pas* », disait déjà Keynes en 1936.

Liberté sacralisée, pervertie, niée… nous retrouvons cette approche de la liberté tout au long du l'histoire du libéralisme. Elle justifie implicitement une conception radicalement clivée de l'humanité. La classe sociale possédante qui tire profit de l'esclavage ou de la libre circulation de l'argent, des biens et des personnes, selon les siècles. Et la multitude de ceux qui sont spoliés.

L'esclavage est le commencement et la fin du capitalisme

Le néolibéralisme, fidèle à l'histoire du libéralisme, se nourrit de la misère des peuples qu'il organise. A l'ancien concept *pays en voie de développement*, ajoute aujourd'hui un autre concept : *pays en voix de sous-développement contraint*. De même que l'on a inventé le terme de *crime de guerre* après les horreurs du 20e siècle, il faut inventer le concept de *crime économique* pour rendre compte de la réalité. L'esclavage est le commencement et la fin du capitalisme. Un esclavage qui prend des visages différents selon les époques : l'esclavage, le prolétariat, le précariat.

Cette dynamique ne reste pas cantonnée dans l'économie. La logique perverse du *vice fait vertu* gagne le politique lorsqu'elle fait sauter l'interdit du meurtre, et la sexualité lorsqu'elle dissout celui du viol. La perversion logée au cœur de la culture capitaliste est capable de gangrener toutes les dimensions de l'existence, comme les métastases d'un cancer. Elle gagne la politique avec le nazisme, la sexualité avec Sade. Capitalisme, nazisme et la philosophie de Sade partagent la même conception de la Loi, le même esprit.

Capitalisme, nazisme, philosophie de Sade

Le nazisme

La proximité spirituelle — ou symbolique — que nous entrevoyons entre le capitalisme et le nazisme suscitera à coup sûr le scandale chez beaucoup de gens bien-pensants, tant la culture de nos élites est enkystée dans une bonne conscience à toute épreuve. De plus, l'horreur absolue du nazisme provoque un tel impact psychique que l'esprit s'en défend en rejetant cet événement dans le domaine de l'impensable. Le nazisme est ainsi réduit à un accident de l'histoire, ce qui laisse la culture occidentale vierge de toute responsabilité. Mais, refuser de voir la familiarité entre le nazisme et le capitalisme, c'est se condamner à laisser la violence inhérente au capitalisme continuer son œuvre et engendrer d'autres formes de barbarie sans l'ombre d'une culpabilité.

La matrice culturelle du nazisme

Il nous faut aller au-delà de cette réaction première pour saisir le nazisme comme sous-culture du capitalisme. Il n'est pas un accident de l'histoire, une météorite tombée du ciel ; il s'inscrit dans une matrice culturelle qui le rend possible, la métastase d'un cancer anthropologique.

La Loi de la nature

Les penseurs du capitalisme ont pensé la Loi des hommes à lumière de l'astronomie moderne : la loi de la gravitation. Hitler considérait que la loi devait d'être conforme à la nature : « *Les richesses, par la vertu d'une loi immanente, appartiennent à celui qui les conquiert. Ceci est conforme aux lois de la nature* ». Présentée comme une nécessité naturelle, la Loi n'a pas à être réfléchie ni justifiée. Cette conception délégitime toute contestation. L'éthique, la capacité de la raison à interroger et à fonder la loi, n'a plus de raison d'être : « *L'Etat totalitaire doit ignorer toute différence entre la loi et l'éthique*[1]. » Légalité et légitimité s'identifient à ce qui *est* : la volonté de l'homme providentiel. La passion du pouvoir devient la justification de la loi. L'exigence morale qui canalise la pulsion se dilue dans la pulsion elle-même, qui ne rencontre alors plus d'autre limite qu'elle-même. L'interdit du meurtre devient une exigence politique et sociale : *la solution finale*. Le pouvoir devient délirant : l'établissement du troisième Reich pour 1000 ans. L'autre n'est plus un être qui demande le respect, il est *un rat à exterminer*. Conception de l'homme qui s'était développée deux décennies avant, dans les tranchées de 14-18. La vie sociale s'effondre dans une explosion apocalyptique. La Loi du symbolique étant pervertie, la seule limite qui s'impose est la mort.

Le nazisme dans l'histoire du libéralisme

Cette référence à la guerre de 14-18 invite à penser l'inscription du nazisme dans l'histoire de l'Occident. Les déportations et les univers concentrationnaires n'étaient pas étrangers au libéralisme. Les déportations sanglantes et répétées des Indiens à partir de celles mises en œuvre par l'Amérique de Jackson rappellent « *les horreurs provoquées par les nazis dans le traitement qu'ils ont infligé aux peuples soumis*[2]. » Les Peaux-Rouges ne furent pas les seules victimes de cette pratique. La traite des Noirs fut *le déplacement involontaire le plus massif des êtres humains de toute l'histoire*. Les déportés étaient

---

[1] Consigne donnée à des juristes allemands en 1933. Arendt, *Le système totalitaire*. Editions du Seuil, 1990, p. 123.

[2] William T. Hagan, cité par Laurence M. Hauptman, *Between Two Fires*, Free Press, New York, p. 5. In *Contre-histoire du libéralisme*, p. 377.

ensuite obligés de travailler *dans une plantation esclavagiste qui présente d'évidentes analogies avec le camp de concentration.* Dans l'Empire britannique libéral du milieu du 18e siècle, la déshumanisation atteignait déjà les sommets de l'horreur. Un exemple de punition infligé aux esclaves parmi d'autres : « *Un esclave était obligé de déféquer dans la bouche de l'esclave coupable, bouche qui était ensuite cousue pendant quatre ou cinq heures*[1]. »

La violence de l'idéologie raciste déployée aux USA annonce celle du nazisme : les efforts pour maintenir « *la pureté de la race au sud des Etats-Unis anticipait certains aspects de la persécution lancée par le régime nazi contre les juifs dans les années 1930*[2]. »

La stratégie de la guerre éclair

A cette parenté symbolique — une même conception de la Loi — et politique s'ajoute une parenté stratégique : nazisme et néolibéralisme pratiquent *la blitzkrieg*. A la fin des années 1930, Hitler envahissait les nations européennes grâce à la guerre éclair. Depuis 30 ans, les présidents libéraux des nations occidentales emploient la même tactique. Lors d'une réunion de la société du Mont-Pèlerin, berceau du néolibéralisme, le 28 novembre 1989, un ancien ministre des finances, travailliste néozélandais, développait sa stratégie[3] : « *Le gouvernement doit avoir le courage de mettre en œuvre ses décisions, de s'attaquer aux questions douloureuses d'emblée, plutôt que de remettre les choses au lendemain. (...) N'essayez pas d'avancer pas à pas. (...) La vitesse est essentielle, vous n'irez jamais trop vite. (...) Les groupes organisés qui souhaitent maintenir leurs privilèges demanderont toujours que les choses aillent plus lentement. Cela leur laisse plus de temps pour mobiliser l'opinion contre la réforme. (...) Le feu de vos adversaires perd en précision quand il doit viser une cible qui bouge sans arrêt.* » En juin 2007, M. Patrick Buisson, le stratège politique du président Nicolas Sarkozy, détaillait la feuille de route du nouveau

---

[1]Gordon S. Wood, « What Slavery Was Really Like », in *Contre-histoire du libéralisme*, p. 377.

[2] Pierre L. Van den Berghe, Race and Racisme. In contre-histoire du libéralisme, p. 378.

[3] Serge Halimi. *Le Grand Bond en arrière*. Comment l'ordre libéral s'est imposé au monde. Editions Agone, Marseille, 2012.

président : « *La réforme, c'est d'abord un rythme. On sait depuis Milton Friedman qu'on a trois mois pour faire passer les réformes (...) C'est-à-dire que chaque réforme qui est bien perçue par l'opinion doit être immédiatement suivie par une autre réforme. Cette deuxième annonce a une double vertu, c'est qu'elle confère un statut de légitimité, ou de fait acquis à la première et elle peut servir éventuellement de leurre dans le débat. C'est exactement la stratégie que Sarkozy est en train de mettre en œuvre.* » 10 ans plus tard, le président Emmanuel Macron reprend la même stratégie.

Cette parenté entre capitalisme et nazisme apparaît dans les figures historiques et les institutions du capitalisme : la participation des banques et des industries capitalistes à l'effort de guerre nazi, la propagande nazie s'inspirant des écrits des grands patrons de l'époque, les camps de la mort gérés selon la logique du plus grand profit, la corruption généralisée des organisations nazies.

Des figures historiques du Capitalisme

Henry Ford (1863-1947) marqua l'industrie automobile du début du 20e siècle aux USA et donna son nom à une étape de capitalisme : le fordisme. Il allia rationalisation de la production et politique paternaliste. La rationalisation et la standardisation du travail augmentaient la productivité et lui assuraient le succès. Mais ce mode de production engendrait une pénibilité accrue qui se soldait par un turn-over important. Henry Ford trouva la solution en augmentant les salaires : « *un des meilleurs moyens de réduction des coûts jamais mis en place*[1]. » Et il accompagnait cette politique d'un rejet violent des syndicats et d'une surveillance accrue des ouvriers. Ce mépris de la classe ouvrière était un mépris de *l'autre* qui se retrouvait dans son antisémitisme. Ce héros du capitalisme inspira Hitler et l'idéologie nazie. Son livre *The International Jew,* un texte dédié à la salutaire *réaction de l'Allemagne contre le Juif* illustrait l'esprit prétendument scientifique de l'ouvrage avec des métaphores médicales qui faisaient de la présence de la communauté juive *une question d'hygiène politique* parce que *la principale source de la*

[1] Michael M. Bates, History, Henry Ford, and the minimum wage», sur *Renew America*, 3 janvier 2006.

maladie du corps national allemand (...), était l'influence des Juifs[1]. Dans plusieurs passages, les Juifs furent présentés comme un *germe* qui devait faire l'objet d'un *nettoyage*[2]. Hitler et ses collaborateurs reprirent cette terminologie pour asseoir la supériorité prétendue de la race arienne et justifier le crime industrialisé. Henry Ford entretint des relations privilégiées avec l'Allemagne nazie. Il fut décoré, à Détroit le 30 juillet 1938, de l'ordre allemand de l'Aigle. Il fabriqua des véhicules pour la Wehrmacht, participant ainsi à l'effort de guerre nazi[3] avec Opel, filiale allemande de General Motors. Et pour couronner le tout, Henry Ford demanda aux États-Unis un million de dollars pour les dégâts provoqués par le bombardement allié de son l'usine de Cologne. 38 millions de Francs lui furent versés après le bombardement de son usine de Poissy.

Henri Ford ne fut pas le seul. Le 20 février 1933, 24 messieurs arrivaient devant le Reichstag dans de grosses berlines noires. Ils représentaient l'élite patronale allemande. Leurs noms sont moins connus que celui de leur empire : BASF, Bayer, Opel, Agfa, IG Farben, Siemens, Allianz, Telefunken. Ce sont 24 *machines à calculer aux portes de l'enfer*, écrivait Eric Vuillard dans *L'Ordre du jour*[4]. Ces dignes messieurs s'étaient rassemblés pour recevoir Adolf Hitler, venant leur faire la leçon avant que Goering ne leur tende la sébile de la collaboration. Ils firent fortune en tirant profit de l'industrie de la mort, ce fut pour eux comme un coup en Bourse réussi.

Des institutions capitalistes au secours du 3e Reich[5].

La Suisse est une des nations les plus riches du monde, mais elle ne possède aucune matière première. Sa richesse repose sur l'argent des autres. Et particulièrement celui des nazis nous montre Jean Ziegler dans son réquisitoire contre les banquiers suisses et ses cadres

---

[1] Editions Ford, *The international Jew*, Tome 1, p.

[2] Editions. Ford, *The international Jew*, Tome 3, pp. 73,163.

[3] Charles Editions. Glock et Harold E. Quinleu, « Comment les firmes US ont travaillé pour le Reich », *Historia*, n° 669, septembre 2002, pp. 40-45.

[4] Eric Vuillard, *L'Ordre du jour*, Editions Actes Sud.

[5] Brigitte Pätzold, Complicité avec le nazisme, *Le monde diplomatique*, juin 1997, p. 31. A propos du livre de Jean Ziegler, *La Suisse, l'Or et les Morts,* Editions du Seuil, mars 1997.

politiques. Aucun autre pays neutre — ni le Portugal ni la Suède — n'a accepté l'or volé des Allemands. Flairant des *affaires en or*, les banquiers suisses ont joué les blanchisseurs de cet or provenant des banques des pays envahis et des juifs assassinés, avec le consentement du gouvernement fédéral. Avec les francs suisses reçus en échange de leurs lingots, le Reich achetait les matières premières indispensables à la fabrication des armes et à la poursuite de la guerre. Sans leur aide financière, les nazis auraient été acculés à arrêter la guerre dès 1942, affirme le sociologue et député socialiste Jean Ziegler. Quant aux industriels de l'armement suisse, ils livraient dès 1939 leurs engins de mort à Hitler, et ceci jusqu'en avril 1945.
La Suisse, pays capitaliste s'il en est, ne fut donc pas un pays neutre, elle ne fut pas non plus une terre d'accueil. En verrouillant ses frontières en 1942 — alors qu'à cette date le gouvernement suisse connaissait l'existence des chambres à gaz —, des milliers de juifs furent assassinés. Elle a été une partenaire active et silencieuse au service des bourreaux nazis. Non par idéologie raciste, mais par pure vénalité.

Cette politique ne supportait aucune résistance. L'étudiant Maurice Bavaud, auteur d'un attentat contre Hitler, à qui le livre de Jean Ziegler est dédié, fut livré à la Gestapo et décapité. Paul Grüninger, capitaine de police de Saint-Gall, fit entrer clandestinement 2000 juifs en Suisse. Condamné, mis au ban de la société, il mourut pauvre et oublié en 1972 et ne fut réhabilité qu'en 1993[1].

Le capitalisme du nazisme

Le nazisme n'a pas seulement reçu une aide décisive des pays capitalistes qui l'environnaient, il fut lui-même animé par la même loi du profit qui engendre immanquablement esclavage, corruption et génocide. L'appât du gain était à l'œuvre derrière l'antisémitisme qui justifiait l'expropriation des juifs allemands, première étape du

---

[1] Ces accusations sont basées sur des documents accablants provenant des archives autrichiennes, allemandes, britanniques et américaines ; remis au député socialiste par des hauts fonctionnaires, des banquiers et des enquêteurs, ils corroborent les révélations faites par le Congrès juif mondial depuis l'été 1996.

processus de *La Destruction des Juifs d'Europe*[1] : « *l'appareil de destruction prit pour objectif la richesse juive. (...) Les Juifs perdirent leurs métiers, leurs entreprises, leur épargne et leurs fonds, leurs salaires, leurs droits à la nourriture et au logement, pour finir leurs dernières possessions personnelles, leur linge de corps, leurs dents en or, et, pour les femmes, leur chevelure.* » Les camps de concentration, couplés aux camps de la mort poussaient la logique de l'exploitation à son ultime stade. Tout juste sorti de Buchenwald, David Rousset dénonçait avec rage la corruption : « *Les Seigneurs SS ont des désirs. Les détenus sont des excréments. Mais on peut encore faire de l'argent avec la merde. Même de très grosses sommes*[2]. » Dans *L'entreprise Ravensbrück*, Germaine Tillion[3] fait la même analyse : « *Himmler n'était donc pas seulement, comme chef de la police et des SS, le supérieur administratif des gardes-chiourmes du camp, il était en même temps ou propriétaire du terrain — qu'il aurait alors loué à l'Etat ? — ou principal actionnaire d'une société qui aurait exploité notre travail. Ce qui est sûr, c'est que l'entreprise rapportait beaucoup d'argent et qu'une part considérable de cet argent avait pour destination le Reichführer Himmler.* »

La fracture sociale qui se développe dans l'économie capitaliste n'est pas absente du nazisme. Si on peut ainsi parler, elle est aussi poussée à son terme comme le montre Eugène Kogon[4] : « *La vie des SS formait un contraste absolu avec celle des détenus. Ces derniers étaient entassés, soumis aux corvées, ils connaissaient la faim, les supplices, la terreur et la mort — pour les SS, c'était le luxe, l'ivrognerie, la fainéantise, l'amollissement et toutes sortes de vices.* » Suit la description détaillée des escroqueries, pillages, chantages, orgies et autres trafics auxquels se livraient les nazis. Pour Kogon, les SS ne sont finalement que des gangsters, mais des gangsters qui avaient conquis les pleins pouvoirs.

---

[1] Raul Hilberg, *La Destruction des Juifs d'Europe*, Editions Fayard, 1988. In Antoine Peillon, *Corruption*, Editions du Seuil, 2014. P. 176.

[2] David Rousset, *L'univers concentrationnaire*, Editions Pavois, 1946, p. 145. In *Corruption* d'Antoine Peillon, p. 176.

[3] Germaine Tillion, *Ravensbrück*, dernière édition, Editions Seuil, 1988, p. 214.

[4] Germaine Tillion, *La traversée du mal*. Entretiens avec Jean Lacouture, Editions Arléa, 2000, p. 74.

Plus récemment, le grand penseur du libéralisme trouva dans une des dictatures les plus sanguinaires de la seconde moitié du 20e siècle une politique lui convenant : Frederick Hayek rejoignit Pinochet au Chili.

Le nazisme s'est inspiré de *l'anthropométrie* pour asseoir son idéologie. Le néolibéralisme utilise une *sociométrie* pour justifier sa croyance par le biais de la mesure. Les mesures de l'anthropométrie qui justifiaient l'infériorité d'une race et son éradication deviennent les algorithmes mathématiques qui justifient les politiques d'austérité qui plongent les peuples dans la misère.

Le nazisme s'inscrit bel et bien dans cette ère culturelle qu'est le capitalisme. Il n'est pas un accident de l'histoire. Il n'y a qu'une différence de degré qui s'atténue dramatiquement selon les époques. Le nazisme porte la logique de la prédation, inhérente au capitalisme, jusqu'à son terme.

Se révèle ainsi la dramatique injonction contradictoire qui structure la culture occidentale, travaillée entre une exigence éthique et un aveuglement génocidaire : entre l'humanisme et le libéralisme. Injonction paradoxale occultée par l'historien Norbert Elias qui analysait la civilisation occidentale comme le produit d'un processus séculaire de maîtrise des instincts, d'apprivoisement des désirs et de domestication des pulsions humaines les plus profondes[1].

Sade

Cet auteur conçoit la Loi comme donnée naturelle dans le domaine de la sexualité. Il enrichit ses romans d'une réflexion sur la morale et le Droit : *« la destruction étant une des premières lois de la nature, rien de ce qui détruit ne saurait être un crime (...) N'ayez plus d'autre frein que celui de vos penchants, d'autres lois que vos seuls désirs, d'autre morale que celle de la nature*[2]. » Cette approche interdit ce qui est traditionnellement interdit. Le viol et l'inceste deviennent la norme

---

[1] Norbert Elias :
- *La Civilisation des mœurs*, Editions Calmann-Lévy, 1973, puis Pocket, 2002.
- *La Dynamique de l'Occident*, Editions Calmann-Lévy, 1975, puis Pocket, 2003.

[2] Sade, *La philosophie dans le boudoir*, Editions Latorre, 2018.

de la sexualité, le crime flirte avec la loi : « *J'ose assurer en un mot que l'inceste devrait être la loi de tout gouvernement dont la fraternité fait la base... Soyez juste, tolérez le crime. Le grand art serait de combiner le crime avec la loi, de faire en sorte que le crime, quel qu'il soit n'offensa que médiocrement la loi. La meilleure de toutes les lois, devant être celle qui se transgressera le moins, devra être celle qui s'accordera le mieux à nos passions.* » La loi épouse le mouvement spontané de la pulsion. Son impératif catégorique peut se formuler ainsi : *jouis n'importe comment, n'importe quand et de n'importe qui.* Ce qui est (la nature pulsionnelle) est ce qui doit être.

Le mystère de l'autre, qui invite à l'écoute et au silence se réduit à un simple objet de jouissance, altérant ce qui fonde la vie sociale. De fait, la philosophie de Sade méconnaît la dimension sociale de l'être humain. L'auteur forge un terme pour désigner cette philosophie : *l'isolisme*. En effet, sans une instance symbolique qui donne consistance au mystère de l'autre, pas de vie sociale possible. Ses romans se déroulent dans des châteaux isolés à l'écart de la société.

La loi fondée en nature ne rend pas compte de la condition humaine, cette espèce vivante chez qui tout ce qui est naturel passe par le prisme de la culture, même les choses les plus vitales. Tout semble naturel, mais tout est façonné à notre insu par la culture. La Loi conçue comme une donnée naturelle semble se conformer au comportement instinctif de l'animal. Quoi de plus naturel ! Mais l'histoire nous montre qu'elle engendre un monstre. L'expression *il est bestial* est généralement comprise comme une insulte envers un individu. Elle se trompe de destinataire. C'est l'animal qui est insulté en étant identifié à la folie de l'homme... si on peut parler ainsi.

La Chute

Les mythes sont la mise en scène imaginaire de ce qui fait que l'homme est homme. Le récit de la Chute dans la Genèse semble évoquer le danger spécifique que court l'espèce humaine. L'interdit de manger du fruit de la connaissance du bien et du mal peut être interprété paradoxalement comme une critique de la croyance. Dans sa prétention à la vérité, la croyance s'écarte de la mouvance et de la complexité du réel, et tombe dans la rigidité et l'aveuglement. La prétention au savoir occulterait le mystère du réel et obturerait la faille lovée au cœur de la condition humaine : sa fragilité et son ignorance natives. Croyance qui asphyxie le sens du mystère et altère le rapport au réel. Croyance qui, à terme, laisse l'être humain dans la nudité et la solitude, perdu dans un monde étranger comme le souligne le texte : *et ils virent qu'ils étaient nus*[1]. Croyance comme production imaginaire : un savoir tenu pour vrai, qu'il soit religieux, politique, économique ou scientifique… La Chute évoquerait à sa manière cette dérive inhérente à la condition humaine.

La culture est un système de systèmes : le langage, la technique, le Droit, l'Etat.... la perversion de la Loi affecte, de proche en proche, tous ces systèmes liés entre eux.

Perversion du langage

> *« Quand les hommes ne peuvent changer les choses, ils changent les mots. »*
>
> Jean Jaurès

En justifiant l'accumulation sans limites de l'argent, le capitalisme épouse l'économie de la pulsion. Il en vient à *dénaturer* la médiation fondamentale logée au cœur de la culture : le langage. Médiation par laquelle l'être humain advient à elle-même : l'épiphanie de l'humanité.

Dans le système capitaliste, le langage est réduit à un simple outil au service du marketing et du pouvoir. Cette conception est particulièrement visible dans les discours politiques qui se multiplient en période électorale. La gestuelle, la rythmique, la séquence des phrases, les répétitions, les images-chocs, les intonations de l'orateur… se révèlent identiques d'un discours à l'autre, d'un orateur à l'autre. Ils transpirent les exercices bien huilés des écoles de communication. L'orateur y joint un langage technique qui donne à l'auditeur le sentiment de son incompétence. Une manière de clore de

[1] Genèse 3,7.

débat. Le ton n'est pas à l'écoute : la répétition des déclarations, comme un martèlement, obture la fragilité inhérente au langage.

Cette dérive se manifeste dans une évolution discrète qui rappelle les temps les plus sombres du passé. Une dérive aux multiples visages : un glissement discret du sens des mots, l'apparition d'un nouveau vocabulaire, l'usage techniciste du langage. Un virage linguistique qui forge implicitement une vision de monde qu'il ne faut surtout pas expliciter.

L'Etat Providence. L'Etat social mis en place à la sortie de la guerre a été rebaptisé Etat Providence, laissant entendre que les politiques sociales de l'époque n'étaient pas le fruit du partage légitime de la richesse produite par le travail, mais un cadeau qui renvoyait à une conception religieuse et donc irresponsable du rôle de l'Etat.

La gouvernance[1]. Le verbe gouverner, terme venant du politique, a disparu au profit de celui issu du management des entreprises : la gouvernance. Il légitime implicitement la supériorité de la gestion managériale au service de l'intérêt particulier (actionnaires, trusts) sur le gouvernement public au service du Bien commun. L'Etat social s'efface devant l'Etat startup.

Le Plan social : l'expression habille d'un verni humaniste (l'adjectif *social*) la mise au chômage des ouvriers d'une entreprise. Depuis 30 ans, les milliers d'entreprises rentables, mais pas suffisamment *profitables* sont fermés. La lutte des salariés pour conserver leur outil de travail est taxée de violence. La grève est présentée comme une prise d'otage de la population.

Le Marché du travail : cette expression, qui est devenue aussi évidente que la chute des corps, fait entrer le travail dans le monde des marchandises : des produits fabriqués pour un profit maximal. A Pôle Emploi, le chômeur suit des formations pour apprendre à se vendre.

---

[1] Agnès Vandevelde-Rougale, *La novlangue managériale*, Editions Eres. 2017.

Les Charges sociales. A leur création, les cotisations sociales désignaient un salaire socialisé qui offrait aux citoyens une retraite, des soins de santé, une éducation, une justice convenables par le biais d'une redistribution de la richesse. Le terme a été remplacé par charge sociale qui donne à penser que ces prélèvements sont autant d'obstacles à la compétitivité des entreprises.

Le pouvoir d'achat. Le salaire rémunère la production d'une richesse et l'œuvre de l'ouvrier. Il tend à être remplacé par le pouvoir d'achat qui réduit l'ouvrier à un consommateur. L'horizon de compréhension n'est plus la noblesse du travail, mais la consommation de marchandise.

La Société civile. Le peuple s'est étrangement effacé au profit de la société civile. Le premier rassemble tout un chacun et particulièrement les pauvres. La société civile rassemble les patrons d'entreprises, de grands groupes qui pèsent sur les politiques publiques grâce au lobbying.

Le **dialogue social**. La négociation collective se situe d'emblée au niveau social, celui des collectivités défendant des intérêts divergents. Le dialogue se situe au niveau des individus dans l'échange de paroles. L'ajout de l'adjectif *social* apparaît comme le mot qui vient cacher la dimension niée : la dimension sociale précisément.

Ajustement structurel : belle formule utilisée par les organisations internationales pour imposer aux Etats les impératifs du néolibéralisme : libéralisation, dérégulation, privatisation… c'est-à-dire : l'austérité.

La loi travail. En son essence, la Loi est un texte issu d'un débat démocratique et applicable à l'ensemble d'une communauté. Elle vise à donner droit à celui qui n'en a pas. Sans cela, elle n'est qu'une variante de la Loi du plus fort. La Loi travail du quinquennat Macron est imposée par ordonnance et reprend le projet du patronat.

Le Parti de gouvernement. Cette expression suppose implicitement qu'il ne peut y avoir de gouvernement en dehors du cadre en place. Le parti socialiste a bien compris la leçon. Une manière de décrédibiliser tout parti s'engageant à changer de cadre.

La reprise de l'économie. Les USA, l'Angleterre, l'Allemagne, l'Espagne, la Grèce… voient leur PIB augmenter, la bourse croître et le chômage diminuer. Etrange croissance qui cache le creusement des inégalités, l'augmentation du nombre des bénéficiaires de la soupe populaire, des travailleurs pauvres et des SDF. En Allemagne, la moitié des travailleurs gagnent 400 € par mois.

Elément de langage : un dernier-né de la novlangue. L'orateur utilise les éléments de langage, comme l'avocat qui fait des effets de manche. Quand on ne maîtrise pas grand-chose, ou que l'on veut séduire son public, on s'évertue à maîtriser les mots et les expressions… qui deviennent étrangers à la réalité.

Deux événements particulièrement significatifs traduisent ce bouleversement :

– **La post-vérité :** ce terme abandonne implicitement la notion de vérité issue des Lumières. La vérité fut définie comme la condition de possibilité du langage et de la vie sociale, une exigence de l'esprit dans son ouverture au monde. Le préfixe *post* donne à penser que la vérité, la sincérité, la parole sont devenues des vieilleries à laisser tomber. Cette formule ouvre incidemment une ère nouvelle de la pensée qui dit ce qui n'est plus sans préciser ce qu'elle signifie. En effet, le mot post-vérité ne précise pas sa signification, ou, pour le dire autrement, sa vérité. Peut-être parce qu'elle est scandaleuse : le mensonge, l'effet de langage au service de l'argent et son corollaire, le pouvoir. La vérité suit la même dévalorisation que la générosité qui fut éclipsée par l'égoïsme.

– **La réforme de l'orthographe** témoigne d'un changement de fonction. Cette réforme s'efforce de soumettre le langage à la loi de la simplicité et de l'efficacité. La langue s'élabore tout au long d'une histoire qui donne aux mots leurs racines et leurs sens, invitant à la pensée et à la poésie. Ces nuances et ces ambiguïtés disparaissent au profit un langage technique et opérationnel dans lequel les sigles prolifèrent.

Cette dérive se radicalise particulièrement en temps de guerre. Victor Klemperer[1] dans *La langue du 3e Reich*, percevait la puissance du langage capable d'enflammer les foules : « *la langue ne se contente pas de penser et de poétiser à ma place. Elle dirige aussi mes sentiments, elle régit tout mon être moral d'autant plus naturellement que je m'en remets inconsciemment à elle.* » Jusqu'à l'innommable qui trouvait des formules pudiques pour se faire accepter : *Endlösung der Judenfrage* : la solution finale. La formule qui porte en elle sa justification (toute chose a une fin) cache une violence qui devient doublement innommable : par son horreur et parce qu'elle se légitime par les mots qui la nomment.

Un vide spirituel

Hannah Arendt distinguait trois activités spécifiquement humaines. **Le travail** par lequel l'homme affronte la nature pour se nourrir, se protéger, se soigner. Effort laborieux à répéter inlassablement dans une lutte sans fin. Dans la Grèce antique, les esclaves assumaient cette contrainte. **L'œuvre** par laquelle l'homme construit un monde habitable en fabriquant des objets qui durent : (les outils, les maisons, les routes, les usines). **L'acte** par lequel l'homme nourrit l'esprit et crée des institutions : une Constitution qui rassemble une communauté, le programme d'un homme politique qui rassemble un parti, la parole du psychanalyste qui ouvre une brèche dans l'enfermement du patient, le cours du professeur qui éveille et nourrit l'esprit des élèves, la poésie qui transporte le lecteur et façonne les sentiments. La parole y est créatrice d'humanité.

Ce début de siècle a inventé la formule-choc pour exprimer la dérive dans laquelle le discours politique est embourbé et manifeste à son corps défendant le climat délétère qu'il entretient : *les promesses n'engagent que ceux qui les écoutent*[2]. Formule qui reprend l'usage que le marketing fait du langage. Le vendeur promet la qualité de la marchandise, c'est l'acheteur qui en assume l'usage et en éprouve la qualité, après coup.

---

[1] Viktor Klemperer, LTI - Lingua Tertii Imperii: Notizbuch eines Philologen (Langue du Troisième Reich : carnet d'un philologue), paru en 1947.
[2] De Henri Queuille, homme politique de la 3ème République.

L'expression *tenir parole* indique implicitement d'où la parole tire sa consistance. Elle explicite une volonté et révèle l'esprit qui la profère, c'est à ce prix qu'elle est authentique et qu'elle *porte*. Elle entend correspondre aux réalités qu'elle exprime, elle se veut véridique. L'exigence de vérité est sa texture, le sol ferme sur lequel se construit l'estime de soi, les relations humaines et la réalité. L'homme de parole fait autorité, au sens noble du terme. Il suscite l'accord des esprits sans le recours à la violence ou à la séduction : « *La promesse est une dette, un homme sans paroles ne vaut rien*[1]. » La formule : *la promesse n'engage que celui l'écoute,* suggère implicitement le contraire. L'orateur promet, mais ce sont les auditeurs qui s'engagent. L'orateur peut ainsi dire tout et n'importe quoi : Sarkozy annonçant la fin des paradis fiscaux, Hollande proférant des menaces contre le monde de la finance, Macron promettant la disparition des SDF. Le bon sens ne s'y trompe pas lorsqu'il évoque la possibilité de *parler pour ne rien dire.* Quand l'homme politique rejette la responsabilité de ses promesses (c'est-à-dire, de ses paroles) sur les auditeurs, il témoigne, implicitement, de son irresponsabilité et de son cynisme. Ce faisant, il vide le langage de sa substance.

Cet affaissement du discours politique s'aperçoit dans la façon d'utiliser le *récit*. Le récit manifeste sa puissance lorsqu'il est capable de donner, comme en surcroît, une identité à soi ou au groupe : on parle à juste titre de récit fondateur, d'identité narrative[2]. Le récit est devenu un discours fabriqué de toute pièce pour vendre un programme et un présidentiable : le story-stelling. Il met en scène des situations larmoyantes ou héroïques pour susciter l'admiration ou la révolte et passe la réflexion par perte et profit. Le récit qui donne sens à l'histoire et ouvre un avenir commun devient une astuce qui cache le vide spirituel des hommes politiques.

Réduit à un simple outil, le langage perd son centre de gravité : l'exigence de vérité qui anime l'esprit. La distorsion entre ce qui est dit et la réalité se banalise. La notion de vérité est dépassée, un mot nouveau a fait son apparition pour exprimer ce glissement : *la post-vérité*. Il donne à cette évolution une légitimité qui occulte la violence

---

[1] Sani Elhadj Magori, Koukan Kourcia, Le cri de la tourterelle, France-Niger, 2010.
[2] Paul Ricoeur, *Soi-même comme un autre*, Editions du Seuil, 1990.

symbolique qu'elle recèle. Le discours politique est devenu une gesticulation verbeuse, proportionnelle à la maîtrise des techniques communicationnelles qu'il met en œuvre. Gesticulation dans laquelle la vérité, l'euphémisme et le mensonge s'entremêlent dans la confusion.

Ce vide spirituel se perçoit paradoxalement dans ce qui semble le nier : un trop-plein qui déborde pour l'occulter, le flux continu d'informations qui nous sollicite sans interruption. La parole du présentateur sur l'écran de télévision ne suffit plus, des bandeaux d'informations défilent au-dessous ou derrière lui. Et le Smartphone se permet en continu de rappeler toutes nouvelles informations à son propriétaire. Assurer un bruit de fond en continu pour donner l'illusion d'être entouré et informé. La quantité pour occulter la qualité. Le terrorisme apporte son flot de sang et de sidération dans ce flux pour bétonner ce vide dont il est l'enfant révulsé[1].

Dans cette profusion, le contenu de l'information se dissout dans un flux incessant de *news*. La nouvelle efface l'ancienne, aussi vite qu'elle a surgi. Cette modalité de l'information donne au citoyen l'illusion d'être *à jour* comme un surfeur porté par les vagues. L'esprit, toujours sollicité, n'a plus à se demander ce qui tient ou ne tient pas. Il n'y a plus de *temps vacant*, ce temps vide qui permet de laisser travailler en soi-même une parole ou une information, de mûrir une intuition, de prendre conscience d'un malaise et d'advenir à soi.

Le langage de la publicité n'est pas un système de signes (les mots) qui donnent à penser, il devient une accumulation de signaux qui cherchent à provoquer une réaction. Sans autre horizon que celui-là. Il n'invite pas à la réflexion, mais met en scène la jouissance qui dispose la pulsion au passage à l'acte : la consommation et son accomplissement dans l'addiction. Capté par le flux d'images et d'informations, l'esprit ne peut faire retour sur soi : ce que l'on appelle *la réflexion*. Le citoyen se transforme en consommateur.

Cette logique se manifeste dans l'éducation. Au rythme des réformes qui se succèdent dans tous les quinquennats, l'école est soumise à la

[1] Alain Bertho, *Les enfants du chaos*, Editions La Découverte, Paris, 2016.

logique de l'entreprise, à l'impératif de l'évaluation et de la compétition sur fond de compétence qui taylorise la pédagogie. L'éducation ne vise plus la transmission d'une culture humaniste qui dispose l'esprit à la prise de distance et à la compréhension des événements par l'appropriation d'autres horizons de sens. L'horizon n'est plus l'ouverture d'esprit et l'érudition, mais l'adaptation aux aléas du marché. Le langage s'y technicise, les sigles se multiplient ; il perd sa profondeur symbolique.

Le langage de la violence ou la déchirure de l'esprit

Depuis Socrate, nous savons que l'alternative à la violence est la parole. Cette fonction du langage est institutionnalisée dans les tribunaux. Lorsque le conflit déchire les relations humaines, le dialogue est repris de manière codifiée par les avocats qui parlent au nom de leur client, et le juge qui prend la parole pour dire la loi. Mais le discours peut aussi devenir violence quand il distord son rapport à la réalité. En témoigne son usage par le pervers qui arrive à détruire sa victime avec comme arme principale la parole. Et quand il n'y a plus les mots, il y a les poings ou… la dépression lorsque la violence ne trouve pas d'autre exutoire que soi-même. Quand ce n'est pas le suicide.

La plus banale de cette distorsion est l'euphémisme qui devient le genre littéraire privilégiée du monde politique. Une violence qui se cache derrière les formules verbeuses aux reflets humanistes. Roland Barthes[1] analysait le discours politique développé à propos de la guerre d'Algérie : « *C'est un langage qui fonctionne essentiellement comme un code, c'est-à-dire que les mots y ont un rapport nul ou contraire à leur contenu.* » Les linguistes nous ont appris que le langage humain se structurait d'une double articulation. Il joue avec les sons pour inventer des mots (les signifiants), et avec le sens dont ils sont porteurs (le signifié). La *langue de bois* distord ce lien entre le mot et le sens. Le mot n'est plus un signe qui donne à penser par le sens dont il est porteur, il opère comme un signal qui induit une attitude, comme le cri implique une réaction. Cette violence psychique, ou symbolique comme l'on veut, lisse l'impensable.

---

[1] Roland Barthes, *Mythologies*, Editions du Seuil, Paris, 1957.

Michel de Certeau[1], anthropologue et historien, utilisait l'expression : *le langage de la violence* à propos de la guerre du Vietnam : « *quand les bombardiers B-52 pilonnent le Nord-Vietnam, il devient dérisoire de parler de la violence. Les déclarations sur la paix, la justice, la liberté ou l'égalité sont muées en un langage de la dérision par les pouvoirs qui les multiplient en multipliant la violence. Comment répéter après eux ces mots vidés de contenu ? Les discours de la bonne conscience ramassent ces déchets laissés par le pouvoir, et ils les font passer pour des vérités. En fait, hypocrite phraséologie, l'ostentation des grands principes ne se cache même plus son impuissance. Cette dérisoire "noblesse" prétend seulement préserver un décor de "valeurs". Elle ne nous intéresse plus.* » L'auteur continue son analyse : « *Le fait qui s'impose avant tout examen des faits, c'est que la violence est marquée au fer rouge sur ce "langage malade" (Austin), objectivement servile, utilisé — quoi qu'il dise — par le système qu'il récuse, et pris, emporté, "refait" par les réseaux commerciaux dont le fonctionnement socio-économique est plus lourd de sens que tous les contenus idéologiques. Un texte est transformé en marchandise et en symptôme du système qui le transporte et le vend (...) Ce discours fonctionne comme une manifestation de la violence, si l'on entend par là une distorsion croissante entre ce qu'il dit et ce qu'une société en fait. Il devient lui-même un langage de la violence.* »

Ce phénomène s'applique aujourd'hui au discours néolibéral. On ne licencie pas, on met en place des plans sociaux. La formule *les plans de sauvegarde de l'emploi* qui désigne toujours des suppressions d'emplois atteint un *comble d'inversion sémantique*. Pour Agnès Vandevelde-Rougale[2], socioanthropologue : « *Aux violences du monde du travail s'ajoute une autre violence qui entrave l'expression du sens, la communication des émotions, l'expression de la souffrance (...) une violence qui rend le vécu des salariés inexprimable et inaudible.* »

L'injonction contradictoire inscrite au cœur de la culture capitaliste nourrit ici les germes d'une violence inaperçue et prolifique qui déchire l'esprit et dispose à la folie. Le montant des dividendes versés en 2016 à leurs actionnaires par les 1200 entreprises, les plus grandes

---

[1] Michel de Certeau, Le langage de la violence, *Le monde diplomatique*, janvier 1973.
[2] Agnès Vandevelde-Rougale, *La novlangue managériale*, Editions Eres, 2017.

entreprises de la planète, s'élevait à 1000 milliards de dollars[1]. Et les émeutes de la faim provoquées par la spéculation financière explosaient en Inde, en Afrique et en Amérique du Sud. Les actionnaires des grandes entreprises françaises faisaient la fête : en 2016, ils se sont partagés pour 54,3 milliards de dollars de dividendes, soit un bond de 11,8 % par rapport à ce qu'ils avaient empoché en 2015. A la même époque, le Président Hollande augmentait de 20 euros le SMIC : un cadeau d'un sandwich par semaine offert royalement aux salariés pauvres.

Les appels aux valeurs de la République et de la démocratie sont porteurs d'une distorsion monstrueuse entre ce qui est proclamé avec force et ce qui est fait, discours d'autant plus prolifique qu'il occulte ce qui est bafoué. Ce langage n'est pas simplement porteur de violence, il est une violence en lui-même, une violence qui déchire l'esprit comme un coup de poing brise les os. Ultime perversion : le langage qui doit éviter la violence se fait lui-même violence. Dans ce contexte, la proclamation des valeurs de la République et des Droits de l'homme mine le contrat social en ses fondements parce qu'elle justifie implicitement l'injustifiable. Ce discours ne rassemble plus, il jette les germes au mieux de l'indifférence, au pire de la haine. Le tissu social se désagrège : « *Contre l'aliénation du langage, la "parole" du moi n'est que nostalgie d'un enracinement spatio-temporel, exhibition de traits identificatoires, défense frileuse de privilèges, refuge dans la vie privée, clôture des frontières culturelles et religieuses, en vue de fortes fraternités où chaque moi puisse trouver un miroir qui le reflète*[2]. »

L'espace

L'esprit du capitalisme affecte progressivement toutes les dimensions de l'existence humaine. Un effet domino dans le système qu'est la culture. Perversion de la Loi du symbolique, effondrement du langage et du tissu social, mais aussi marchandisation de l'espace et du temps.

---

[1] Enquête annuelle réalisée par Henderson Global Investors (HGI), un important gestionnaire de fonds britannique. Globalement, c'est *business as usual* par rapport à 2015, puisque cette somme n'a augmenté que de 0,1%.

[2] Philippe Julien, *Le Manteau de Noé*, Editions Desclée de Brouwer.

Ces dimensions essentielles qui assurent le maintien de notre humanité sont dénaturées, et deviennent source d'une violence originelle impensée.

Nous répondons spontanément à la question — *qui suis-je* ? – par trois réponses : je suis d'ici (lieu de naissance), de telle époque (date de naissance) et de telle famille (la filiation). L'espace, le temps et la société sont les médiations élaborées au fil des millénaires pour étayer la fragile condition humaine. Comme le langage politique, le temps et l'espace font l'objet d'une instrumentalisation qui génère des profits colossaux et des forteresses économiques plus puissantes que les Etats. Arrivée au stade de la mondialisation libérale, cette dynamique fait de l'humanité une clientèle captive.

L'espace prend le visage de la terre. Pour les Amérindiens, ce n'est pas l'homme qui possède un bout de terre, c'est le peuple qui appartient à la terre[1]. L'espace prend sous nos yeux la forme du sol qui assure nos pas, du paysage qui s'offre au regard, de la terre qui nourrit les hommes, des frontières qui distinguent les peuples. Cette terre où nos morts reposent, ces frontières érigées par les conflits anciens, ce sol dans lequel s'enfouissent les fondations de nos maisons, cette terre qui recèle les ressources naturelles. Extraordinaire richesse symbolique et matérielle de l'espace.

La paysannerie a su tirer de la terre la nourriture de l'humanité, même si des famines ponctuèrent son histoire. La révolution industrielle du 19e siècle bouleversa profondément l'agriculture avec la mécanisation, bouleversement qui se renouvelle depuis la deuxième guerre mondiale avec les intrants et les manipulations génétiques. Mais derrière cette modernisation, nos élites politiques n'ont pas pris au sérieux l'importance de la souveraineté alimentaire comme élément fondamental du bien commun. Ils l'ont abandonné à la quête du profit qui ne peut laisser une telle manne à l'écart de son emprise. La paysannerie disparaît au fil de quatre décennies à partir de 1960[2]. Quelques grandes firmes agroalimentaires, avec l'aide des Etats, ont volontairement et obstinément détruit ce tissu humain et économique ;

[1] "The Earth does not belong to us, we belong to the Earth ", Cheef Joseph.
[2] Henri Mendras, *La fin des paysans,* A. Colin, Paris, 1970.

dans les pays occidentaux, mais aussi dans les autres régions du globe[1].

Si les régimes communistes ont réduit la population paysanne par la famine pour mettre tous leurs efforts dans l'industrie, les pays capitalistes ont détruit la paysannerie pour les profits colossaux de l'industrie agroalimentaire. La France, dans le cadre des directives européennes, a réduit le nombre d'exploitations agricoles de 2 millions de paysans à moins de 200 000. Les normes européennes conduisirent les petites fermes à la faillite et favorisèrent l'agrandissement tentaculaire de quelques fermes entreprises quand elles ne sont pas achetées par des multinationales. Cette modernisation qui devait nous éloigner de la famine a pour conséquence la crise structurelle d'une agriculture devenue totalement dépendante des intrants chimiques (produits phytosanitaires, engrais), du pétrole (mécanisation, transport, chimie), de la grande distribution, des subventions des Etats et des aléas du marché. On est passé d'une agriculture globalement autonome et locale à une agriculture sous perfusion financière et chimique aux ramifications planétaires. Quand il ne devient pas un entrepreneur (un exploitant agricole), le paysan se transforme en ouvrier condamné à un travail aliénant dans des structures démesurées (ferme des 1000 vaches), les autres sont condamnés à aller grossir les rands des chômeurs en ville. Une agriculture qui produit un aliment maîtrisé de bout en bout, de la graine à sa transformation, en passant par son transport et sa commercialisation, imposant au passage un formatage toujours plus artificiel et contraignant de la nourriture comme du travail. L'aliment perd sa richesse nutritive, s'alourdit de pesticides et de désherbants toujours plus efficaces, apporte la pollution, l'appauvrissement des sols et des nappes phréatiques, engendre des problèmes sanitaires (allergie, cancer, obésité) et la désertification des campagnes. Le paysan est contraint de devenir un ouvrier exploité, en concurrence avec l'immigré sous-payé, un empoisonneur de la terre et de l'homme.

Cette logique industrielle engendre un mal-être qui se mesure aux taux de suicide. En France, l'Institut national de veille sanitaire[2] (INVS) a

[1] José Bové, *L'alimentation en otage*, avec Gilles Luneau, 2015, Editions Autrement.
[2] Enquête : « Agriculteurs français : du mal-être au suicide »

mené une étude pour la prévention du suicide dans le monde agricole à la demande du ministère de l'Agriculture en mars 2011. Un agriculteur se suicide tous les deux jours. Près de cinq cents suicides d'agriculteurs ont été enregistrés sur trois années : 2007, 2008 et 2009. Selon l'institut, *« la surmortalité par suicide a été de 28 % en 2008 et de 22 % en 2009.* » C'est la troisième cause de mort dans le monde agricole, après les cancers et les maladies cardiovasculaires.

Cette politique agricole s'étend dans les pays de l'Est, nouveaux convertis au néolibéralisme. En Roumanie comme en Pologne, le soutien de l'Europe aux grandes exploitations a renforcé l'accaparement des terres qui avait commencé dès la chute du régime communiste, fin 1989. L'Union soviétique laissait en héritage d'immenses exploitations bâties à partir des anciennes coopératives de production[1]. Le prix de la terre était bas et les aides européennes étaient d'autant plus grandes que les exploitations étaient étendues. Tous ces facteurs favorisèrent l'appropriation des terres par quelques grands groupes agroalimentaires. Les oligarques recevaient des dizaines de millions d'euros, tandis que les cinq millions sept cent mille petits paysans étaient privés d'aides à cause de la bureaucratie et d'un seuil de surface minimum trop élevé pour la plupart d'entre eux. 51 % des subventions sont touchées par 1 % des agriculteurs en Roumanie[2].

En Inde, entre 60 % et 75 % de la population indienne qui compte plus d'un milliard d'habitants, vit de l'agriculture, elle représente un quart du Produit intérieur brut. A partir du milieu des années 80, le pays ouvrit totalement son marché en contrepartie de l'aide du Fonds Monétaire International. Une révolution économique s'en suivit, qui en fit un terrain d'expérimentation en matière agricole. Les paysans furent livrés aux promesses des vendeurs de semences OGM : les rendements devaient être exceptionnels, les insectes et parasites disparaître. Mais les semenciers avaient juste oublié de préciser que les plants transgéniques n'étaient pas résistants aux maladies locales et qu'il fallait donc épandre des tonnes de pesticides en plus. Les variétés

---

http://Editions Editions.lemonde.fr/société/article/2011/01/25,

[1] http://monde.diplomatique.fr/2014/02/souchon/(50109).

[2] Marius Garrigue & Clio Randimbivololona, La politique agricole commune rebat les cartes à l'Est, *Le Monde diplomatique*, février 2014.

en question buvaient deux fois plus d'eau et dégradaient les sols à grande vitesse. Du coup, les sécheresses ont été amplifiées et les rendements réduits. Les semences miracles étant dix fois plus chères, les faillites s'accumulèrent et des vagues de suicides sans précédent se développèrent. Les chiffres officiels font état de 1000 suicides mensuels... depuis plus de quinze ans[1]. 150 000 d'entre eux se seraient donné la mort entre 1993 et 2012.

Une crise sérieuse vouerait l'humanité à la famine

Cette logique transforme l'humanité en clientèle captive de 4 grandes firmes agroalimentaires, laissant présager, avec un peu de bon sens, une crise alimentaire majeure à moyen terme. Si durant la Deuxième Guerre mondiale, la plupart des citadins avaient de la famille à la campagne et y trouvaient une aide alimentaire, ce tissu social a disparu. Une crise sérieuse vouerait l'humanité à la famine. Les émeutes récentes de la faim dans de nombreux pays sont une préfiguration de ce que l'avenir risque fort de nous apporter. Extraordinaire société de consommation dont la profusion sur les étals des magasins des pays occidentaux n'a d'égal que la médiocrité et la dangerosité des aliments, l'extrême fragilité de la production et du transport et la faim dans les pays pauvres. L'histoire de la paysannerie révèle la considération que le capitalisme accorde aux populations modestes, qu'elles soient paysannes ou ouvrières.

Le temps

> *« Le passé n'éclairant plus l'avenir, l'esprit marche dans les ténèbres. »*
>
> Tocqueville

Le temps perd sa dimension existentielle

Un des triomphes les plus discrets et des plus dangereux du capitalisme est sa maîtrise du temps. L'expression *le temps c'est de*

[1] http://Editions.arte.tv/sites/robin/2012/02/27/inde-les-semences-du-suicide/

l'argent, dans sa signification naïve, fait sourire et cache ainsi son caractère fondamentalement pathogène. Le temps perd sa dimension existentielle, il n'est plus l'espace du déploiement de l'être, celui de la conscience qui a besoin du temps pour advenir à elle-même, celui du corps qui a besoin de repos et de rythme pour se régénérer, celui de la psyché qui a besoin de détente et de sommeil pour retrouver son dynamisme, celui de la vie sociale qui a besoin des rites pour que se tissent les relations, celui de la nature avec les cycles qui assurent l'équilibre du vivant. Les déréglementations horaires du travail et du marché en sont l'expression la plus évidente.

Le système néolibéral fonctionne sur l'accélération du temps[1]. Tout faire, tout dire, toujours plus vite. Informer vite, oublier vite, renouveler vite. Supprimer *les temps morts*, les gestes inutiles. Accélérer l'activité, l'information, les rythmes. Saturer de sollicitations les loisirs, captiver sans cesse l'esprit. Passer outre les rythmes trop lents des cycles naturels, de la croissance des plantes et des animaux, du rythme des saisons... Même le sommeil devient un temps perdu qu'il faut, coûte que coûte, réduire pour le livrer autant que possible à la loi du profit[2].

La conscience du temps à travers le déploiement du passé, du présent et de l'avenir s'effrite. Le présent est vécu comme une succession ininterrompue de sollicitations, la conscience de sa continuité s'y perd. Le passé est déclassé au nom d'une efficacité immédiate et d'un progrès continu. Les anciens n'ont plus une sagesse à apporter, ils viennent grossir la classe sociale des inutiles. N'ayant plus de mémoire, l'esprit peine à se projeter dans un avenir devenu incertain. La possibilité de s'enrichir toujours plus et la nécessité de travailler toujours plus pour survivre interdisent de penser à long terme.

Cette dynamique est particulièrement visible dans l'activité sociale qu'est le travail. Parce qu'il produit la richesse, il a toute l'attention du capitalisme. Il doit être optimisé, coûte que coûte et jusqu'au bout.

---

[1] Marie-José Mondain, *Confiscation, Des mots, des images et du temps*, Editions Les liens qui libèrent, 2017.

[2] Jonathan Crary, 24/7, *Le capitalisme à l'assaut du sommeil*, Editions La Découverte, Paris, 2014.

L'objectif est simple : gain de productivité permanent. Plus de travail, moins de temps, de salariés, et de salaire. Les rythmes du jour et de la nuit, de l'activité et du repos ainsi que celui des fêtes s'effacent lentement. Travail du dimanche, ouverture 7 jours sur 7, 24 h sur 24. Flexibilisation des horaires et multiplication des compétences pour la performance ultime : l'excellence. Ce langage envahit depuis 30 ans le vocabulaire des nouveaux managers, et définit une nouvelle manière de conduire les hommes : le *lean-management*. Cette gestion du travail vise à supprimer tous les temps morts, tous les gestes inutiles (lean terme anglais signifiant la maigreur). Le langage et l'imaginaire de l'armée et des sports extrêmes[1] nourrissent les propos des DRH pour imager leurs analyses et motiver leurs troupes.

Dans l'usine Peugeot de Poissy[2], cette logique a pris le nom de *pacte de compétitivité*. Un accord négocié contre une promesse d'embauche qui ne s'était pas encore concrétisée à la date du reportage. La *flexibilité* des horaires s'accompagne d'une intensification du travail mesuré et rentabilisé à la minute près, sur les chaînes de montage.

L'équipe du matin travaille de 7 h 30 à 12 h 51. L'équipe du soir : de 12 h 51 à 20 h 12. Deux arrêts, le matin de 13 min à 7 h 58 et 8 min à 10 h 55 : trop brefs pour prendre un repas. Interdiction de s'asseoir durant les 7 h. Le temps de chaque opération est compté à la seconde près : temps de prendre une visseuse, de prendre l'écrou, de le serrer, de poser la visseuse. Sur une des chaînes, les visseuses électriques ont fait leur apparition. Ces outils plus rapides, plus souples, ne brutalisent pas les poignets. Leur usage a réduit le temps de vissage de quelques secondes : un gain de temps d'une minute sur la chaîne. Cette minute gagnée correspond à un poste sur l'ensemble des chaînes. Ce gain de temps a été réparti sur l'ensemble des autres postes, une chaîne de production fut supprimée, mais la production ne fut pas réduite. L'ouvrier qui gagnait un petit peu de temps grâce à un vissage plus facile se retrouve avec du travail en plus et du temps en moins. Les postes sont devenus plus difficiles à tenir. Après un temps de crise, les salariés se sont habitués à travailler sans le moindre répit. Travail à

---

[1] Programme du 34ème Congrès HR, 11-12 octobre 2017, Pré Catelan, Paris 16e.
[2] France Culture, *Les pieds sur terre*, mardi 27 septembre 2016.

flux tendu qui craint la moindre anicroche. Un écrou qui se présente mal ou une durite difficile à fixer, et l'ouvrier déborde la limite de temps imparti : il *coule*.

L'enjeu du débat sur le travail du dimanche, les heures supplémentaires et la flexibilité des horaires dépassent largement les questions d'emploi du temps et de salaire. Le travail du dimanche détruit le rythme hebdomadaire, les heures supplémentaires et le travail de nuit détruisent le rythme du jour et de la nuit. La taylorisation fut pensée comme une rationalisation du travail à la chaîne : elle soumettait le travail au rythme mécanique de la machine[1]. Ce n'est plus les rythmes du corps et de la psyché qui animent le travail, mais la cadence artificielle de la machine. L'évolution technique avec l'informatique et l'Internet donne à la taylorisation un élargissement considérable de son champ d'application par le biais des évaluations et de la surveillance qu'elle facilite. Le rythme des évaluations impose aux diverses formes du travail (physique, intellectuel et relationnel) un temps toujours plus serré et un chemin toujours plus balisé. Le bénéfice est double pour le patron : le salarié est poussé à accomplir de façon toujours plus efficace les tâches et les fonctions qu'on lui impose. Dans le même temps, il est mis en concurrence avec les performances du collègue. La disponibilité d'esprit nécessaire à la mise en perspective sur la longue durée des préoccupations ou des projets collectifs n'est plus pensable. Cette logique n'est pas propre à l'étape actuelle du capitalisme, elle est au cœur de sa dynamique. Dans *Le Capital* Marx expliquait la plus-value en faisant référence au temps. Le coût du travail se mesure à la richesse nécessaire pour assurer la nourriture et la santé du travailleur : c'est le salaire. Ce coût n'a pas besoin de 8 h de travail par jour. Les heures travaillées en plus constituent un surplus de

---

[1] « Tandis que les outils d'artisanat à toutes les phases du processus de l'œuvre restent les serviteurs de la main, les machines exigent que le travailleur les serve et qu'il adapte le rythme *naturel* de son corps à leur mouvement mécanique. Cela ne veut pas dire que les hommes en tant que tels s'adaptent ou s'asservissent à *leurs* machines, mais cela signifie bien que pendant toute la durée du travail à leur machine, le processus mécanique remplace le rythme du corps humain. L'outil le plus raffiné reste au service de la main qu'il ne peut ni guider ni remplacer. La machine la plus primitive guide le travail corporel et éventuellement le remplace tout à fait ».
Hannah Arendt, *Condition de l'homme moderne*, Paris, Editions Calmann-Lévy, 1961 (réimpr. 1994 Paris).

richesse qui forme la plus-value dont la prédation et l'accumulation constituent le profit. Marx considérait cette richesse comme un vol de temps.

Compétences, évaluations, performances sont la nouvelle trinité du management contemporain. Les compétences se prêtent mal à des définitions précises, mais ont une caractéristique commune : elles font l'objet de mesures qui rendent possibles des évaluations leur donnant un vernis d'objectivité et de scientificité... et donc de vérité. Elles aboutissent à des mesures qui permettent des comparaisons et objectivent des performances. Performances qui deviennent des normes. Normes à la lumière desquelles seront jugés les travailleurs. Le contenu du travail s'efface derrière des chiffres et des courbes. L'activité du salarié avec son expérience, sa fatigue, ses récits, son savoir-faire disparaît derrière des formules mathématiques : *il faut faire du chiffre* ! Le travail n'est plus une activité humaine dans laquelle le travailleur se reconnaît grâce à l'œuvre accomplie, mais une capacité à s'adapter indéfiniment aux aléas du marché. La gestion du travail ne fait plus référence aux êtres humains, elle est tout entière déterminée par une réalité extérieure et abstraite dont le pouvoir ne peut être discuté : le Marché. On ne parle plus de métier, mais d'employabilité. La notion récente de *culture d'entreprise* signifie que le salarié doit aussi adhérer à l'esprit de l'entreprise. Ce n'est pas seulement son activité qui doit se plier aux contraintes de l'entreprise, mais son esprit qui doit en épouser l'âme.

Le travail perd son fondement existentiel pour devenir une succession de réactions à des impératifs extérieurs. Il est alors tentant de chercher les moyens de répondre aux évaluations au détriment du travail effectif. L'esprit du temps suscite et conforte ainsi les imposteurs qui jouent sur la mise en scène des évaluations pour marginaliser les collègues et assurer leur promotion au détriment du travail bien fait. *« L'imposteur est aujourd'hui dans nos sociétés comme un poisson dans l'eau : faire prévaloir la forme sur le fond, valoriser les moyens plutôt que les fins, se fier à l'apparence et à la réputation plutôt qu'au travail et à la probité, préférer l'audience au mérite, opter pour le pragmatisme avantageux plutôt que pour le courage de la vérité, choisir l'opportunisme de l'opinion plutôt que tenir bon sur les valeurs, pratiquer l'art de l'illusion plutôt que s'émanciper par la pensée critique, s'abandonner aux fausses sécurités des procédures plutôt que se risquer à l'amour et à la création. Voilà le milieu où prospère l'imposture ! Notre société de la norme, même travestie sous un hédonisme de masse et fardée de publicité tapageuse, fabrique des imposteurs. L'imposteur est un authentique martyr de notre environnement social, maître de l'opinion, éponge vivante des valeurs de son temps, fétichiste des modes et des formes*[1]. »

Cette logique gagne les Services publics. Le nouveau management mis en œuvre dans ces institutions n'hésite pas à faire appel au meilleur des sciences humaines pour soumettre les salariés à cette nouvelle politique. Dans le monde hospitalier, et plus particulièrement le secteur des soins palliatifs, Kübler-Ross[2] étudia le cheminement des patients en phase terminale dans les centres de soins. Elle remarquait que l'itinéraire des patients présentait 5 étapes possibles : le déni, la colère, le marchandage, la dépression et l'acceptation. Cette analyse est utilisée pour gérer les crises que provoque le nouveau management, tout en mettant de côté les véritables questions que sont les conditions et le sens du travail. Dans la police, à la Poste, dans les Télécoms, dans la Santé, les suicides au travail témoignent des conséquences de cette nouvelle gestion. Le travail, par le rythme et le non-sens qu'il impose, devient une maladie mortelle. Les découvertes de Kübler-Ross ne disposent plus à l'accompagnement des patients, mais deviennent un outil de domination.

Le langage managérial envahit l'école et cherche à rythmer le travail des enseignants comme des élèves. Dans le cadre d'un programme global, l'enseignant avait la liberté d'aménager son parcours en s'adaptant à sa classe et aux événements qui marquaient le déroulement de l'année scolaire. La relation pédagogique se nourrissait de la singularité du professeur et de la personnalité de la classe. La liberté de l'enseignant était au fondement de la relation pédagogique. Avec la réforme du collège qui atteint le lycée, enseignants et élèves doivent se soumettre au rythme des évaluations qui réduisent la relation pédagogique à un ensemble d'épreuves

---

[1] Roland Gori, *La fabrique des imposteurs*, Editions Les Liens qui Libèrent, 2013.

[2] Elisabeth Kübler-Ross, *Les Derniers Instants de la vie* (On Death and Dying, 1969), Editions Labor et Fides, 1975.

calibrées et séquencées à l'avance. L'érudition qui nourrit l'esprit critique doit laisser place à l'acquisition de compétences dans l'horizon d'une employabilité maximale. Le temps de l'école s'éloigne du temps vécu pour prendre un rythme mécanique et identique pour tous. La vie scolaire tend à être de plus en plus une marche *à pas cadencés*. L'enfant et l'adolescent sont sans cesse mis devant l'impératif catégorique : *tu dois travailler pour réussir*. L'école n'est plus cet espace à l'écart du travail et des besoins quotidiens : ce que l'antiquité grecque appelait la *skolé*. Elle devient une course-poursuite sans fin pour un avenir devenu plus que jamais incertain. Chez un grand nombre d'élèves, cette logique mine le désir d'apprendre et suscite une distance silencieuse, ou une agressivité rentrée quand elle ne passe pas à la violence.

Cette gestion du temps dans toutes les sphères de l'activité humaine induit une nouvelle manière d'être. L'exemple le plus trivial est le repas comme le suggère le mot *fast food*. Dans l'entreprise et dans la famille, sous des formes diverses, le repas a perdu son cadre temporel et social. Il fut un rituel épousant le temps biologique et relationnel, porteur d'une identité culturelle à travers des traditions culinaires. Le temps du partage de la nourriture et de la parole autour de gestes familiers, de saveurs et de savoir-faire. Ce rituel s'est effrité au rythme des plats tout prêts, des envies de chacun, des sollicitations de la télévision et des horaires fluctuants du travail. Le rassemblement autour d'une table laisse place au plateau individualisé chargé de plats préparés, devant la télé à n'importe quelle heure. De moins en moins de temps pour échanger sur la vie quotidienne que chacun mène de son côté. La santé n'y a pas gagné grand-chose comme en témoignent les conseils diffusés par des instances officielles : prendre 30 secondes entre chaque bouchée pour accéder à la sensation de satiété et éviter l'obésité. Conseil qui laisse rêveur quant au degré d'aliénation qui est atteint dans l'acte de se nourrir.

Le temps vacant est devenu impensable

Cette aliénation est tellement intériorisée que le *temps vacant* est devenu impensable. Il n'est plus vécu comme un espace disponible et nécessaire à la respiration, à la vie de l'esprit, à la créativité et à la vie sociale, ou au rythme de la vie biologique. Il devient source d'angoisse qu'il faut fuir : *un temps mort*, qui fait peur… comme la mort. Cette expression n'a de sens que sur l'horizon d'un temps productif que nous avons intériorisé. Le loisir lui-même doit être *rempli.* Il est devenu un marché où se bouscule une profusion d'invitations, d'animations, de divertissements, d'efforts. Le coureur à pied, bardé de techniques, mesure sa vitesse et son rythme cardiaque pour aller plus loin et plus vite. Le chômeur, privé d'emploi, doit témoigner sur son CV du dynamisme qui l'anime. Vie privée et vie professionnelle se vivent en termes de projets, de motivations, de justifications et de communications qui dominent notre culture normative[1]. Le divertissement pascalien n'est plus un fait qui donne à penser la condition humaine, il devient une arme pour de se soumettre les individus.

Le sommeil : une perte de temps

Le sommeil est devenu soit une source de profit soit une perte de temps qu'il faut réduire. Pris dans les filets d'activités et de sollicitations continues, il est, pour le plus grand nombre de nos contemporains, devenu difficile et demande l'appui d'un produit chimique dont le marché fait le bonheur des groupes pharmaceutiques. Et paradoxalement, des études sont faites pour réduire le temps de sommeil afin de rester plus longtemps productif et efficace. Ces dernières années aux USA, le département de la Défense a alloué d'importantes sommes d'argent à l'étude d'un oiseau migrateur capable de rester éveillé jusqu'à sept jours d'affilée en période migratoire : le bruant à gorge blanche[2]. L'étude de l'activité cérébrale de ces volatiles permettrait d'obtenir des connaissances transférables aux êtres humains. Ce projet révèle le désir de rendre des gens capables de se passer de sommeil pour rester productifs et efficaces. Des scientifiques développent des techniques de l'insomnie en faisant appel à des substances neurochimiques, la thérapie génétique et la stimulation magnétique. Ainsi formatés, des combattants resteraient opérationnels sans dormir pendant 7 jours. La recherche se fait toujours plus subtile : il ne s'agit plus de stimuler l'éveil, mais de

---

[1] Alain Ehrenberg, *Le Culte de la performance*, Editions Paris, Calmann-Lévy, 1991.

[2] Jonathan Crary, *24/7, Le capitalisme à l'assaut du sommeil*, Editions La Découverte, Paris, 2014, p. 11.

réduire le besoin corporel de sommeil. Des marchés actifs 24 h sur 24 et 7 jours sur 7, des infrastructures globales permettant de travailler et de consommer en continu sont déjà en place. Aujourd'hui c'est le sujet humain lui-même qu'il faut faire coïncider de façon plus intensive avec l'impératif de la performance.

Le souvenir ne nous enferme pas nécessairement dans la nostalgie. Il donne un autre horizon de compréhension qui favorise la prise de conscience de ce qui est vécu dans le présent : *« Nous aimons la lueur d'une flamme dans la nuit : un feu de camp, un feu de cheminée, la lueur des bougies ou des chandelles. Et nous aimons les histoires, les récits, les contes, les légendes. Nous aimons les entendre, les lire, les vivre au théâtre ou au cinéma. Et nous aimons les raconter. Les enfants commencent à inventer et à raconter des histoires dès l'âge de 3 ou 4 ans et à être passionnés par les histoires qu'on leur raconte pour les endormir. »*

L'auteur poursuit sa réflexion : « *Mais, aujourd'hui, la lumière artificielle et l'informatique ont envahi nos nuits, partout dans le monde, et ont transformé les heures d'obscurité en heures de travail économiquement rentables, effaçant le temps passé à converser et à écouter ou à raconter des histoires et des récits. Alors, soudain, au moment où nous appuyons sur un interrupteur pour éteindre la lumière, le jour s'achève brutalement. Sans que nous ayons pris le temps de le revisiter, de l'explorer, de réfléchir et de tenter de réparer nos relations aux autres. Sans que nous ayons laissé les problèmes de la journée s'atténuer, puis disparaître, avec les braises d'un feu qui s'éteint lentement, dans la nuit*[1]. »

Un temps qui ne passe pas

Les choses, transformées en marchandise, se liguent pour chanter la même partition. Annie Ernaux évoque l'avènement de cette nouvelle manière d'être : « *Nous étions débordés par le temps des choses. Un équilibre tenu longtemps entre leur attente et leur apparition, entre la*

---

[1] Polly Wiessner, professeur d'Anthropologie à l'Université de l'Utah aux Etats-Unis. In *Sur les épaules de Darwin, retrouver l'aube*, Jean Claude Ameisen, Editions Les liens qui libèrent, 2014, p. 34.

privation et l'obtention, était rompu. La nouveauté ne suscitait plus de diatribe ni d'enthousiasme, elle ne hantait plus l'imaginaire. C'était le cadre normal de la vie. Le concept même de nouveau disparaîtrait peut-être, comme déjà presque celui de progrès, nous y étions condamnés. Le temps des choses nous aspirait et nous obligeait à vivre sans arrêt avec deux mois d'avance (...) Les gens accouraient aux ouvertures exceptionnelles du dimanche, des soirs jusqu'à onze heures, le premier jour des soldes constituait un événement couvert par les médias (...) Faire des affaires, profiter des promotions était un principe indiscuté, une obligation. » Les choses ne vieillissent pas, elles disparaissent et s'effacent ainsi les traces du passage du temps, donnant l'illusion de ne pas vieillir. On trouve ainsi confusément dans le renouvellement incessant des objets la preuve d'un temps qui ne passe pas, la preuve d'une jeunesse éternelle. « *Et nous, contempteurs sourcilleux de la société de consommation, on cédait au désir d'une paire de bottes qui, comme jadis la première paire de lunettes solaires, plus tard une minijupe, des "pattes d'eph", donnait l'illusion brève d'un être neuf. Plus que la possession, c'était cela, cette sensation que les gens poursuivaient dans les gondoles de Zara et de H&M et que leur procurait immédiatement, sans effort, l'acquisition des choses : un supplément d'être. Et on ne vieillissait pas. Rien des choses autour de nous ne durait assez pour accéder au vieillissement, elles étaient remplacées, réhabilitées à toute allure. La mémoire n'avait pas le temps de les associer à des moments de l'existence*[1]. »

Ce nouveau statut du temps ouvre la porte à un panel de pathologies.

– Pris dans le filet de sollicitations continues, le sujet passe d'une activité à une autre, d'une parole à une autre, d'une information à une autre : être en mouvement comme le flux des sollicitations et, ainsi, saturer le vide intérieur. L'hyperactivité, avant d'être une nouvelle maladie de l'enfance, est le mime par l'enfant du comportement des adultes, la concrétion d'une manière d'être. Le sujet peine à se retrouver face à lui-même. Il devient pour lui-même un étranger et l'angoisse s'insinue dans les replis de sa subjectivité. Mal-être qui suscite la fuite dans des comportements addictifs et obsessionnels : les

[1] Annie Ernaux, *Les années*, Editions Gallimard, 2008, p. 206-207.

dépendances au travail, aux drogues, aux jeux, au sexe[1]. Le sujet se sent exister dans le mouvement incessant du corps et de l'esprit. Comme les images et les informations qui défilent sur les écrans.

– La contrepartie d'un tel déploiement d'énergie est l'épuisement psychique : la dépression. Alain Ehrenberg, dans *La fatigue d'être soi*[2], montre comment la montée en puissance des valeurs de la concurrence économique et de la compétition sportive a façonné un individu-trajectoire à la conquête de son identité personnelle et de sa réussite sociale. Sommé de se dépasser dans une aventure entrepreneuriale de lui-même. La dépression se présente alors comme une pathologie du temps (le déprimé est sans avenir), et une pathologie de la motivation (le déprimé est sans énergie, son mouvement est ralenti, et sa parole lente). Un épuisement psychique, une exténuation du désir. Le déprimé est la victime inconsciente des normes distillées par l'esprit du temps présent. Les pathologies d'un tel climat se multiplient et se durcissent au fil des décennies : le burn-out et le suicide au travail. L'émission télévisée *la mécanique du burn-out*[3] a trouvé la formule juste : *une mécanique*. Le capitalisme devient la matrice des existences individuelles.

– La maladie d'Alzheimer achève ce parcours du combattant. L'absurdité de ce mode de vie relègue dans les oubliettes les personnes âgées qui viennent grossir le nombre des inutiles et des exclus. L'expérience humaine et professionnelle qui donnait à l'ancien sa dignité et son utilité sociale est dévalorisée : son *coefficient d'employabilité* tend vers 0. L'ancien n'a plus de pertinence sociale, il ne lui reste plus qu'à se réfugier au fond du canapé, et à se gaver de télévision et de médicaments. L'insignifiance d'une telle vie se manifeste dans la maladie d'Alzheimer. L'esprit ainsi bafoué s'efface pour régresser sur un mode végétatif voué aux réactions primaires.

---

[1] Marc Valleur, Jean-Claude Matysiak, *Les pathologies de l'excès*, Editions JC Lattès, 2006.

[2] Alain Ehrenberg, *La fatigue d'être soi, Dépression et société*, Editions Odile Jacob, 1998, p. 11 et 294.

[3] France 5, le 14/2/2018.

Les riches qui ont de l'argent ont du temps

La formule *le temps, c'est de l'argent* suggère que le manque de temps n'est pas l'apanage de toutes les classes sociales. Monique Pinçon-Charlot, Michel Pinçon et Etienne Lécroart[1] analysent l'inégalité face au temps. Les riches qui ont de l'argent ont un patrimoine qui dure, rien de ce qui fait la vie des pauvres ne demeure. Cette fracture s'est manifestée avec violence à l'occasion de l'installation d'un centre d'hébergement d'urgence dans le 16e arrondissement de Paris. Dans un quartier qui rassemble de *grandes familles* dont le patrimoine se transmet de génération en génération, vivant dans des demeures qui défient les siècles, il était impensable que les pauvres et les SDF s'installent à demeure. Dès son installation le centre fut frappé de précarité : il devait quitter les lieux au bout de trois ans, les hébergés ne pouvaient rester plus de six mois. Le miséreux est contraint de vivre dans l'immédiateté alors que l'opulent est installé dans l'éternité.

L'existence des petites gens est vouée à la précarité. Les aléas et les exigences du marché handicapent l'élaboration d'une histoire personnelle et collective. Le passé est confus et l'avenir est impensable, le présent s'émiette en succession d'instants qui défilent sans révéler une cohérence d'ensemble qui donnerait corps à une histoire. Cette précarité se perçoit dans le travail, mais aussi dans l'habitat, la santé, les relations, l'éducation, les biens matériels. Cette dimension est tellement prégnante qu'elle forme une nouvelle classe sociale : le précariat, les nouveaux prolétaires. Pour les pauvres et les démunis, les niches de la précarité s'encastrent les unes dans les autres, ils ne font que passer sans laisser de trace. Précarité de l'emploi, difficulté de signer un bail, impossibilité de faire un prêt bancaire, restriction de l'accès aux soins.

De la pauvreté à la misère

La pauvreté est l'état de quelqu'un qui a peu de biens matériels, mais une insertion sociale, une mémoire, des rituels. Il bénéficie d'une

[1] Monique Pinçon-Charlot, Michel Pinçon, Etienne Lécroart, *Panique dans 16e*, Editions La vie brûle, 2017, p. 39.

culture, sait faire la fête au sein d'une communauté. La misère désigne l'état de celui qui n'a pas l'accès régulier aux biens vitaux et à la richesse d'une tradition. Les paysans étaient souvent pauvres, mais riches d'une culture populaire (religion, art culinaire, métier, habitude vestimentaire, fête...). La culture marchande jette cette population dans la précarité des emplois, la nourriture toute faite, l'habitat cage à lapin et la télévision. Le nombre de précaire grandissant, les bidonvilles se développent à nouveau. L'une appelle l'autre dans un cercle vicieux qui fait passer de la pauvreté à la misère[1]. Pour les riches en revanche, les patrimoines se transmettent, les niches de confort s'accumulent, se perpétuent au fil des générations pour constituer une mémoire collective d'autant plus forte qu'elle s'organise dans la confrérie des grandes familles.

En réduisant le langage, l'espace et le temps à de simples moyens, le capitalisme ébranle les fondements de l'existence humaine, tant individuelle que sociale. Il engendre des mécanismes de défense qui deviennent pathologiques. L'espace se rigidifie autour de frontières infranchissables, le temps se structure en une histoire et un avenir sans faille, l'esprit se durcit en des croyances exclusives. Le corps social se déchire en des partis politiques extrêmes.

Quand le langage est miné par l'absurde, la société perd sa cohésion, quand l'avenir n'a plus d'alternative historique se profile un futur délirant : l'apocalypse. *L'Esprit de Dieu* vient à la rescousse de l'esprit en faillite.

---

[1] Alain Bihr, *Le Système des inégalités*, Paris, Editions La Découverte, 2008, avec Roland Pfefferkorn.

VI) De la radicalité

« La radicalité est l'état de ce qui est radical, de ce qui est extrême. On parle par exemple de la radicalité d'une pensée lorsque celle-ci ne tolère aucune exception[1]. »

Dictionnaire

[1] linternautefr/dictionnaire

La radicalité revêt deux sens qui s'éclairent mutuellement. Selon l'étymologie, le terme renvoie à la racine d'une chose. Chez l'être humain, ce n'est pas tant le besoin que la pulsion qui anime le comportement. Le besoin se déleste des limites corporelles pour entrer dans l'infini de l'imaginaire. Il devient une pulsion qui réduit toute chose à un objet de jouissance. Dans la vie quotidienne, elle se laisse pressentir derrière l'aveuglement de la passion qui ne cherche rien d'autre qu'elle-même : deuxième sens de la radicalité. L'appât du gain, ou la pulsion d'accaparement, ne supporte aucune limite : *quand il y a des millions, il n'y a pas de morale.*

C'est à ce niveau anthropologique que se situe la source essentielle de la violence de notre ère culturelle. Cette violence engendre des contestations religieuses (les sectes) et politiques qui fusionnent dans le terrorisme religieux d'aujourd'hui. Sur les ruines de toute alternative politique, l'eschatologie religieuse surgit comme le seul avenir possible. Comprendre ce cheminement suppose que l'on soit capable de s'interroger sur les méfaits de l'ère du profit et de se mettre à l'écoute de la révolte qui gronde.

Le temps de la réflexion

> *« L'intelligence est une prière adressée au réel. »*
>
> Tobie Nathan

En effet, sans tenter d'élargir notre réflexion à la complexité du réel… nous risquons d'être des aveugles conduisant des aveugles. Le terrorisme s'inscrit dans l'environnement présent, passé et futur. Environnement qui est le nôtre. Il fait système dans une ère culturelle.

Dans l'ordre de la nature, l'esprit explique les phénomènes naturels en cherchant des causes, et des causes mesurables. Démarche des sciences de la nature. Dans le domaine de l'histoire, les causes naturelles ne suffisent pas à rendre compte des événements. Le sens que l'on donne aux choses inspire et justifie les comportements : l'idéologie, la religion, la philosophie, la politique, les traditions, les affects qui les sous-tendent... Si bien que l'historien, le sociologue, le psychologue et l'anthropologue, ne peuvent pas ne pas étudier les représentations du monde, les visions du passé et de l'avenir, les valeurs qui animent les projets, les événements et les interprétations des événements, les sentiments qui les portent. Il s'agit de prendre en compte la dimension symbolique, proprement humaine, de l'histoire. C'est-à-dire : *tenter de comprendre*. Autant de choses qui échappent à la mesure et à l'explication. Il nous faut donc interroger les raisons du terrorisme en même temps que nos propres analyses.

Comprendre : le travail de l'esprit qui s'interroge sur la complexité des événements et sur lui-même, conscient du caractère insaisissable du réel et des limites de la raison. Cette démarche est constitutive de la modernité et de l'humanisme : *ose te servir de ta raison* ! disait Kant. Sans cette exigence, nous risquons de sombrer dans l'obscurantisme que nous condamnons chez l'autre. Comprendre prend du temps, et demande de l'intelligence, à l'écart des jugements à l'emporte-pièce, des caricatures et des réactions passionnelles. Or, face à l'horreur des attentats, ce détour est souvent perçu comme une perte de temps, une justification si ce n'est une faiblesse. Mais *comprendre* n'est pas *justifier*. *Saisir les raisons* d'un acte n'est pas *donner raison* à cet acte. On peut saisir les raisons d'un acte tout en le condamnant. Cette distinction est bien connue du juge attentif à l'esprit de la Loi. Par contre, *donner raison* revient à *justifier*. Si le meurtre relève d'un traitement judiciaire sans compromis, l'intelligence que l'on met au service de la compréhension des faits s'inscrit dans une réparation possible pour les victimes et l'espérance d'une vie meilleure.

Face à l'horreur des attentats, la répression est nécessaire, mais elle ne peut suffire, et ne peut dispenser de chercher les raisons profondes qui en sont l'origine. L'homme politique est tenté de camper dans l'attitude de l'homme fort et responsable pour répondre à l'émotion populaire. Cette posture répond davantage à une stratégie électorale qu'à une réalité complexe et mouvante, d'autant plus qu'elle s'ajoute à une crise sociale, économique et écologique. Ce qui distingue la force de la violence est précisément la raison qui canalise et donne sens à son utilisation. Ne pas affronter seulement le terrorisme de face, mais aussi de profil, pour le mettre en perspective.

La profusion des sectes, le développement des courants religieux fondamentalistes dans les religions traditionnelles et les mouvements politiques extrémistes sont les symptômes d'une crise profonde inhérente à l'histoire du capitalisme. Le terrorisme religieux de ce 21e siècle commençant est au confluent des crises du religieux et du politique engendrées par la radicalité du capitalisme.

Crise du politique

Le politique est une activité éminemment noble : l'art de vivre ensemble. Il répond à un besoin vital : l'homme ne peut assurer seul son existence. D'une manière ou d'une autre, il est intégré dans une société. Dans une démocratie, le politique *fait société* par la délibération pour élaborer un *Bien commun* et un *programme* pour le réaliser. Il engage des visions diverses de la société qui distinguent les partis : le pluralisme est l'essence de la démocratie. Le paysage politique actuel connaît un bouleversement qui, pour être d'actualité, n'a rien de nouveau : l'effondrement des partis de gouvernement, le surgissement de *nouveaux partis* par-delà les distinctions traditionnelles. Ce bouleversement s'inscrit dans l'histoire du capitalisme dans laquelle se précise et se confirme l'esprit qui l'anime en deçà de ses justifications.

La France, comme beaucoup d'autres pays, témoigne de cette évolution. La vision néolibérale du monde a gagné progressivement *les partis de gouvernements* qui devinrent sourds aux attentes de la population. Les grèves de 2003 contre la réforme des retraites, le non au Référendum sur l'Europe en 2005 malgré la publicité massive pour le oui, les grèves contre la Loi travail de 2016, celles qui se multiplient avec la politique du gouvernement Macron, le mouvement des gilets jaunes, mais aussi le scandale des paradis fiscaux, la fracture sociale… sont les dernières étapes qui rythment l'écart qui se creusent entre *les représentants du peuple* et le peuple. Au fil des décennies, les promesses de changement se succèdent et l'austérité se répand. La classe populaire confrontée à une lente et angoissante dégradation de ses conditions de vie ne se reconnaît plus dans ceux qui la représentent. L'intérêt pour le politique se mue en toutes sortes de sentiments et de réactions : ressentiment, amertume, mépris, colère, révolte, indifférence, rejet, haine.

Pourtant, il n'y a pas si longtemps, les pays européens et la France en particulier élaborèrent un contrat social qui assura pour le plus grand nombre des conditions de vie décentes. Les pays européens sortaient de la guerre et mettaient en place des régimes politiques qui permirent la reconstruction des infrastructures, l'élévation du niveau de vie, la baisse des inégalités sociales. La paix entre les peuples européens fut assurée par les politiques issues de la Résistance, inspirées de la Déclaration de Philadelphie qui proclamait que la misère, fruit de l'injustice, était le ferment des guerres. Un contrat social fondé sur l'humanisme prenait corps.

Mais dès le milieu des années 1970, le néolibéralisme mina ce contrat social sans s'y opposer clairement. Les fondements humanistes furent discrètement abandonnés au profit d'une logique capitaliste : le consensus de Washington. L'Europe sociale devenait l'Europe néolibérale sans que les peuples puissent délibérer. Cette évolution se nourrissait des horreurs du stalinisme et ne rencontrait plus d'obstacle avec l'effondrement du mur de Berlin. Cet événement fut aussi l'effondrement symbolique de toute option autre que le capitalisme. Les gouvernements socialistes épousaient la pensée néolibérale. N'ayant pas d'autres visions de la société à proposer, la gauche et la droite furent à court d'arguments et lancèrent dans la bataille politique leur ultime et unique argument que l'on entend encore aujourd'hui : « *vous n'avez pas compris ! Nous avons manqué de pédagogie* ». Subtil sophisme qui sème la confusion en laissant dans l'ombre les véritables enjeux politiques. Les orateurs y font preuve de modestie — ils avouent leur manque de pédagogie -, mais c'est bien le peuple qui est fautif ; il ne comprend rien ! Conclusion, il continuera à subir ce dont il ne veut pas, *il n'y a pas d'alternative*. Au-delà de la diversité des partis, une même dynamique structurelle est à l'œuvre, celle de l'obstination forcenée à administrer le néolibéralisme à des populations qui n'en veulent pas, et des caps que fait immanquablement franchir cette obstination.

La difficulté à vivre au quotidien, la précarité et la misère grandissantes, la peur du chômage, la souffrance au travail, l'impossibilité de se projeter dans l'avenir, la désertification des campagnes, les crises écologiques, la violence implicite des discours politiques… engendrent une angoisse diffuse avec des conséquences que l'on voit : la montée de l'extrême droite et de l'extrême gauche. Ce phénomène met en jeu des processus anthropologiques qui rendent compte des soubresauts actuels. L'approche de l'ethnopsychiatrie donne des éléments d'analyse à la hauteur du problème[1]. Elle considère la culture comme un ensemble de défenses psychologiques qui permettent aux individus et aux groupes de s'assurer équilibre et pérennité. Il en va de la vie sociale comme de la psyché des individus. En situation de crises, les processus qui les animent se durcissent et deviennent visibles, pour ne pas dire pathologiques.

La montée de l'extrême droite

Le mécanisme du bouc émissaire. Au malaise ambiant, les victimes cherchent une cause. Ce processus permet de se donner une explication qui apaise et qui rassemble. Une cause facilement reconnaissable par des traits bien visibles : habillement, langue, couleur, comportement, mœurs. Les traits dérangeants de l'étranger, du chômeur, du SDF, du migrant, de l'allocataire. En un mot : elles pointent du doigt *le plus pauvre que soi* qui est *proche de soi*. Proche géographiquement et mentalement. Dans cette proximité existentielle, *le plus pauvre* se perçoit comme le miroir exacerbé de sa propre fragilité. Il incarne la précarité que l'on pressent confusément possible pour *soi-même*. En le rejetant, c'est le risque de sa propre paupérisation que l'on conjure. L'étranger misérable incarne l'étrangeté angoissante d'un dénuement possible pour soi.

Les plus pauvres, ainsi stigmatisés, focalisent les esprits et deviennent le point de ralliement d'une population malmenée : tous contre eux. Une explication simple dans la confusion générale. Les *partis de gouvernements* savent jouer avec ces processus. Ils pointent du doigt l'autre qui prend lieu et place des valeurs qui donnent corps à un

---

[1] Georges Devereux, *Essais d'ethnopsychiatrie générale*, Paris, Editions Gallimard, 1970.
Freud, Malaise dans la civilisation, (1930) in Le Malaise dans la Culture, Editions Puf, 2004.

monde commun. Et ce n'est pas nécessairement celui qui vient de loin. Il est si facile de valoriser ceux qui se lèvent tôt contre la fainéantise des chômeurs pour éviter d'expliquer les causes structurelles du chômage. Il est si facile de dénoncer le chômeur, l'immigré et le fonctionnaire qui vident les caisses de l'Etat alors que l'évasion fiscale et la spéculation financière creusent chaque année un déficit de plusieurs centaines de milliards d'euros. Le miséreux est plus facile à identifier et à rejeter qu'un actionnaire ou un milliardaire qui ne fréquente pas les quartiers populaires et que le pouvoir de l'argent protège. Le miséreux fait peur, l'actionnaire fait rêver. L'évasion fiscale et la prédation financière ne font pas partie de l'horizon immédiat.

Ce processus apporte maintes gratifications. La simplicité des arguments rassure l'esprit en quête d'explication : enfin une éclaircie apaisante dans la confusion ambiante. De plus, désigner le responsable du mal, c'est proclamer sa virginité : *ce n'est pas moi* ! Crier haut et fort : *c'est de leur faute* est une manière de dire : *je ne suis pas fautif.* Quel plaisir de se positionner comme une victime innocente et légitime ! Et dans ce jugement, le plaisir d'exercer un petit pouvoir, celui de condamner. Et de crier ensemble offre le plaisir d'une communion. Une reconnaissance mutuelle au sein d'un groupe. Une solidarité inattendue et forte là où la vie sociale s'effrite.

L'homme fort. La dynamique sociale ainsi fragilisée ne s'arrête pas en si bon chemin. Elle prend corps dans un leader politique qui les représente, qui porte la colère dans le concert des discours politiques. L'homme fort incarne la posture protestataire de chacun et de tous. Discours vigoureux, explications simples, promesses faciles. Un discours qui affirme des solutions comme autant d'incantations rassurantes qui catalysent le mécontentement. On se rassemble et on accède à un plaisir plus intense que celui que donne la lucidité qui nourrit l'angoisse qu'il s'agit inconsciemment de refouler. Que cette figure ne soit pas un exemple de probité n'est pas un problème, mais une raison de plus qui justifie sa crédibilité. Il incarne par procuration la transgression d'un système que l'on exècre.

Un récit fédérateur. L'homme providentiel apporte un récit dans lequel tout un chacun peut se reconnaître. Une histoire claire et simple dont les événements et les grandes figures galvanisent : de Vercingétorix à Jeanne d'Arc... Une histoire visible comme les vitraux des cathédrales. A cette clarté du récit qui donne une identité séculaire s'ajoutent des frontières bien dessinées qu'il s'agit de défendre. Et des rituels faciles à partager : le béret, le saucisson et vin rouge. Une identité malmenée s'invente des fondements, des rituels, des limites qui paraissent évidents. Mais les renouveaux traditionnels sont des créations contemporaines qui témoignent de la disparition des traditions[1]. Une tradition vécue ne sait pas qu'elle est une tradition, elle est vécue simplement comme une évidence qui n'a pas besoin d'être défendue et justifiée. Le renouveau d'une tradition est une création dans laquelle des éléments historiques, symboliques et rituels sont choisis et mis en valeur dans une démarche défensive. Ils témoignent d'un autre équilibre qui n'est plus celui de la tradition, mais de la matrice culturelle contemporaine. Elle les engendre en instrumentalisant les structures de l'espace, du temps et de la vie sociale qui assuraient l'ancien équilibre. Les récits nationaux figent l'absurdité du réel en une fable rassurante.

Une Revendication identitaire. Dans cette logique qui poursuit son chemin, la revendication identitaire s'affirme. Le problème, entre autres, est qu'il fonctionne aussi chez l'autre. L'étranger que l'on pointe du doigt est aussi capable de s'affirmer par des détours inattendus. Le mot *nègre* fut pendant des siècles une insulte aux USA. Il désigne aujourd'hui une identité fièrement proclamée : *la négritude*. Le développement du port du voile et de la pratique du ramadan s'inscrit dans cette dynamique. La religion offre aux exclus, aux marginaux, aux personnes d'origine étrangère, des éléments simples et visibles pour affirmer une identité malmenée. Dans un contexte hostile et étranger, ils ont au moins ces convictions intérieures qui les structurent. Car il en va de l'identité culturelle comme de la santé. Nous prenons conscience de son existence lorsqu'elle vacille. Nous défendons notre identité lorsqu'elle est remise en cause, nous y engageons notre fierté, notre dignité. Elle devient une revendication lorsqu'elle est menacée. Ainsi les uns revendiquent le vin rouge et le saucisson, les autres le voile et l'interdit du porc. Les uns en appellent à Jeanne d'Arc, les autres au Prophète. Les uns et les autres sont tentés

---

[1] Babadzan, L'invention des traditions, et le nationalisme, *Journal de la Société des Océanistes*, 109, année 1999-2, p. 13-33.

par les mêmes dérives engendrées par une même culture dont ils sont les victimes. Dans cette logique, la notion de laïcité risque de n'être plus un principe intégrateur comme elle le fut en 1905 en France, elle devient un principe d'exclusion[1]. Les pratiques religieuses doivent disparaître des services publics, mais aussi des espaces publics. Etrange retournement qui dispose l'avenir à la violence. Elle ne délimite plus un espace public ouvert à la liberté de conscience, mais une frontière.

Ces processus sont le syndrome d'un corps social malade. Ils fonctionnent avec souplesse dans un contexte normal. Dans une crise exacerbée qui se prolonge, ils se durcissent : une forme de pathologie sociale que l'on retrouve dans les années 30 dans la montée des fascismes et avec les années 70 dans l'efflorescence des sectes.

L'aveuglement des partis de gouvernement donne à penser la faiblesse de l'Etat de Droit et nourrit l'aspiration à un *Etat fort*. Les partis d'extrême droite se développent, se structurent et se banalisent sur la scène politique. Ils imposent le cadre du débat politique, sommant les gouvernements de répondre aux questions qu'ils ont du mal à entendre. Cette logique n'est pas nouvelle et ne travaille pas seulement les partis extrémistes. En juillet 1933, à la Mutualité, Adrien Marquet, socialiste, appelait de ses vœux un socialisme autoritaire et nationaliste : *« Ah ! Si la grande force que représente le socialisme était capable d'apparaître, dans le désordre actuel, comme un îlot d'ordre et un pôle d'autorité, quelle influence serait la sienne, quelles possibilités d'actions véritables s'offriraient alors à lui ! La dominante, dans l'opinion publique, c'est la sensation du désordre et de l'incohérence. Ordre et autorité sont les bases nouvelles de l'action que nous devons entreprendre pour attirer à nous les masses populaires. »*

L'accomplissement de la politique néolibérale

Le mécontentement social est produit par les partis de gouvernement qui se sont rapprochés au point de se confondre dans la pratique essentiellement comptable d'une politique au service d'une minorité

---

[1] Alain Bertho, *Les enfants du chaos*, Editions La Découverte, Paris, 2016, p. 37.

argentée. Ce rapprochement témoigne de la montée en puissance du néolibéralisme, de son hégémonie actuelle. En France, lors des élections présidentielles de 2017, cette dynamique est particulièrement probante. Ayant séduit les esprits des partis de gauche comme de droite, le néolibéralisme peut se passer d'eux comme d'un vieux vêtement que l'on jette.

Les sociologues Michel Pinçon et Monique Pinçon Charlot soulignent ce phénomène à travers la place de la publicité dans les campagnes électorales : « *La publicité a investi le champ politique. Le candidat est un produit comme un autre : il est à vendre, la seule différence avec la marchandise étant que la monnaie qui a cours pour son achat est le bulletin de vote. La personne souriante des affiches des campagnes électorales promet de satisfaire l'ensemble des besoins par des innovations qui seront à même de changer la vie. Comme les premières machines à laver le linge, symbole de jours meilleurs*[1]. »

Ils soulignent ainsi le caractère matriciel du capitalisme : *« Les divergences politiques deviennent mineures lorsqu'il s'agit de défendre les intérêts majeurs du système capitaliste. Aussi, les politiques se vendent comme des savonnettes, leur "image" tenant lieu de ligne politique. Les Idées ne sont plus nécessaires puisque l'idéologie néolibérale règne à l'échelle de la quasi-totalité de la planète*[2]. » Le durcissement des mœurs invoqué par les uns et la liberté défendue par les autres s'inscrivent dans le même cadre culturel. Le libéralisme économique des uns favorise la liberté des mœurs qui accentuent la crise morale des autres. Partis réactionnaires et partis libéraux sont deux expressions d'un même paradigme.

Cette vague de fond s'incarne en la personne d'un financier qui travaillait et pour la droite et pour la gauche. Sa nouveauté cache les rides séculaires du libéralisme qui a pris le langage du management contemporain. Avec un discours débarrassé de l'usure poussiéreuse des partis et paré de la vertu éphémère des *éléments de langage*. Cette étape a déjà eu lieu dans les pays de cultures occidentales : Gérard

[1] M. Pinçon-Charlot, M. Pinçon, *La violence des riches*, Editions La Découverte, 2013, p. 149.
[2] Ibid., p. 150.

Schroeder en Allemagne, Tony Blair en Angleterre, Matéo Renzy en Italie, Justin Trudeau au Canada… A la suite de Reagan et Thatcher, ils radicalisent un programme libéral avec un vocabulaire managérial[1], entourés des patrons de *la société civile*. L'Etat devient une plate-forme, la nation est une startup, la société civile prend la place du peuple. Les biens et les institutions publiques sont des marchandises à vendre : aéroports, industries nationales, services publics.

Avec un peu de retard, la France entre dans la danse. L'OFCE[2] (Observatoire français des conjonctures économiques) a étudié l'effet de la réforme fiscale sur les inégalités, engagée par le gouvernement Macron. Les 10 % des ménages les plus riches capteront 46 % des gains fiscaux promis aux ménages. Les 1 % les plus riches, composés de 280 000 ménages, seront les mieux servis. Cette politique s'apparente à celle de Nicolas Sarkozy en 2010[3]. Ce *choc libéral* est comparable à ceux qu'ont connus les États-Unis et le Royaume-Uni dans les années 1980. Les présidents Trump et Macron partagent la même conception de la société et mènent une politique économique semblable qui privilégie les riches[4]. La politique se réduit à l'écume vaporeuse emportée par la vague de fond du néolibéralisme.

Fonctionnement systémique. Les partis politiques classiques trouvent, dans le danger de l'extrémisme qu'ils engendrent, les raisons de leurs succès électoraux. Face au danger, ils proclament l'urgence de faire barrage, de lever un front républicain, de soutenir les valeurs de la démocratie. Ce discours électoral s'affirme sur tous les tons, repris en chœur par les médias en passant sous silence l'injonction paradoxale qui s'y love : voter pour le salut de la République… c'est-à-dire : pour le libéralisme qui sape la République ! Le politique est engagé dans un cercle vicieux : l'extrême droite se nourrit de l'austérité engendrée par la mouvance néolibérale. Et les nouveaux partis libéraux se nourrissent de la peur engendrée par l'extrême droite. Ils se parent, au passage, des vertus de l'humanisme qu'ils contredisent par le démantèlement de l'Etat social. Nous avons affaire

---

[1] Agnès Vandevelde-Rougate, *La novlangue managériale,* Editions Eres, 2017.
[2] http://Editions.ofce.sciences-po.fr/evalpres.php
[3] Selon Xavier Timbaud, économiste à l'OFCE.
[4] Thomas Piketty, « Trump, Macron : même combat », Le *Monde,* 09.12.2017.

à un système dont les éléments s'appellent mutuellement[1]. Une dynamique qui s'autoalimente en passant sous silence les causes structurelles de ce chaos.

Le capitalisme se nourrit des crises qu'il engendre

En effet, la crise financière de 2008 ébranla l'économie mondiale, et répand aujourd'hui encore la misère. Mais elle ne provoqua pas une remise en cause du fonctionnement du monde de la finance. Le système bancaire en est sorti consolidé, bénéficiant de l'apport financier prélevé sur l'impôt. La crise enrichit les banques qui l'ont causée, et appauvrit les peuples qui la subissent. Un processus identique se développe dans l'économie réelle. Délocalisation, intensification du travail, restructuration, allongement du temps de travail, compression du personnel, développement technique : tout converge vers une réduction du travail et une augmentation structurelle du chômage. Nos hommes politiques en tirent raison pour réduire les salaires, culpabiliser les chômeurs, détruire les services publics, réduire le nombre des fonctionnaires, retarder le départ à la retraite. Autant de mesures contraires au partage du travail. Cette logique est particulièrement visible dans la zone euro : « *Par leurs choix politiques, les gouvernements de la zone euro ont plongé des dizaines de millions de leurs citoyens dans les profondeurs d'une dépression comparable à celle des années 1930. C'est l'un des pires désastres économiques auto-infligés jamais observés*[2]. »

Un même cercle vicieux anime la politique, la finance et l'économie ; il se conforte de ses échecs. Il se présente comme un paradigme pervers à l'œuvre dans les diverses dimensions qui structurent la condition humaine. Le capitalisme fait des crises qu'il engendre des tremplins pour ses nouvelles expansions. Extraordinaire créativité qui se nourrit de ce qu'il détruit... Une expansion sans limites, comme un cancer.

---

[1] Frédéric Lordon, De la prise d'otages, *Les blogs du monde diplomatiques*, 3 mai 2017.

[2] Adam Tooze, *Crashed: How a Decade of financial Crises Changed the World.* Penguin Books, New York, 2018. Cité par Serge Halimi et Pierre Rimbert : Libéraux contre populistes, un clivage trompeur, *Le Monde diplomatique,* septembre 2018.

L'Etat autoritaire. Cette dynamique engendre de plus en plus clairement un Etat autoritaire qui marginalise, de fait, la démocratie.

L'ensemble des partis politiques partage la même vision libérale de la société, de l'extrême droite à la gauche de gouvernement. Ils ne peuvent faire autrement que de s'opposer à la crise sociale engendrée par l'austérité imposée. Avec l'augmentation du taux des électeurs abstentionnistes, les gouvernements ont une base électorale faible et fragile, et sont de plus en plus tentés par des décisions autoritaires. L'utilisation du 49-3 et les ordonnances se banalisent : procédures qui permettent de se passer du débat parlementaire. Le pouvoir exécutif prend le pas sur le pouvoir législatif. La lutte contre le terrorisme arrive à point nommé pour justifier et accentuer cette dérive, l'Etat d'urgence s'impose et se banalise. La simplicité des arguments, la pauvreté des analyses quand il y en a, la brutalité des solutions sont étrangement semblables d'un parti à un autre. Les partis de gouvernement et l'extrême droite partagent, chacun à leur manière, l'exercice d'un pouvoir autoritaire. Le slogan — ni de droite ni de gauche — du président Macron est pertinent : la Droite et la Gauche se sont dissoutes dans le néolibéralisme mis en œuvre dans les diverses politiques. Pour Ricœur, la démocratie se caractérise par l'existence d'un espace public de délibération : « *dans un tel Etat, le langage politique est essentiellement impliqué dans des activités de délibération publique qui se déploient dans un espace libre de discussion publique*[1]. » Le rythme des réformes, le passage par le 49.3 ou l'ordonnance, sapent les conditions d'une délibération conséquente.

Ainsi, les partis de gouvernement s'opposent à l'extrême droite tout en imposant, comme cette dernière, un pouvoir autoritaire. Les partis d'extrême droite s'opposent aux libéralismes tout en promouvant une économique libérale. Le 26 juillet 2014, en Roumanie, M. Orban développait son projet politique : « *Le nouvel Etat que nous construisons en Hongrie est un Etat illibéral : un Etat non libéral* ». Et son projet économique : « *construire une nation concurrentielle dans la grande compétition mondiale des décennies qui viennent.* » Les uns et les autres partagent un projet économique identique et une pratique

---

[1] Ricoeur, *Lectures 1*, autour du politique, Editions du Seuil, 1999.

autoritaire du politique. Ces politiques partageant la même matrice culturelle, il semble difficile de ne pas reconnaître la pertinence de Margareth Thatcher *: il n'y a pas d'alternative !*

En votant pour l'extrême droite, les électeurs participent, à leur insu, à cette politique qui les méprise[1]. Ils sont à la fois les victimes de la violence économique et deviennent acteurs de la violence sociale. Une violence qui se trompe de cause. Et il est difficile de sortir de cette logique, car il n'y a pas pire aliénation que celle que l'on revendique comme une libération. On le voit dans les sectes dans lesquelles des processus identiques opèrent dans le cadre religieux d'un groupe restreint[2].

Le capitalisme engendre immanquablement des régimes autoritaires

L'exerce autoritaire du pouvoir n'est pas l'apanage de l'extrême droite. A travers l'histoire des traités européens, l'autoritarisme semble bien être une caractéristique du néolibéralisme, par-delà ses déclarations humanistes et libérales : « *En1992, les Danois ont voté contre le traité de Maastricht : ils ont été obligés de retourner aux urnes. En 2001, les Irlandais ont voté contre le traité de Nice : ils ont été obligés de retourner aux urnes. En 2005, les Français et les Néerlandais ont voté contre le traité constitutionnel européen (TCE) : celui-ci leur a été imposé sous le nom de traité de Lisbonne. En 2008, les Irlandais ont voté contre le traité de Lisbonne, ils ont été obligés de revoter. En 2015, les Grecs ont voté à 61,3 % contre le plan d'amaigrissement de Bruxelles, qui leur a été quand même infligé*[3]. »

Cet autoritarisme s'est manifesté dans toute sa violence lors de la crise financière de 2008. La puissance des Etats fit tout pour sauver les banques : créations monétaires frénétiques, nationalisations, dédain des traités internationaux… opérations décrétées impossibles et impensables auparavant. Mais cette même puissance fut inflexible dans sa volonté pour réduire les dépenses sociales. Ce qui engendra

---

[1] Thoma Frank, *Pourquoi les pauvres votent à droite*, Editions Agones.
[2] Thierry Baffoy, Antoine Delestre, Jean-Paul Sauzet, *Les naufragés de l'Esprit*, Editions du Seuil, 1996, p. 291.
[3] Jack Dion, « Les marchés contre les peuples », *Marianne*, Paris, 1er juin 2018.

des dizaines de milliers de chômeurs, d'expropriés, de malades déversés dans des hôpitaux à court de médicaments, comme en Grèce.

Parallèlement, les manifestations de rue font l'objet d'une répression qui va en se durcissant. Depuis une dizaine d'années, les bavures policières se multiplient et se banalisent. L'affaire Benalla apparaît comme la pointe de l'iceberg de la violence institutionnelle et physique d'une dérive politique qui ne peut que se durcir face à une contestation engendrée par une austérité imposée envers et contre tout.

Cette dérive prend de multiples détours : « *Intimider systématiquement par la violence institutionnelle et par la violence physique : menace de la garde à vue dans des conditions dégradantes qui glaceraient les spectateurs d'un film sur quelque dictature d'autres latitudes, menace de la prison pour des faits inexistants : un étudiant de Paris 1 a pris de la prison — 4 mois avec sursis — pour avoir simplement été pris avec dans son sac un sweat à capuche, du sérum physiologique, un masque et des lunettes de piscine, c'est-à-dire le viatique minimal pour faire face aux agissements de la police. Menace de violence institutionnelle, donc, et menace de violence ouverte, expressément faite pour que les manifestants soient envahis du sentiment de mettre en jeu leur intégrité physique au moment où ils s'apprêtent à exercer leurs droits politiques fondamentaux. Ici, se pose une question lexicale presque insoluble à force de complexité : sous quelle catégorie, en "isme" par exemple, résumer les pratiques d'un pouvoir qui s'attache ainsi à méthodiquement terroriser ses citoyens ? (...) Pour la police elle-même, c'est parfois trop : un gardé à vue d'Arago témoigne ainsi que l'OPJ auquel il avait affaire restait interloqué des consignes venues d'en haut d'administrer pareils traitements à une poignée d'adolescents*[1]. »

Les forces de l'ordre françaises comptent parmi les plus armées d'Europe[2]. Depuis le début des années 2000, le nombre et le type d'armes dites non létales se sont massivement développés en France. Dans le même temps, on voit se multiplier des blessures d'un type et d'une gravité jusqu'alors inédite, notamment dans le cadre des

---

[1] Frédéric Lordon, Benalla et l'arc d'extrême droite, *Les blogs du dipo*, juillet 2018.
[2] http://Editions.acatfrance.fr/actualite/quelles-armes-pour-la-police--

manifestations. La liste des énucléations, amputations et autres blessures irréversibles ne cesse de s'allonger. En cause : les lanceurs de balle de défense (Flash-ball et LBD 40) et les grenades (GLI F4 et de désencerclement). L'Association des chrétiens pour l'abolition de la torture (ACAT) a recensé, depuis 2004, près de cinquante blessés graves et deux décès à la suite de l'usage de grenades, quarante pour le Flash-Ball ou lanceurs de balle de défense LBD. Ces victimes ont été touchées au visage : vingt-quatre personnes ont perdu un œil ou la vue.

Les politiques libérales sont d'autant plus violentes qu'elles se considèrent comme les seules garantes de la démocratie. L'hebdomadaire britannique The Economist, qui fait office de liaison des élites libérales mondiales, se scandalise, le 16 juin 2018, de la *détérioration alarmante de la démocratie depuis la crise financière de 2007-2008*. Il n'incrimine en priorité ni les inégalités de fortune abyssales, ni la destruction des emplois industriels par le libre-échange, ni le non-respect de la volonté des électeurs par les dirigeants démocrates… mais *les hommes forts qui sapent la démocratie*[1]. Le grand penseur de la fin de l'histoire, Fukuyama, se désole de cette évolution : *« la transition vers les démocraties libérales a été largement pilotée par une élite instruite, très pro-occidentale », mais les populations moins éduquées n'ont jamais été séduites par ce libéralisme*[2]*. »*

Cette politique opère comme une bombe à fragmentation : les tensions s'exacerbent, les conflits se multiplient, le monde commun se fissure. La démocratie prend le même chemin que les régimes communistes : elle s'achemine vers l'implosion intérieure, sous le poids du non-sens et des intérêts divergents. Dans cette confusion, le régime autoritaire dont est porteur le libéralisme se fait de plus en plus explicite et violent.

L'angoisse, générée par le chaos d'une société qui se fissure de toute part, creuse un appel d'air : celui de l'Ordre : *« Non, j'aime le chaos.*

---

[1] Cité par Pierre Rimbert et Serge Halimi : Libéraux contre populistes, un clivage trompeur, *Le Monde Diplomatique*, septembre 2018.
[2] Ibid. p. 23.

Car, en partant de lui, je peux construire un monde nouveau. L'ordre que je veux », proclamait Victor Orban[1].

Les politiques libérales et l'extrême droite partagent l'usage d'un pouvoir autoritaire et d'une économie capitaliste. Ils s'appellent l'un l'autre, ils appartiennent au même système. L'audace de penser une autre conception de la société ne fait plus partie d'une réflexion politique possible, elle relève de l'insoumission qui ligue contre elle l'ensemble des médias.

Crise du religieux : les fondamentalismes

Les religions sont des cultures, avons-nous dit. Elles ne peuvent être réduites à un ensemble de croyances et de rites plus ou moins archaïques. Elles assurent une fonction existentielle qui donne corps à des communautés. Dans le contexte actuel, elles sont travaillées par une même logique de durcissement.

La religion à l'assaut du capitalisme

Les crises qui rythment l'histoire du capitalisme ne sont pas seulement politiques, économiques et sociales. La rationalité marchande ébranle les soubassements des cultures qu'elle rencontre : elle détruit les conditions matérielles et symboliques de l'existence des populations modestes. L'espace, le temps et la société ne sont plus des conditions nécessaires à l'existence, mais sont d'une manière ou d'une autre réduits à des marchandises. Cette dégradation engendre une violence qui prend de multiples visages au fil des siècles : de l'esclavage au génocide, du pillage à l'expropriation, de la prolétarisation à la précarisation, de l'éclatement du tissu social à la destruction de l'écosystème. S'y ajoute une violence impensée, mais tout aussi destructrice : ces crises ouvrent l'espace d'un abîme innommable, celui du non-sens. « *Il est un lien secret, sacré, entre les hommes, son lieu et son histoire qui le fondent, lien que l'économiste non moins obstinément se refuse à considérer, puisqu'il le dérange*[2]. »

---

[1] Ibid. p. 23

[2] Colin Turnbull, *Les Iks*, Editions Terre humaine, Poche, Plon, 1987.

L'effondrement du sens de l'existence est vécu comme un vide angoissant qu'il faut absolument conjurer. Mais cette quête de sens fait d'une manière ou d'un autre retour… de manière pathologique lorsqu'elle se durcit en des croyances aveugles et parfois meurtrières et suicidaires. Une sorte de pathologie sociétale : la multiplication des sectes. Dans leurs délires, elles sont rarement prises pour ce qu'elles sont : des contestations maladroites de cet ébranlement existentiel. Mais de ce point de vue, elles prennent une dimension politique certaine qui se manifeste lorsque l'hégémonie culturelle de capitalisme atteint son apogée. Dans le terrorisme islamiste de ces dernières décennies.

Une économie de sujet désirant

L'historien et anthropologue Michel de Certeau perçoit la naissance de cette réaction dès les premiers bourgeons du capitalisme : « *du 13e au 17e siècle, une figure de l'histoire apparaît, puis se défait. Contre la professionnalisation des clercs s'élaborent des manières communes et conversationnelles d'accéder au sens. Face à la rationalité bourgeoise montante se dressent les modèles d'une folie. Dans un paysage de ruine créé par la détérioration d'un ordre traditionnel, des lieux se forment (retraites, monastères, petites églises) pour restaurer une communication spirituelle. Aux progrès d'un productivisme s'oppose une économie de sujet désirant… Des pratiques diverses se rassemblent en un champ que le 16e siècle nomme la mystique*[1]. »

Le désir de purification

Ce courant mystique prend de multiples visages au fil des siècles. Dans son sillage naissent des familles spirituelles qui traverseront les siècles : les franciscains, les dominicains, les jésuites… Le protestantisme s'inscrit dans ce courant, même si le capitalisme y puise son inspiration comme l'a montré Max Weber. Ces réveils religieux accompagnent l'histoire de l'Occident moderne et contemporain. Ils ne touchent pas seulement l'Occident, mais les anciennes colonies aux cultures déstructurées. *« Des périodes de changement accéléré, de transition, d'ébranlement culturel, de crise*

[1] M. de Certeau, *La fable mystique*, Editions Gallimard, 1982.

font invariablement partie du contexte dans lequel les mouvements de réveils font leur apparition. Tous supposeraient au préalable un malaise général et diffus provoqué par des conditionnements de ce genre... Au-delà des sanctions économiques, au-delà de l'évaporation des rêves d'émancipation politique et de réforme sociale, ce sont les assises existentielles qui se trouvent ébranlées. Cet écroulement découvre l'abîme du néant idéologique au creux duquel se mettent à germer la béance d'un substitut, le désir de purification, la volonté d'entamer, munie d'une carte blanche, une nouvelle phase de l'existence[1]. »

En de telles périodes où les liens sociaux se désagrègent alors que de nouvelles références ne sont pas encore assurées, les sujets se réapproprient les textes religieux dans une perspective défensive. Les théologies véhiculées par les grandes religions perdent leur souplesse et se durcissent en croyances plus ou moins délirantes qui confirment les analyses de Nietzsche sur la vérité : *« Premier principe : n'importe quelle explication vaut mieux que pas d'explication du tout. Comme au fond il ne s'agit que d'un désir de se débarrasser d'explications angoissantes, on ne se montre pas très exigeant sur les moyens de les chasser : la première idée par laquelle l'inconnu se révèle connu fait tant de bien qu'on la tient pour vraie. »* Se forme un espace transitionnel avec ses expériences subjectives fortes — conversions brutales -, ses groupes aux liens organiques et aux frontières bien dessinées, ses leaders au charisme infaillible, ses théologies et ses morales claires : le foisonnement des sectes.

La secte, une alternative existentielle

Dans le sillage de la culture capitaliste, la religion apparaît ainsi comme un lieu de résistance existentielle. La résistance de ceux qui trouvent ou retrouvent dans leurs traditions les éléments pour penser et agir autrement au sein d'un monde qui devient invivable. Une des manifestations les plus récentes de cette dynamique contestataire en Occident fut le Renouveau charismatique qui surgissait au sein du catholicisme des années 1970, d'abord aux USA puis en Europe. Dans

---

[1] Valeer Neckebrouck, Le peuple affligé, *Nouvelle revue de science missionnaire*, 1983, p. 476.

la mouvance de mai 68 en France, une partie de la jeunesse ressentait l'absurdité de la société de consommation qui se développait depuis le début des années 1960, elle ne pouvait se représenter un avenir possible dans ce nouveau contexte. Pour un certain nombre, ce refus fut si viscéral qu'il donna naissance à des projets de vie alternatifs et inattendus. Deux types de communautés virent le jour : d'inspiration soit politique, soit religieuse. Les communautés politiques ne durèrent pas, la drogue et la liberté sexuelle mirent à mal leur pérennité. Et des communautés religieuses hors des cadres traditionnels que furent les monastères et les couvents[1]. Ces expériences répondaient à un besoin de recréer un tissu social de proximité autour du Sens qui se révélait avec force dans la vocation de la communauté vécue comme appel de Dieu, cela même qui se délitait dans le monde. Elles se sont aujourd'hui intégrées dans le développement du fondamentalisme religieux qui touche toutes les religions. Certaines ont engagé un processus plus ou moins sectaire et ont disparu.

Ce renouveau religieux était travaillé par une contradiction inattendue. Il était une contestation de l'esprit du temps, mais il mettait en œuvre, inconsciemment, les caractéristiques de ce même esprit. Il témoignait, à son corps défendant, du caractère matriciel du capitalisme. Nous retrouverons cette contradiction, à la fin de ce chapitre, dans le terrorisme religieux d'aujourd'hui[2].

Ces groupes ne formaient ni partis politiques, ni syndicats, ni entreprises, mais une contre-culture qui se nourrissait des traditions religieuses (juives, catholiques, protestantes, orthodoxes) que chaque fondateur agençait à sa manière. Ces communautés reprenaient à leur compte des traditions piétistes, rituelles, hiérarchiques, heurtant l'évolution de l'Eglise catholique qui s'ouvrait à la modernité avec le concile Vatican 2. La Bible n'était plus un texte à interpréter au sein d'une tradition, mais au gré du désir de chacun et du groupe. S'y révélait la Parole de Dieu qui faisait ce qu'elle disait. L'histoire devenait ainsi une révélation de Dieu et de sa volonté. Une série d'événements providentiels, quand ils n'étaient pas présentés comme

---

[1] Danièle Hervieu-Léger, *Des communautés pour les temps difficiles : néo-ruraux ou nouveaux moines*, Paris, Editions Le Centurion, 1983.
[2] Supra., p. 246.

miraculeux, structurait le temps et donnait naissance à un calendrier. Un récit de fondation dévoilait la geste divine en faveur de la communauté et pour le salut du monde[1]. Ce récit jalonné de signes faisait sens et s'opposait à l'insignifiance de la vie quotidienne prise dans les filets de la consommation. Ce sens prenait une dimension apocalyptique à travers le nom que ces communautés se donnaient : les Béatitudes, le Chemin neuf, la Sainte-Croix, la Théophanie.

Le texte biblique n'était plus un langage à interpréter, mais un signe à recevoir. Le désir pliait le texte à ses propres attentes. Il attendait et trouvait dans la lettre du texte ce qu'il cherchait : une réponse décisive qui excluait toute interrogation et toute incertitude. Tobie Nathan est le témoin de tels itinéraires chez les jeunes radicalisés qui vont jusqu'au terrorisme : *« Je reste confondu par certaines paroles que m'ont adressées les jeunes gens radicalisés, me rappelant l'omniprésence de leur dieu dans le monde, m'avertissant de l'imminence de l'apocalypse, attirant mon attention sur les tromperies des faux dieux, du diable, des démons, sur la nocivité des idoles[2]. »*

Un avenir apocalyptique

Une autre manière de vivre l'espace, le temps et la société se cherchait. Le sens de l'existence exprimé dans la vocation de la communauté était un cri silencieux jeté à l'absurdité de l'esprit du temps : *« Nous entrons dans une grande révolution qui va briser tout ce qui a été construit depuis le Moyen Age. On dit que le Moyen Age était une époque d'obscurantisme, ce n'est pas vrai. C'est la Renaissance qui a mis en route la mort de Dieu, la raison a tout envahi. Partout on a construit des systèmes, en théologie, et l'on en est arrivé au point que Dieu ne peut même plus intervenir tellement nous les avons fermés. Après la mort de Dieu vient la mort de l'homme. Nous sommes arrivés au bout du rouleau de notre*

---

[1] Ephraïm, *Les blés sont blancs*, Editions Fayard, 1987.
P. Paingault, *Fioretti du Pain de Vie*, Editions Fayard, 1986.B.
B. Peyrous et Hervé-Marie Catta, *Le feu et l'espérance*, Editions l'Emmanuel, Paris, 1995.
[2] Tobie Nathan, *Les âmes errantes*, Editions L'iconoclaste, Paris, 2017, p. 240.

destruction. Dieu intervient là où l'on ne s'y attendait pas[1]» proclame un de ses leaders.

La pauvreté matérielle s'opposait à la poursuite des biens de ce monde, le don de soi à l'égoïsme, la modestie à la valorisation de soi, la soumission à la liberté individuelle, la communauté à l'individualisme. Les rites, les habits, l'organisation de la journée donnaient une identité claire et sans concession alors que les habits religieux traditionnels s'effaçaient de l'horizon quotidien, les religieuses abandonnant le voile. Les groupes s'organisaient, se rencontraient, se développaient, essaimaient et créaient des réseaux. Des lieux sacrés organisaient l'espace : lieu de fondation, de miracles. Des jeunes de 18-30 ans devenaient des Anciens, c'est-à-dire, des fondateurs qui donnaient des leçons avec autorité. Ils étaient les dépositaires de la vocation de la communauté.

S'y manifestait une radicalisation des processus anthropologiques à l'œuvre dans toute culture. Durcissement de la frontière entre la communauté et le monde, radicalisation du sens de l'histoire et de l'identité du groupe à travers un récit décisif qui relatait immanquablement l'avant et l'après-conversion. Définition claire et nette de ce qui est bien et ce qui est mal. Durcissement des processus d'identification[2] des individus au leader, de la fonction matricielle du groupe[3]. Cette radicalisation était l'envers impensé de l'extension du capitalisme qui se développait avec les débuts du néolibéralisme, 20 ans avant la disparition de son ennemi traditionnel : la galaxie communiste. Ayant traversé cette expérience, j'analysais ces processus de radicalisation : *le syndrome de la radicalité*[4].

---

[1] Ephraïm, *Déjà les blés sont blancs*, Editions Le Serment/Fayard, 1987, p. 17.
[2] Sigmund Freud, *Métapsychologie*, Paris, Editions Gallimard, coll. Folio, 1985.
[3] Didier Anzieu, *Le Groupe et l'Inconscient*, Paris, Editions Bordas, 1975, p. 6 et 146.
[4] Jean-Paul Sauzet, *Les naufragés de l'Esprit*, p. 291-326. Editions du Seuil, Paris, 1996.

Et paradoxalement, ce renouveau religieux partageait de nombreuses valeurs de la culture capitaliste qu'il contestait. Lorsqu'elles n'ont pas disparu ou ne se sont pas réduites à des groupuscules, ces communautés se sont développées, ont essaimé à travers le monde, sont devenues des multinationales du religieux qui étendent leurs fondations sur les différents continents. Les donations immobilières et financières dont elles bénéficiaient, les héritages des membres de la communauté qui s'accumulaient, une vie matérielle spartiate, le travail vécu comme une vocation : autant d'éléments qui assuraient leur enrichissement. Les nouvelles règles de vie et les nouveaux rites épousaient l'itinéraire du fondateur faisant dire aux sociologues que ce renouveau était une figure de l'individualisme moderne[1]. L'importance d'une spiritualité de l'émotionnel s'inscrivait dans le développement du New-Age[2], et des médias contemporains : conversions brutales, pleurs, guérisons, glossolalie.

Ces communautés devinrent de grandes institutions dont le fonctionnement rappelle étrangement celui des grands groupes économiques de ce monde. La radicalité de la conversion devait s'exprimer dans un travail intense : une abnégation que l'on retrouve dans le nouveau management qui demande un engagement de tout l'être à ses salariés. La volonté de Dieu qui menait la communauté via le charisme du berger (le fondateur) fonctionnait comme la volonté des marchés qui s'impose aux peuples. Le pouvoir, le confort de vie, la liberté des fondateurs n'étaient pas sans rappeler ceux des patrons. Les disciples contestataires furent diabolisés, rejetés et se retrouvèrent au chômage comme beaucoup de nos contemporains. Ces groupes ont connu des problèmes avec le fisc, avec la pédophilie ou le droit de cuissage ici ou là, ce qui n'est pas sans rappeler l'actualité. Au fil des années la frontière entre le monde et la communauté se faisait de plus en plus poreuse. Ces communautés voulaient sortir du monde, et se révélaient être de ce monde.

---

[1] Martine Cohen, Le Renouveau charismatique en France, figures de l'individualisme moderne, *Esprit*, n°45, 1946.

[2] Jean-Paul Sauzet, *Le Renouveau Charismatique, des catholiques du New Age*, Golias, Lyon, 1994.

Ce renouveau spirituel au sein de l'Église catholique fut un élément parmi d'autres dans l'efflorescence des sectes qui marquèrent les années 1980 et 1990, particulièrement dans les continents américain et africain avec le développement des églises pentecôtistes. Il s'inscrit dans un mouvement de fond : le fondamentalisme qui travaille toutes les religions depuis quatre décennies. Il propose le Sens, la Vérité, le Salut, face à ce qui est perçu comme un monde en perdition. Une réaction viscérale au seuil d'un abîme pressenti.

Le suicide collectif comme vocation

La multiplication des sectes est un fait social[1] qui est à la culture ce qu'est l'abcès au corps physique. La secte se présente comme une société complète dans laquelle les processus psychiques et sociaux à l'œuvre dans toute culture se durcissent. Durcissement qui opère comme une défense contre l'angoisse provoquée par la perception d'un monde qui n'a plus de sens. La radicalisation peut aller jusqu'aux suicides collectifs. Le temple solaire s'est fait connaître par des suicides collectifs en France, en Suisse et au Canada. Il fit 74 victimes en 1994, 1995 et 1997. Les sectes devenaient un problème de société qui interpellait les Etats. Il est difficile de ne pas faire un lien entre ces suicides et celui des terroristes islamistes aujourd'hui. Chez ces derniers, la contestation religieuse ne détourne pas les disciples de la dimension politique, elle les y engage corps et âme.

Cette analyse dévoile le caractère matriciel du capitalisme. Il engendre une contestation tout à la fois religieuse et politique à laquelle il transmet ses gènes, vouant ces projets alternatifs à la radicalisation et à l'échec. Le capitalisme serait l'horizon indépassable du monde d'aujourd'hui et de demain, contrairement à la prophétie de Sartre : *le marxisme est l'horizon indépassable de notre temps.*

[1] Un fait social total, disait Marcel Mauss. S'y entrecroisent toutes les dimensions d'une culture.

Le voile qui dévoile

Le fondamentalisme religieux est le symptôme de l'absurdité logé au cœur de notre culture. Il n'est pas vécu par les nouveaux convertis comme une aliénation, mais comme *le Salut*. Il travaille toutes les religions et provoque des pratiques inattendues dans le pays de la laïcité qu'est la France.

Le port du voile est spontanément perçu comme une pratique religieuse archaïque, symbole de la soumission de la femme et du machisme. Pourtant, il n'y a pas 50 ans, il n'était pas rare de voir dans les rues des religieuses voilées, appartenant à des congrégations religieuses, dans les hôpitaux et les écoles, sans que cela pose problème. Le port du voile est donc plus complexe qu'il n'y paraît, il pose question au sein de notre culture laïque et, mais dans la religion qui semble le justifier. Son impact médiatique et politique témoigne de sa pertinence. En effet, il interroge les imams eux-mêmes, car il engage la question de l'interprétation du Coran. La radicalisation de cette pratique n'est donc pas tant une affaire de texte que d'interprétation. Et la manière de lire un texte dépend de l'état d'esprit du lecteur. Car l'écrit n'a pas d'autre vie que celle qu'il reçoit de l'esprit qui s'en nourrit. Sans la lecture qui lui donne vie, le livre se réduit à des gribouillis sur des surfaces planes, plus ou moins blanches — les feuilles de papier -, condamnées à disparaître.

Ainsi, l'interprétation radicale de la sourate dit plus sur le lecteur que sur le texte. Et à travers le lecteur, sur le contexte historique et la société. Car le psychisme des individus est affecté par les drames et les espoirs de son époque. Lorsque le marxisme était crédible, au moment de la décolonisation, certains pays d'Afrique du Nord s'émancipaient de la tutelle religieuse. L'espérance laïque mobilisait les esprits et dénudait les têtes, un autre horizon s'ouvrait. Aujourd'hui, le rêve d'une société plus juste s'efface et laisse place à celui de devenir milliardaire[1] ; et le voile se banalise dans nos rues. L'espérance laïque s'étant épuisée, l'espérance religieuse ressurgit. De jeunes filles appartenant à la troisième génération des immigrés venus

[1] Président Macron, Les Echos, « *il faut des jeunes qui aient envie de devenir milliardaires* ». 06/01/2015.

du Maghreb reprennent à leur compte, avec ténacité, ce rituel vestimentaire.

Dans les années 1970, de jeunes Français faisaient de même avec les rituels et les croyances catholiques de leurs parents. Ce phénomène n'est donc pas spécifique à la religion musulmane. Il s'y manifeste des processus psychologiques et sociaux tout à fait communs. La psychogénéalogie souligne l'impact des événements historiques sur les générations successives[1]. Les adolescents sont porteurs des problématiques des générations qui les ont précédées. Il faut parfois attendre la deuxième génération qui suit celle qui a subi un drame pour qu'il puisse être parlé sans trop d'affects. Les soldats, qui ont fait la guerre, ont le plus grand mal à en parler. Leurs enfants ont senti inconsciemment ce traumatisme et ont accepté leur silence. La troisième génération ose enfin questionner.

Quelle que soit l'appréciation que nous portons sur un rite religieux, il n'en reste pas moins qu'il est un élément d'une religion qui offre à ses fidèles un sens à l'existence, de la naissance à la mort, un sens partagé assurant les fondements d'une vie sociale. Dans cette perspective, le voile ne se réduit pas à un rituel archaïque, il prend une tout autre dimension. Certes, il habille la tête, cache les cheveux, mais, bien souvent aussi, le corps tout entier. Il témoigne ainsi d'une manière de vivre son corps, et son identité. Il s'y mêle tout à la fois le retour du refoulé, le ressentiment, l'appropriation des valeurs de l'Occident et leur contestation. Et à travers tout cela, la fière affirmation d'une identité culturelle longtemps méprisée.

Dans les années 1960, la première génération de migrants quittant le Maghreb était composée essentiellement d'hommes venus pour travailler dans le pays qui les avait colonisés. Ils effaçaient autant que possible, de l'espace public, leurs traditions et leurs convictions religieuses. Ils enfouissaient la souffrance induite par le déracinement, la solitude et l'humiliation inhérente à leur statut d'ancien colonisé. Ils espéraient retourner au pays pour y construire la maison de leurs vieux jours. Leurs enfants ont grandi en France et se sont efforcés de suivre

---

[1] Serge Tisseron, *Les Secrets de famille*, Paris, Editions PUF, 2011, coll. « Que sais-je ? »

des études pour prendre l'ascenseur social qu'offrait l'Education nationale. Mais un racisme endémique et la crise économique leur ont bien souvent fermé les portes d'une insertion convenable, leur signifiant qu'ils n'étaient pas chez eux, malgré la législation en court. La troisième génération a grandi en France, connaît à peine l'arabe et le pays des grands-parents. Elle n'espère pas retourner au pays, car elle est chez elle en France. Elle voit, en son sein, se lever de jeunes filles qui mettent le voile sereinement avec des justifications qui déroutent les parents. Le voile est la manifestation la plus visible d'un fait social qui n'est pas étranger aux garçons. Nombreux sont ceux qui ne cachent plus leurs racines religieuses, se réfèrent au Coran, pratiquent le ramadan et jettent un regard méprisant sur notre culture.

Ces jeunes ont suffisamment intégré la culture occidentale pour ne plus en avoir peur. Ils trouvent dans les programmes scolaires les raisons de leur émancipation, non de leur culture ancestrale comme on le penserait spontanément, mais de leur culture d'accueil. Leur intégration est suffisamment accomplie et assumée pour qu'ils soient capables de se justifier avec nos propres arguments : affirmation légitime de son identité, de sa liberté. Tobie Nathan saisit avec beaucoup de finesse cet esprit : *« Le voile n'est pas la marque d'une répression de la vie sexuelle, mais l'annonce d'une sélection préalable de ses prétendants. Cette jeune fille proclame par son vêtement qu'elle n'est pas accessible à quiconque, seulement à certains, qui partagent les mêmes choix d'existence. Plus encore, loin de rebuter ces prétendants sélectionnés, elles les attirent, précisément par le voile, devenu condition nécessaire de sa séduction*[1]. » On ne peut réduire ce rite à un refoulement de la sexualité.

Leur démarche qui semble les exclure de la culture occidentale témoigne paradoxalement de leur intégration. Troublant. Les mécanismes de défense par lesquels les parents et grands-parents refoulaient les gestes et les affects traditionnels ne fonctionnent plus. Ces jeunes peuvent sans gêne manifester ce qui fut refoulé et humilié. On reprend publiquement des rites qui étaient bannis de l'espace public : le voile, la prière, la place de l'homme et de la femme, le ramadan. Ce *revival*, comme disent les Anglo-Saxons, n'est pas vécu

---

[1] Thobie Nathan, *Les âmes errantes*, Editions L'Iconoclaste, Paris, 2017, p. 52.

comme un retour aliénant dans le passé, mais comme une affirmation d'authenticité et de liberté qui peut aller jusqu'à la provocation. Il ressemble étrangement au renouveau charismatique des années 1970 dont nous avons parlé précédemment. Il est toujours dangereux d'enseigner l'esprit des Lumières. « *Les fils ressemblent plus à leur temps qu'à leur père* » disait Marc Bloch dans Apologie pour l'histoire.

Une contestation frontale du corps fait marchandise

Ces pratiques religieuses sont lourdes d'une contestation qui va au-delà des dimensions politiques et économiques. Si la religion est une manière d'être qui repose sur une spiritualité, nous sommes face à une contestation spirituelle qui nous déroute, car nous avons depuis longtemps laissé ce terrain en friche, au point de ne plus percevoir son existence. Le port du voile n'est pas seulement un renouveau piétiste, il est une contestation de notre manière d'être qui se manifeste, entre autres, par un refus du rapport au corps spécifique à la culture capitaliste. Le voile et les robes amples qui cachent l'entièreté du corps sont l'extrême opposé du corps dénudé et instrumentalisé des panneaux publicitaires et des écrans. Cette pratique suggère à sa manière que la culture occidentale véhicule une pratique du corps dont nous avons tellement intériorisé les normes qu'il échappe à notre lucidité. L'on pressent qu'il y a là une contestation frontale du corps fait marchandise, paradoxalement, dans sa mise en liberté. Mettre en scène la jouissance pour mieux capter les imaginaires. A l'exposition de la nudité crue de la pornographie répond l'effacement radical du corps sous le niqab.

La troisième génération redresse la tête… en la voilant. Cette capacité à se régénérer après un traumatisme s'appelle la résilience quand il s'agit d'un parcours de vie comme l'analyse Boris Cyrulnik. Il semble qu'il faille élargir le champ d'utilisation de ce concept. Il dépasserait le sujet pour prendre une extension sociale et historique : une dimension ethnopsychiatrique qui traverse les générations. Aux USA, au cours du 20e siècle, la communauté noire fit d'une injure une revendication identitaire : de l'insulte *sale nègre* est sortie la négritude, terme désignant avec fierté une identité. En France aujourd'hui, le voile, signe de soumission pour les uns, devient un geste d'affirmation de soi et d'appartenance communautaire. Ainsi le port du voile lève le voile sur une contestation qui touche une dimension fondamentale de la condition humaine : le corps comme expression de soi et appartenance à une communauté.

Globalement, les diverses gauches qui contestaient traditionnellement le capitalisme ont épousé sa logique. La contestation politique s'est effondrée, elle surgit d'où on ne l'attendait pas : d'une religion venue des anciennes colonies. Cette culture exotique que l'Occident avait méprisée et exploitée lui renvoie la balle. Jusqu'à la provocation et sans complexe. Ironie de l'histoire.

La folie du monde

Toute culture est porteuse d'un sens qui structure l'existence de tous et de chacun. Ce sens n'est pas une donnée biologique qui se transmet comme un patrimoine héréditaire que l'on observe et mesure. Il se perçoit comme le rayonnement discret d'un art de vivre, à travers des paroles, des gestes et des institutions. Il se présente incidemment comme un héritage symbolique invitant les jeunes générations à entrer en humanité comme on rentre en religion, un héritage qui opère une sublimation de l'appétit de vivre, de la libido. Une source de sens qui suscite et nourrit l'esprit du petit homme bénéficiant de cette filiation.

L'esprit ou la quête du sens

Cette dynamique de l'esprit n'est pas marginale, elle est constitutive de la condition humaine, elle se manifeste dans l'histoire de l'humanité comme dans celle de l'individu dès ses commencements. Dans les premières sépultures, il y a 100 000 ans, les cadavres étaient disposés en position de fœtus, entourés d'objets de la vie quotidienne. Le mort n'était pas réduit à un cadavre que l'on abandonnait. Ce rituel signifiait que le regard du groupe allait au-delà de la simple constatation visuelle ; il percevait la mort comme un passage qui s'ouvrait sur une autre vie : une nouvelle naissance. La mort d'un proche était ainsi un événement social qui s'inscrivait dans un récit, prenant ainsi une profondeur symbolique. Au fil des millénaires, ce rituel s'enrichissait de récits élaborés (les mythes), de rituels et d'institutions sociales (les religions). Dans son expression la plus simple et la plus courante, ce ressort de l'esprit prend la forme de l'étonnement, du questionnement, de la soif d'apprendre, de la curiosité, de la joie de découvrir et de comprendre.

Des événements simples, parfois décisifs, de l'enfance à l'âge adulte en passant par l'adolescence et la vieillesse, révèlent l'existence pugnace de cet impératif logé au cœur de la psyché humaine. Il apparaît dès le plus jeune âge, avec l'acquisition du langage. L'enfant pose des questions qui expriment l'étonnement et parfois l'angoisse d'un esprit qui s'ouvre au monde. Questions qui déroutent les adultes parce qu'il n'y a plus, aujourd'hui, de réponse toute faite. Les religions ont perdu de leur crédibilité, mais il est une autre manière d'honorer cette quête de l'enfant. Laisser les croyances de côté, et nourrir cette curiosité en faisant comprendre que les choses échappent à l'esprit. Nourrir le sens du mystère qui relance sans cesse la soif d'apprendre et de découvrir. Tentative que l'on peut percevoir dans une forme de laïcité.

La confusion du monde

Ce désir ne disparaît pas avec la petite enfance. Il se manifeste de multiples façons, au gré des événements. Un exemple parmi tant d'autres : une fille de 9 ans change de comportement. Alors qu'elle était pleine de vie, elle se referme sur elle-même, manifeste tristesse et retrait de la vie sociale. Sa mère s'inquiète et pense aux dernières années de sa vie conjugale. Le couple parental est séparé depuis trois ans. Le père a rejoint son pays d'origine, il ne peut voir sa fille que deux ou trois fois par an. La petite vit douloureusement cette situation, particulièrement à chaque départ du père. Elle trouve un équilibre fragile, une poussée d'exémas apparaît sur ses bras. Puis depuis peu, les parents envisagent à nouveau de se retrouver. Une discrète tendresse s'exprime entre eux lors du dernier passage du père. Avant d'en parler, les parents préfèrent prendre le temps de consolider leur relation. La petite fille perçoit cette tendresse ; mais, loin de manifester sa joie, elle en est profondément perturbée, au grand étonnement de la maman qui se met alors à son l'écoute. La petite fille témoigne d'une grande lucidité. Elle vit de plein fouet la contradiction entre ce qu'elle perçoit et ce qu'on lui disait jusqu'à maintenant : la nécessité de la séparation. Une situation incohérente qui bouleverse le fragile équilibre qu'elle a atteint tant bien que mal. La maman parle alors de ce qui se passe. Le monde de la petite fille redevient cohérent, sa joie de vivre ressurgit. Le besoin de comprendre est bien aussi fort que les liens affectifs. La confusion du monde est aussi traumatisante que l'absence d'un proche.

Cette exigence de sens ne s'arrête pas à l'enfance et au cercle familial. Avec l'adolescence, elle prend une autre ampleur. Elle travaille des adolescents et de jeunes adultes qui s'ouvrent au monde avec une sensibilité et une lucidité particulièrement fortes, comme chez ceux que l'on appelle les surdoués. Laissons parler l'un d'eux, devenu psychanalyste et philosophe : *« Cette perte de sens est non seulement présente dans la quasi-totalité des activités sociales du monde adulte, mais elle est même constitutive de leur fonctionnement, comme si cette course de plus en plus effrénée qu'on nomme la vie active ne pouvait s'opérer, dans la plupart des cas, que sur la base d'un refoulement et d'un déni très coûteux. Je constate parfois avec amusement, parfois avec anxiété, que le temps n'y a rien changé : il m'arrive, comme aux pires heures de mon enfance, de trépigner intérieurement de rage ou d'impuissance ; lorsque dans un conseil de classe, dans une réunion de travail (...) la polémique fait rage et les arguments s'accumulent, sans que jamais ne soit formulée ou même approchée la seule question qui permettrait de commencer à pouvoir résoudre le problème, comme si c'était justement celle-là qu'il fallait à tout prix éviter[1]. »*

L'histoire des adultes est émaillée de rupture qui exprime cette quête. Dans *J'ai fait HEC et je m'en excuse*, Florence Noiville[2] raconte son passage dans le cœur palpitant du capitalisme : *« Depuis toujours, HEC s'enorgueillit de former des as de la finance et des champions du marketing. Or, la faillite économique actuelle ne découle-t-elle pas pour une large part du triomphe de cet hypercapitalisme que les diplômés de cette institution ont justement appris à mettre en œuvre et à servir ? Il ne s'agit pas, dans ce livre, de stigmatiser une école, mais d'interroger l'esprit des grandes écoles de gestion et de management : l'enseignement des affaires est-il adapté aux enjeux sociaux,*

---

[1] Carlos Tinoco, *Intelligents, trop intelligents*, Editions JCLattès, 2014, p. 16.
[2] Florence Noiville, *J'ai fait HEC et je m'en excuse,* Editions Stock, 2009.

environnementaux ? Quelle est sa part de responsabilité dans les désordres que nous vivons ? »

L'auteure poursuit sa réflexion : *« (...) Tout converge pour montrer que si l'on ne veut pas reproduire les dérapages du dernier quart de siècle, il est urgent de repenser les "écoles du capitalisme". De prendre le mal à la racine en fournissant aux futurs dirigeants des grilles de valeurs fondées sur une nouvelle approche des finalités de l'entreprise, du bien commun et de la richesse. La crise nous fournit l'occasion de cette nouvelle donne. Si rien n'est fait, nous continuerons d'apprendre à nos élites à penser le monde selon un modèle dont on voit tous les jours qu'il ne fonctionne pas. »* L'absurdité de la vie professionnelle peut avoir des conséquences plus dramatiques : elle mine la psyché qui peut alors dériver vers la dépression, le burn-out et le suicide. Leur multiplication interdit de réduire ses événements à des problèmes psychologiques, ils sont un phénomène social, un symptôme de notre société.

Les âges de la vie transpirent d'une même absurdité

Si, dans la succession des âges de la vie, la vieillesse a un sens, c'est bien celui d'expliciter et de transmettre le sens que peut revêtir une existence burinée par les années en élaborant un récit de vie[1], en se mettant à l'écoute des jeunes générations. Dans la culture de la performance, cet âge est devenu le temps de l'inutilité, le symbole de la dégradation continue et, bientôt, celui d'une dépense financière excessive. En un mot : de l'absurdité de la condition humaine dont le point d'acmé est la maladie d'Alzheimer. Dans une existence vidée de sens, la vieillesse est tendanciellement vécue comme une dérive qu'il faut cacher sous un gavage de médicaments et de TV. Dans leur succession, les âges de la vie transpirent d'une même absurdité suintant de l'injonction contradictoire logée au cœur de la culture occidentale.

La transmission de ce sens est vécue implicitement comme un don prévenant qui suscite la reconnaissance des jeunes générations. Ainsi se constitue un lien de filiation qui fait entrer les jeunes générations dans

[1] Jean-Paul Sauzet, *La personne en fin de vie*, L'Harmattan, Paris.

le monde humain. Marcel Mauss[1] découvrait dans le don la structure fondamentale de toute relation humaine : donner-recevoir-rendre. Il percevait au cœur des sociétés traditionnelles une dynamique du don et du contre-don qui assurait l'armature des relations[2]. Cette structure anthropologique peut survivre lorsque les dieux s'effacent de l'horizon quotidien comme nous le montre l'humanisme des Lumières qui fonde l'éthique sur la reconnaissance de la dignité de tout être humain.

Merleau Ponty[3] parlait de la conscience comme d'une source donatrice de sens permettant de s'approprier son existence et de se constituer un monde familier. Il faut ajouter à cette intuition que cette source se nourrit du sens porté par l'environnement culturel. La psyché est ainsi désir et source de sens qui puisent dans le *don originel* de la culture, sa vitalité.

La reconnaissance des jeunes générations

Ce *don de sens* suscite la reconnaissance des jeunes générations, vécue comme une dette symbolique vis-à-vis des anciens. Il devance (pré-vient) l'enfant et l'invite à entrer dans une histoire, celle de la succession des générations. Ainsi se constitue le sentiment de filiation qui participe à la construction de l'identité des individus et à la cohésion sociale. Le sujet y perçoit la reconnaissance de ses proches qui en fait d'emblée un semblable. Ce don rend acceptables, sinon désirables, les contraintes et les exigences inhérentes à toute vie sociale, c'est-à-dire à la condition humaine. Il est le terreau dans lequel la conscience morale naît et se développe. Le facteur décisif qui transfigure la pulsion primitive en désir de faire œuvre parmi ses pairs. Il fait entrer les sujets dans la dimension symbolique de la Loi qui y trouve sa saveur et sa crédibilité. Cette expérience, préalable à toute expérience, est ainsi au fondement du mode d'adaptation de l'espèce humaine. Et au passage, elle nous rappelle que la dimension sociale est première, car ce don est toujours affaire de transmission, d'héritage : il vient toujours *des autres* !

---

[1] Marcel Mauss, Essai sur le don. Forme et raison de l'échange dans les sociétés archaïques, dans l'*Année Sociologique,* 1923-1924.
[2] Jean-Paul Sauzet, *Marché de dupes*, Editions L'Harmattan.
[3] Merleau Ponty, *Phénoménologie de la perception*, Paris, Editions Gallimard, 1945.

La psyché des individus ne dépend pas seulement de l'environnement proche (famille, classe sociale), elle est aussi tributaire du contexte plus large qu'est la culture. Si le témoignage des anciens (et pour les jeunes, les adultes font partie des anciens) perd sa consistance propre, alors se multiplient *les âmes errantes* en quête d'un Père idéal.

De la perversion d'une culture

Le questionnement de l'enfant et la révolte de l'adolescent révèlent l'importance vitale de ce qui fait la cohérence d'une existence. Cette cohérence n'est pas une donnée naturelle, elle se laisse pressentir à travers un contexte, comme un climat qui dispose à des comportements, des gestes, des croyances, des actions, des faits divers… comme un tableau impressionniste. Lorsque domine sans partage la logique marchande, cette cohérence vire à l'absurde et les événements qui tissent le présent témoignent d'une déréliction innommable : *une faillite de l'esprit.*

Lorsqu'une culture fonde son dynamisme sur la jouissance, la perversion devient son paradigme, sa cohérence fondamentale. La transmutation de l'égoïsme en vertu libère et justifie la pulsion, bouleverse les équilibres traditionnels et ouvre les portes d'une ère nouvelle. De nombreuses études rendent compte de cet état du monde : *La Cité perverse*, de Dany-Robert Dufour, *La perversion ordinaire* de Jean-Pierre Lebrun, *L'homme sans gravité* de Melman. *La fabrique des imposteurs* de Roland Gori. Parallèlement, d'autres études montrent l'explosion de la violence : *La contre-histoire du libéralisme* de Domenico Losurdo, *L'Europe, passion génocidaire* de George Bensoussan, *L'Europe terroriste* de Chomsky.

Ce climat se manifeste dans de multiples événements dont la violence est difficilement soutenable. Est-il nécessaire d'en faire le bilan ? Tant il y a de livres, de reportages, d'analyses ! Des catastrophes écologiques aux fractures sociales, de l'explosion des régions anciennement colonisées à l'exploitation des populations pauvres, de la misère qui augmente dans tous les pays[1].

---

[1] Jean Ziegler, *Le capitalisme expliqué à ma petite fille*, Editions du Seuil, mai 2018. La plupart des exemples qui suivent sont pris de ce livre.

– L'Unicef, le Fond des Nations unies pour l'enfance, a publié son dernier rapport sur les enfants du Guatemala en 2015. Cette année-là, 112 000 enfants de moins de 10 ans sont morts de faim.

– Dans l'est du Congo, au Kivu, dans des mines gardées par des miliciens, des sociétés privées exploitent le coltan. Ce minerai, plus précieux que l'argent et l'or, est utilisé pour les carlingues d'avion, les téléphones… Le minerai est acheminé vers les marchés industriels du Japon, de la Chine, de l'Europe, de l'Amérique du Nord. L'accès à ces mines est particulièrement difficile, les puits sont si étroits que seuls peuvent y descendre des enfants au corps frêle. La roche est friable, les éboulements, nombreux. Des enfants sont enterrés vivants, étouffés dans les puits. Les chercheurs de main-d'œuvre pour les seigneurs de ces mines sillonnent inlassablement les villages du Nord-Kivu pour enrôler les enfants. Le vol des récoltes, le pillage par les miliciens, la guerre civile plongent les populations locales dans la famine. La mine constitue la seule chance de survie pour leur famille, malgré la terreur que suscite ce travail[1].

– Un jean de la marque Spectrum-Sweater est vendu à Genève 66 francs suisses (54 euros). De cette somme la couturière bangladaise touche en moyenne 25 centimes d'euro. En 2013, l'immeuble Rana Plaza, une usine de confection de 10 étages, à Dacca, s'est effondré, enterrant sous ses décombres 1138 ouvrières. Aucun responsable n'a été condamné[2].

– Les flux de capitaux sud-nord sont excédentaires par rapport aux flux nord-sud. Les pays pauvres versent annuellement aux classes dirigeantes des pays riches beaucoup plus d'argent qu'ils n'en reçoivent d'elles, sous forme d'investissements, d'aide humanitaire ou d'aide dite de développement. Point n'est besoin de mitraillettes, de napalm, de blindés pour asservir et se soumettre les peuples : la dette, aujourd'hui, fait l'affaire[3].

---

[1] Ibid., p. 49.
[2] Ibid., p. 63.
[3] Ibid., p. 76.

– Les 85 milliardaires les plus riches de la planète ont possédé en 2017 autant de valeurs patrimoniales que les 3,5 milliards de personnes les plus pauvres de l'humanité.

– Le pouvoir financier économique des 562 personnes les plus riches du monde a augmenté de 41 % entre 2010 et 2015. Les avoirs des 3 milliards d'individus les plus pauvres ont chuté de 44 %[1].

– L'Unicef indique que, en 2017, 11 % des enfants espagnols âgés de moins de 10 ans sont sous-alimentés. Dans les écoles des quartiers pauvres de Berlin, les instituteurs apportent du pain et du lait le matin, parce que beaucoup d'enfants arrivent l'estomac vide[2].

Même les faits divers qui marquent l'actualité des pays riches se mettent à parler. Leur nature et leur multiplication les font changer de nature. Ils ne peuvent plus être de simples faits dont la caractéristique principale serait leur diversité. Ils deviennent symptomatiques.

– Ces éducateurs qui, dans les années 2000, prenaient en charge des jeunes ayant commis des tournantes, découvraient avec effroi l'absence de toute honte et de tout questionnement de leur part.

– Ces trois jeunes filles qui jouaient en viennent imperceptiblement à lacérer de coups de couteau l'une d'entre elles et l'ont laissée pour morte.

– Ces quatre garçons âgés de treize à vingt-sept ans qui blessaient neuf personnes en faisant sauter une charge explosive dans une salle des fêtes. Motif invoqué : « *c'était pour faire chier le monde*[3]. »

– Richard Durn qui tirait sur les membres du conseil municipal de Nanterre de la nuit du 26 mars 2002. Il révélait dans son journal l'angoisse qui présidait à son acte : je veux *« faire du mal pour, au*

[1] Ibid., p. 69.
[2] Ibid., p. 73.
[3] *Le Monde*, 4 janvier 2002.

moins une fois dans ma vie, avoir le sentiment d'exister[1]. » Fragilité du sentiment d'exister, le plus intime du sujet, qui se transforme en déréliction et engendre la violence.

– Les tueries successives qui marquent l'histoire des USA d'aujourd'hui.

Pas de raisons décisives, d'injustices à venger, de jalousie à satisfaire qui pourraient expliquer ces passages à l'acte. Le prototype de ces comportements fut mis en scène pour la première fois dans *Orange mécanique*[2] : trois jeunes tabassent à mort un clochard qui se reposait sous un pont, sans raison. Une énergie brute et brutale surgit et jouit de son jaillissement destructeur, comme un jeu insensé, une violence nue.

Ces événements relèvent d'un contexte pervers qui les rend possibles. Le sens qui étaye l'existence humaine s'effondre dans l'absurdité d'un monde livré à la course au profit tout en se justifiant des valeurs de l'humanisme. Ce basculement inflige implicitement aux jeunes générations une violence première et impensée, une violence symbolique qui engendre à son tour, non pas la reconnaissance vis-à-vis de la société, mais la haine. Le sentiment de filiation peine à se constituer : c'est le temps des *désaffiliés* qui ont le plus grand mal à ressentir la honte. Lorsque le monde transpire de l'injustice derrière les beaux discours, la Loi du symbolique se pervertit. Elle se calque sur ce qui se donne à voir et qui la précède : la folie du monde. Le — *tu respecteras ton prochain* — se mue en — *tu haïras ton voisin* -.

Vomir la culture comme on vomit un aliment pourri.

Les leçons de morale y perdent leur crédibilité, elles ne suscitent plus l'adhésion, mais le scandale de l'esprit. Le sujet ne se construit plus grâce à une parole qui fait autorité, mais s'affirme dans la jouissance d'une toute-puissance sans horizons (éthique, traditionnel) capables de transformer l'appétit de vivre en force constructrice. L'énergie non

---

[1] *Le monde*, 10 avril 2002.
[2] Film de Stanley Kubrick : *Orange mécanique*, 1971.

canalisée jouit de son expression spontanée, dans la satisfaction immédiate du passage à l'acte. Ce n'est pas une œuvre qu'elle laisse derrière elle, mais l'*éclat*... d'une bombe : la destruction. Exprimant ainsi l'explosion de l'esprit subie par le sujet. Hegel nous a appris que l'esprit n'a de cesse d'extérioriser ce qu'il vit intérieurement. Cette folie qui ne peut se dire en parole s'extériorise dans le réel de la destruction. La fierté d'appartenir à une culture se transforme en honte. La reconnaissance en haine. Ces jeunes vomissent la culture comme on vomit un aliment pourri.

Dans le flux incessant de la consommation qui étale jusqu'à la nausée l'abondance des marchandises se loge un indicible. Non un père ou une mère divinisé comme le furent les dieux, mais l'abîme du non-sens. La saturation de notre imaginaire par l'infini des petits plaisirs qui nous sollicitent sans cesse, rend aveugle et incapable de penser un avenir possible. Pour tout esprit un tant soit peu intègre, un tel paradigme ouvre sous ses pieds le gouffre du scandale. Il engendre l'angoisse comme celle du grimpeur qui sent le rocher s'effriter sous des doigts.

Jouir du jaillissement immédiat de son énergie

Cette perte de sens se love au cœur des êtres comme un poison qui distille lentement son venin. Le plaisir qu'offre le sens qui donne au monde un visage familier rend possible la sublimation de la pulsion. Ce plaisir rend acceptable la mise à distance de la jouissance, ouvre l'espace de la frustration et de la création. Frustration qui n'est supportable que s'il y a un autre plaisir possible, celui de l'esprit qui se reconnaît dans les exigences qui l'anime : la recherche de la vérité, du respect, de la liberté, la projection d'un avenir sensé... Sans ce contentement de l'esprit, la frustration engendre l'épuisement du désir — la dépression -, ou la perversion et la haine. Elle dispose aux replis sur soi dans la jouissance immédiate, seul ou dans l'entre-soi du groupe exclusif. La jouissance de détruire à la place du plaisir de créer. Jouir du jaillissement immédiat de son énergie vitale dans la destruction. Et pouvoir enfin dire : *c'est moi qui ai fait ça !* Et dans le vide de la vie quotidienne, faire événement, prendre le devant de la scène, sortir de l'anonymat. Trouver une toute-puissance délirante dans une impuissance réelle.

Les expressions traditionnelles du mécontentement social perdent de leur pertinence. Les partis de gauche et les syndicats s'épuisent. L'ancien président Sarkozy se moquait des grèves qui ne faisaient plus de bruit. Elles rencontrent le mépris derrière une écoute de façade. L'utilisation massive des gaz lacrymogènes voue à la dispersion, à la démoralisation et à l'impuissance les actions collectives, qu'elles soient violentes ou non : « *Le "lacrymo" s'est imposé comme une arme multifonction capable non seulement de stopper une manifestation, mais aussi de saper toute forme de désobéissance civile*[1]. » Devant ce mur, la violence réactionnelle trouve des voies diverses :

— Son retournement sur soi-même avec ses symptômes : dépression, burn-out et suicide.
– les conduites à risques des jeunes.
– des nouvelles formes de guérilla : les émeutes et les Black Block. Les premières spontanées, les autres pensées.
– Une nouvelle forme de terrorisme, tout à la fois religieux et politique.

Les conduites à risques

Les jeunes générations considèrent d'emblée le monde comme étant celui des adultes. Si la plupart des jeunes entrent dans ce monde de plain-pied, certains sont cependant particulièrement sensibles à ce climat délétère. Trop jeunes pour élaborer des défenses psychiques contre cette folie, ils prennent de plein fouet l'absurdité de notre monde. Les conséquences de ce bouleversement peuvent être discrètes comme la dynamique de l'échec dans les collèges. Elles sont le plus souvent bruyantes : la destruction pendant les émeutes de quartiers des écoles et des bibliothèques proches, des commerces et des voitures, le caillassage des pompiers luttant contre les incendies.

Pour David Le Breton, sociologue et anthropologue, les conduites à risques des jeunes sont à comprendre dans le contexte culturel : « *Le relâchement des régulations collectives contraint à trouver en soi les*

---

[1] Anna Feigenbaum, Gaz lacrymogène, des larmes d'or. *Le monde diplomatique*, mai 2018, p. 3.

ressources de sens pour demeurer artisan de son existence. L'individu moderne n'est plus un héritier au sens d'une transmission de l'habitus à travers une socialisation familiale dans la continuité paisible de l'histoire, dans une trame économique éternelle. Il n'est plus assigné à une origine ou à une filiation, assuré d'une voie ou d'une carrière déjà tracée[1]. »

L'auteur poursuit son analyse : « *Seule son expérience personnelle le guide dans ses actions. Ses références sont celles qu'il se choisit dans un monde éminemment changeant. Sa liberté n'est pas un choix, mais une obligation puisque toute tutelle s'efface et qu'il est le premier artisan de son existence. Le libéralisme économique brise les anciennes formes de solidarité et de prévisibilité et instaure une concurrence généralisée, il induit un contexte de dé-liaison sociale, d'éparpillement du symbolique qui fait souvent peu cas de l'autre. L'exercice du quotidien livre l'individu à la liberté, mais aussi au désarroi et à la solitude.* » L'auteur analyse le délitement des relations sociales en prenant en compte le paradigme culturel qui les sous-tend.

Le temps de l'adolescence est celui de la transition entre l'enfance et l'adulte, entre le cercle familial et l'espace complexe du monde. Moment de suspension entre les anciens repères et des nouveaux qui ne sont pas encore élaborés et intériorisés. Ils sont difficiles à trouver, au seuil d'un monde traversé par des injonctions contradictoires. Contradiction entre le —*jouis sans entrave* — que murmure la publicité qui envahit le temps et l'espace, et la dureté sans pitié du monde du travail, les crises sociales et écologiques… Et le discours qui veut que chacun trouve en soi les ressources de sens et qui renvoie chacun à sa propre responsabilité. Difficile de prendre pied dans ce chaos. - *Le monde dans lequel on vit déconne grave !* - répète le rappeur.

Les conduites à risques des jeunes sont un sursaut qui permet de s'extirper de cette souffrance diffuse et profonde. Un moyen de parvenir à survivre. C'est ainsi que certains sont comme transis par ce climat et se mettent en stand-by derrière un mur d'indifférence. Ils se laissent porter par le système sans réagir ni pouvoir se projeter dans

---

[1] Lebreton, • Conduites *à risque*, Editions Presses universitaires de France, 2002. Les citations qui suivent sont tirées de ce livre.

l'avenir. Au lycée, dans de nombreuses classes, les enseignants sont confrontés à des jeunes qui font problème précisément parce qu'ils ne font pas problème. Ils ne dissipent pas la classe, ne sont ni polis ni impolis, font le minimum requis. Les invitations répétées à se motiver, les remontrances, les injonctions à entrevoir un projet professionnel restent lettre morte. La relation ne prend pas, ils sont présents physiquement certes, mais plus encore absents psychologiquement. Les proches (parents, professeurs) butent sur leur propre impuissance. Ces jeunes développent une défense psychologique qui peut s'analyser comme *un effacement de soi dans la disparition des contraintes d'identité*[1]. Ne plus être soi pour ne plus être atteint par la souffrance. Se tenir à l'écart, se mettre hors-jeu. Un nouveau symptôme dans le large spectre de l'autisme ?

Le risque pour l'identité est plus redoutable que le risque pour la vie

Lorsque l'existence quotidienne peine à trouver un sens, « *l'estime de soi et la reconnaissance de ses pairs se construisent dans une opposition constante aux valeurs de la République. Ces jeunes crient implicitement que le risque pour l'identité est plus redoutable que le risque pour la santé ou la vie*[2] », la possibilité de la perdre lui rend sa valeur. La violence et la délinquance sont vécues comme des actes de bravoure qui donnent une contenance face aux copains et à soi-même. Il s'y joue une revanche symbolique devant l'échec : le chômage, la scolarité, la pauvreté. Cette dynamique peut mener au suicide comme seule voie de refondation de soi. « *Je voulais vivre, c'est pourquoi je devais mourir* », disait Nietzsche. Mettre un terme à l'impasse, une manière de sortir de l'impasse dans un sursaut de toute-puissance au sein de son impuissance. Mettre en cohérence la mort spirituelle et la mort physique… seule voie possible d'une refondation de soi pour certains, laissant les parents totalement désemparés !

Le temps des émeutes

Le sociologue et anthropologue Alain Bertho porte son attention sur un phénomène social inattendu, à la marge des débats politiques, des

[1] Idib, p. 92.
[2] Idib, p. 122

institutions et des idéologies traditionnelles : les émeutes[1]. Elles se multiplient dans le temps et dans l'espace, et prennent un contour singulier, depuis le début du 21e siècle. L'émeute frappe par sa fugacité et ses enjeux : « *quelques heures, quelques jours pendant lesquels des femmes et des hommes, souvent jeunes, mettent en danger leur corps, leur vie peut-être, leur liberté souvent, sans préavis, en sachant, clairement ou confusément, que sur ce terrain-là, ils ne seront pas les plus forts.* »

Une analyse de la direction centrale des renseignements généraux (DCRG) daté du 23 novembre 2005 et publié dans le journal *Le Parisien* perçoit la spécificité de ces événements qui ont embrasé Clichy-sous-Bois après la mort de deux jeunes électrocutés dans un transformateur EDF où ils s'étaient réfugiés pour échapper à un contrôle policier en revenant d'un match : « *La France a connu une forme d'insurrection non organisée avec l'émergence dans le temps et l'espace d'une révolte populaire des cités, sans leader et sans proposition de programme (...) Aucune solidarité n'a été observée entre les cités, les jeunes s'identifiant par leur appartenance à leur quartier d'origine et ne se reconnaissant pas dans ceux d'autres communes (...) Aucune manipulation n'a été décelée permettant d'accréditer la thèse d'un soulèvement généralisé et organisé (...) Les jeunes des cités étaient habités d'un fort sentiment identitaire ne reposant pas uniquement sur leur origine ethnique ou géographique, mais sur leur condition sociale d'exclus de la société française. (...) Les jeunes des quartiers sensibles se sentent pénalisés par leur pauvreté, la couleur de leur peau et leurs noms. Ceux qui ont saccagé les cités avaient en commun l'absence de perspective et d'investissement par le travail dans la société française (...) Tout s'est passé comme si la confiance envers les institutions, mais aussi le secteur privé, source de convoitises, d'emplois et d'intégration économique, avait été perdue*[2]. »

L'ampleur de ce phénomène est suffisamment importante pour caractériser notre époque comme étant : *le temps des émeutes*. Alain

---

[1] Alain Bertho, *Le temps des émeutes*, Editions Bayard, Montrouge, 2009. Les analyses ainsi que les citations de cette partie sont tirées de ce livre.
[2] Ibid., p. 73.

Bertho s'efforce de rendre compte de la singularité de ces explosions sociales qui se multiplient. Le cycle de la contestation politique qui a marqué le 20e siècle s'essouffle ; et surgissent ici et là, dans toutes les contrées de notre planète, des affrontements physiques contre les pouvoirs en place. Les émeutes de 2005 en France ne sont qu'un cas d'espèce parmi d'autres, mais demeurent une référence par leur durée et leur extension géographique : trois semaines pleines sur tout le territoire national : *« Des voitures brûlent. Des pierres volent. Des rues s'enfument. Des silhouettes juvéniles et encapuchonnées passent furtivement et défient les uniformes. De Clichy-sous-Bois à Antananarivo, d'Athènes à Pointe-à-Pitre, de Sofia à Oakland, d'Oran à Weng'an, de Tacna à Chlef, de Villiers-le-Bel à Palerme, de Roquetas del Mar à Nairobi, les mêmes gestes, une même obstination farouche s'installent dans le paysage global de notre modernité*[1]. »

Les émeutes : une ombre inquiétante en marge de l'actualité officielle

Les points de repères habituels qui permettraient de les comprendre se révèlent inopérants. Les insurgés de 1848 étaient reliés par une aspiration de liberté nationale et républicaine. Les révolutionnaires de 1917-1919 ont forgé ensemble l'imaginaire communiste du 20e siècle. Les contestataires et révoltés de 1965-1970 ont rêvé ensemble d'un autre monde et d'une autre libération humaine, moins étatique, plus personnelle et plus radicale à la fois. Ces événements étaient porteurs d'une idéologie qui ouvrait un avenir possible, ils s'arc-boutaient sur des institutions : partis politiques, syndicats, associations. Ces luttes élaborèrent un cadre intellectuel qui permit de les comprendre : elles étaient animées par une utopie politique qui prend fin avec l'apparition d'un nouveau cycle de contestation caractérisé par l'émeute. La répétition des analyses faites par les experts et les hommes politiques, qui sont censés connaître notre monde, cache mal leur trouble. Ces émeutes ne relèvent pas d'un combat politique classique, du terrorisme, ou d'un bras de fer syndical. Leur étrangeté produit tout à la fois un bruit indéchiffrable et un silence gêné, *entre l'invisibilité et l'illisibilité.* Les émeutes laissent ainsi traîner derrière elles une ombre inquiétante en marge de l'actualité officielle.

---

[1] Ibid., p. 13.

Les causes ne sont pas directement liées à la politique, elles sont diverses et se rencontrent sur tous les continents : mort d'un jeune, soulèvement antigouvernemental, émeute après un match, refus d'installation d'un aéroport, colère contre l'incurie de l'administration, annulation d'un concert, mobilisation contre le péage d'un pont, expropriation des terres, mort d'une star du cinéma… La seule utopie explicite du moment, celle de l'altermondialisme, n'est présente que dans un nombre limité d'événements, loin derrière la haine de l'autre, le coût de la vie ou le scandale de la mort de jeunes[1]. La question surgit d'autant plus forte, lancinante, sur fond d'angoisse : « *quelle est la nature de ce passage à l'acte sporadique qui expose avec violence la douleur de l'innommable pour retomber si vite dans le silence, mais sûrement pas dans l'oubli ? Ce qui dérange, au plus fort du terme, l'ordre glacé du marché et des Etats, c'est la discontinuité temporelle et subjective qu'introduit l'émeute, c'est l'événement inattendu, improbable et inassimilable, c'est la soudaine visibilité des invisibles, c'est une déchirure dans l'ordre des mots, l'exhibition d'une interlocution impossible*[2]. »

L'émeute vient quand il n'y a plus « les mots pour le dire »

Les discours des politiques et des experts s'efforcent maladroitement de réduire la singularité de ces événements dans un vocabulaire abstrait et moralisateur. Ils en font le syndrome d'une conjecture sociale déjà connue. Nous écoutons ce qu'ils nous disent et nous passons à côté de ce qui s'y vit, trop heureux d'éviter ainsi le trouble causé par leur altérité. Il faut bien, pourtant, se mettre modestement à l'écoute de l'événement et transformer en mot ce qui n'est le plus souvent qu'un engagement du corps et de la vie. « *Engagement qui vient en lieu et place d'une interlocution impossible, puisque l'émeute vient quand il n'y a plus "les mots pour le dire". Ces affrontements dans lesquels des femmes et des hommes, toujours finalement défaits, mettent leur corps et leur vie en face des forces bien plus importantes que les leurs : celles de l'Etat. Il faut bien que le jeu en vaille la chandelle ! Qu'y gagnent-ils au bout du compte ? Peut-être simplement ce droit qu'ils s'arrogent à leur tour de dire "Silence" ! Il*

---

[1] Ibid., p. 25.
[2] Ibid., p. 47

n'y a pas d'orchestre, la scène qu'on nous joue est truquée. La vie, la nôtre, est ailleurs. » Et c'est cette vie qu'ils nous donnent à voir et à entendre. » Ces comportements sont porteurs d'un message implicite qui n'a plus besoin de mot tant le langage s'est vidé de sa substance : *« merde ! On n'en veut pas de votre vie. »*

Les discours républicains deviennent un discours de violence

En effet, les récits faits par les émeutiers de 2005 en France, recueillis par des sociologues, soulignent l'impossible dialogue avec les élus, les institutions, les syndicats. Les violentes contradictions entre le contexte social — relégation urbaine, chômage de masse, racisme latent, inégalité sociale, paupérisation rampante -, l'étalage obscène de la richesse et le discours républicain véhiculé par l'école et les politiques forment un terreau explosif. Ces contradictions donnent à voir un monde chaotique qui provoque un sentiment de déréliction. Dans ce contexte, les discours républicains deviennent une forme de violence, ils sont des paroles de violences — des injures — qui aggravent la colère. L'injonction contradictoire logée au cœur du capitalisme porte ses fruits amers. La colère ne trouvant plus à sa portée des médiations crédibles pour se canaliser dans des projets, des institutions et des paroles, elle éclate ici et là en détruisant ce qu'elle a sous la main : son quartier, les services publics, le caillassage des flics et des pompiers... Lorsque les projets s'effilochent dans l'obscurité d'un avenir impensable, il reste le surgissement brutal de son énergie qui s'exprime dans la violence destructrice, lorsqu'un événement met le feu aux poudres d'une colère sourde et lancinante. La parole qui n'est pas entendue se fait cri et hurlement, réaction viscérale d'une conscience révulsée, d'une conscience politique ulcérée.

Le carnaval des quartiers tristes

L'émeute ne se réduit pas toujours à une révolte, il s'y révèle une autre cohérence qui échappe à la bonne conscience et qui la rend encore plus scandaleuse. Dans cette révolte soudaine, une faille s'ouvre pour une fête possible et inattendue. Dans cette explosion qui transgresse l'ordre établi ; un combat, une énergie, un jeu, une joie surgissent de la tristesse du quotidien. Nicole Le Gennec et Christian Bachmann[1] ont assisté en direct aux émeutes qui ont embrasé le quartier des Mézereaux dans le nord de Melun, après la mort d'un jeune dans un accident de moto. Leur enquête les avait emmenés avant et après l'événement sur le terrain. Onze jours de violence, du 1 au 12 novembre 1993. Ils furent témoins, au cœur de l'événement, d'une expérience qui fit tomber bien des préjugés. Dans la situation de ségrégation, de faiblesse de l'action publique qu'ils décrivent, l'émeute n'apparaît ni comme un mode d'action par défaut ni comme la manifestation ultime d'un désespoir, même si elle est ici liée à l'absurdité d'un deuil prématuré. Non, *l'émeute est une fête, les vacances des cités*, le *carnaval des quartiers tristes* par laquelle *la brèche s'ouvre*, dans laquelle *un construit collectif transforme l'individu en participant d'une aventure collective, d'une fraternité dans la transgression*, à l'occasion de laquelle se mobilise *une connaissance de toutes les malices et de tous les détours du quartier*[2].

Cette approche à l'écoute du terrain nous dit ce qui échappe aux analyses des experts qui ont suivi l'événement : la subjectivité des émeutiers, le sens collectif donné à cette discontinuité à la fois probable et imprévisible. La directrice d'un centre social, témoin des affrontements à Aulnay-sous-Bois, raconte : *« seuls ceux qui regardaient la télévision avaient peur, ceux qui étaient à leur fenêtre rigolaient. A leur fenêtre ou simplement dans la rue comme dans ce quartier de la même ville de Saint-Denis où les familles semblaient s'être données rendez-vous sur le trottoir pour admirer les feux allumés par quelques rejetons et les efforts conjugués des pompiers et de la police arrivés en nombre sur place*[3]*. »* Le côté festif nous révèle qu'ils ne sont pas seulement des victimes à plaindre, mais des êtres humains dont la vie s'exprime aussi par la fête collective, une fête qui n'a besoin ni d'argent ni d'institution, ni du marché de la culture pour jaillir. Apparaît non un désordre, mais une cohérence autre et inaudible, celle d'une vie qui nous est devenue totalement étrangère.

---

[1] C. Bachmann, N. Le Guennec, *Autopsie d'une émeute. Histoire exemplaire du soulèvement d'un quartier*, Editions Albin Michel, 1997.

[2]Ibid., p.146. In *Le temps des émeutes.*

[3] Ibid., p. 54.

La multiplicité des causes, la violence qui se retourne contre soi-même, la soudaineté de l'explosion, l'absence de projet constructif et d'idéologie… dévoilent un rejet viscéral et global de l'environnement culturel. Ce rejet peut s'organiser et prendre la forme d'une guérilla urbaine voulue et pensée.

Cortèges de tête et Blacks Blocs

Une autre forme de contestation se développe en dehors des cadres traditionnels. Dans quelques grandes villes de France, durant les manifestations de rue du printemps 2016, à Notre-Dame-des-Landes, en Loire-Atlantique, dans le val de Suse, en Italie, en tête de cortège lors des manifestations contre la loi travail, des militants déterminés bravent la police pour défendre leurs idées et leurs pratiques. Des gens de tous âges et de diverses catégories sociales remontaient le long des trottoirs ou sortaient des rangs encadrés par les organisations syndicales pour se joindre à ce qui s'est rapidement autobaptisé *cortège de têtes*. Ils ralliaient cette composante qui, d'un rendez-vous à l'autre, a grossi jusqu'à compter plusieurs milliers de personnes et constituer parfois une moitié de la manifestation.

Aller au-devant du danger

C'était pourtant là qu'on subissait les bombardements intensifs de grenades lacrymogènes, les incursions des brigades anticriminalité (BAC) pour interpeller des individus désignés suivant des critères inconnus, les arrosages par les motopompes. C'était là qu'on risquait de perdre un œil par l'effet d'un tir de Flash-Ball ou de sombrer dans le coma à cause d'une grenade dite de désencerclement. Il se passe quelque chose pour que tant de monde se soit volontairement porté au-devant de ces dangers.

A la présence traditionnelle de jeunes gens en quête d'affrontement, on notait dans ces cortèges une forte représentation de retraités actifs, ainsi que des personnes d'âge mûr arborant tous les signes extérieurs (badges, casques, drapeaux) d'appartenance à la classe ouvrière syndiquée. La composante ouvrière et paysanne interdit de les caricaturer en activisme *hippie* ou *bobo*, de même que la présence de dockers du Havre et d'ouvriers d'usines menacées de fermeture dans les confrontations musclées du printemps ne saurait être ignorée. Cette composante majoritaire du cortège de tête se distinguait par son attitude sinon activement complice, du moins nullement hostile envers ceux que les médias dominants appelaient casseurs.

« *Ces manifestants semblaient presque tous insensibles à l'argument ordinaire selon lequel le bris de vitrine de banque desservirait le mouvement auprès de l'opinion publique. Tout se passait comme s'ils avaient renoncé à s'inquiéter de la réaction de médias qui, en l'absence de "casseurs", diraient de toute manière que la manifestation était moins importante que la précédente et que le mouvement s'essoufflait. Nul ne s'indignait qu'on couvre les murs de slogans ni ne semblait trouver qu'agences bancaires et immobilières fussent des cibles illégitimes (...)*

Le fait que la majorité ne se joigne pas à l'action montre sans doute non pas tant qu'elle était retenue par la peur, mais que, pour se mettre davantage en danger, elle aurait eu besoin qu'apparaisse la possibilité de faire mieux que de casser du verre : peut-être nuire réellement aux banques et à l'ordre économique. Cela n'empêchait pas les gestes de solidarité envers les gens masqués qui subissaient la répression, et il n'a pas manqué d'épisodes où des syndicalistes et des quidams âgés ont tenté de délivrer des "casseurs" présumés des mains de la police[1]. »

Agir en primitif, prévoir en stratège

Cette forme d'action rejoint et étend un mouvement plus ancien, celui des blacks blocs. Elle est tout aussi mobile et insaisissable que l'émeute, mais pensée autant qu'agie : *Agir en primitif, prévoir en stratège.* Sans figure de proue, les blacks blocs sont constitués de groupes d'individus organisés ou non, sans appartenance formelle ni hiérarchie, tout de noir vêtus et masqués pour l'anonymat. Il rassemble des personnes issues des mouvances libertaires et anarchistes. Leurs actions ciblent les symboles de l'État : police, tribunaux, bâtiments administratifs. Et du

---

[1] Serge Quadruppani, « Agir en primitif, prévoir en stratège », Radicalisations, *Manière de voir*, février-mars 2017.

capitalisme : banques, agences d'intérim, entreprises multinationales, publicité, restauration rapide.

Ce mouvement fut médiatisé pour la première fois lors des manifestations contre la Première guerre du Golfe en 1991, puis en 1999 à Seattle lors du contre-sommet de l'OMC, lors des manifestations contre les G8 à Gênes en juillet 2001, à Évian en 2003, à Heiligendamm en 2007, à Strasbourg lors du contre-sommet de l'OTAN en avril 2009, à Hambourg pendant le G20 en 2017.

Défendre le projet d'une vie bonne

Ces groupes témoignent d'une analyse redoutable de l'esprit du temps et de ses méfaits. Début avril 2018, un texte publié sur Lespaves.net et traduit en huit langues incitait les militants, français ou étrangers, à *converger* vers Paris pour le premier mai. Le texte dénonçait *un monde plus malade qu'il ne l'a jamais été*, rongé par l'ubérisation, le capitalisme vert, les migrants fuyant les guerres ou les destructions climatiques, les écosystèmes détruits.

Un texte citait tour à tour l'expulsion de la ZAD de Notre-Dame-des-Landes, les opérations policières contre les facs occupées depuis le début du printemps, les comités de soutien aux migrants, la grève à la SNCF, et appelait à « *transformer ces différents foyers de révolte en une seule vague insurrectionnelle pour faire chuter ce régime détestable.* » Pour le chercheur en science politique Francis Dupuis-Déri[1], cet appel exprime « *(...) un mélange de colère contre Emmanuel Macron et la crise de la politique, et une logique de longue durée contre le capitalisme et le néolibéralisme.* »

Les slogans bombés sur les murs témoignent d'une espérance qui ne peut plus se satisfaire de paroles : *—En cendres tout devient possible —, — La gauche est morte, pas nous —, — Regarde ta Rolex,*

[1] Francis Dupuis-Dèri, *les Black Blocs : quand la liberté et l'égalité se manifestent,* Editions Lux, dernière édition : 2016.

c'est l'heure de la révolte —. Pour le dire en quelques mots : défendre, au risque de sa vie, un lieu, et à travers lui, *le projet d'une vie bonne*[1].

Et lorsque les émeutes ne sont plus possibles, une nouvelle forme de violence surgit, plus inattendue, plus déroutante et plus destructrice encore : le terrorisme religieux.

---

[1] L'essentiel de cette réflexion s'inspire de l'article de Serge Quadruppani, Radicalisations, *Manière de voir*, février – mars 2017.

VII) Capitalisme et terrorisme

« La tradition de toutes les générations mortes pèse comme un cauchemar sur le cerveau des vivants. »

Hegel

« Du possible, sinon j'étouffe. »

Kierkegaard

Le capitalisme révèle sa véritable nature au cours de son histoire : l'accaparement de la richesse n'a pas de limite, la radicalité est son essence. Nous sommes entrés dans un espace culturel international (une ère culturelle) qui fonctionne comme un système exclusif qui détruit ce qui lui résiste.

Cette hypothèse permet de comprendre les multiples faits divers, les crises sociales et environnementales et les nouvelles formes de violences réactionnelles comme autant de symptômes d'une même pathologie. Cette approche s'inspire de l'anthropologie qui tente de comprendre la structure des cultures, la psychanalyse comme Freud l'a fait dans *Malaise dans la civilisation,* mais aussi la *psychothérapie institutionnelle* de Jean Oury et *l'ethnopsychiatrie* de Georges Devereux.

La créativité et l'opiniâtreté sans limites de l'appât du gain

Les premiers penseurs du capitalisme ne devaient pas imaginer un tel avenir pour leur idéologie. La valorisation de l'intérêt privé libère l'appât du gain qui manifeste une créativité et une opiniâtreté redoutables. L'identification de la vertu et du vice se révèle être une idée révolutionnaire que rien n'arrête. Elle fait preuve d'un dynamisme incroyable en prenant de nouveaux visages au fil des siècles. Mais cette énergie est aussi sa grande faiblesse. La pulsion livrée à elle-même se replie sur elle-même dans la jouissance. Elle altère, sinon détruit, la relation au monde, aux autres et à soi-même. Autrui n'a plus de valeur en lui-même, sa valeur se mesure au profit qu'il peut rapporter. L'éthique perd sa consistance. « *La crise de la modernité serait mieux décrite comme une crise de l'altérité. Entre l'homogénéisation virtuelle de l'ensemble et de l'individualisation des cosmologies, c'est la relation à l'autre, pourtant constitutive de toute identité individuelle qui perd son armature symbolique... il y a toujours en amont des phénomènes présentés comme liés à une crise d'identité, une crise plus profonde, de l'altérité. C'est parce qu'ils n'arrivent plus à élaborer une pensée de l'autre que des individus ou des groupes se disent en crise*[1]. » Cette altération du lien qui nous relie

---

[1] Marc Auger, *Pour une anthropologie des mondes contemporains*, Editions Flammarion, 1994, p. 87, p. 127.

au réel est la forme première, et implicite, de la violence constitutive de la culture capitaliste. Violence cachée derrière le rideau de savantes théories qui le justifient.

Le capitalisme ne peut, à terme, que détruire l'espace public, provoquer des crises sociales et engendrer des régimes autoritaires pour mater les secousses qu'il engendre. L'esclavage qu'il développe dès sa naissance est paradigmatique. Prisonnier de ce contexte qui signe la faillite du politique, l'esprit trouve une échappatoire dans le délire religieux pour ouvrir un autre avenir : un avenir apocalyptique !

De la radicalisation du djihadisme

Si l'esprit est cette quête de sens qui se déploie dans la pluralité des approches du monde alors notre époque est celle de la faillite de l'esprit. Il est le grand absent, le refoulé de notre temps. Ce processus ne peut pas ne pas avoir des conséquences sociales dramatiques. La psychanalyse nous a familiarisés avec l'économie psychique. Le refoulé ne disparaît pas, il reste présent même s'il n'est plus perçu. Il fait retour, un jour ou l'autre ; et dans ce retour, il se charge des scories de la violence qui l'a refoulé : le symptôme. Il semble bien qu'un tel processus fonctionne au sein d'une ère culturelle.

La contestation politique s'étant épuisée, elle s'exprime autrement ; elle surgit là où on ne l'attendait pas. De ce qui paraît dépassé et obsolète à la lumière radieuse du Marché et du Progrès. De la religion d'une culture anciennement colonisée ! D'un autre esprit. Ironie de l'histoire : l'Occident porteur de l'esprit des lumières a étouffé l'esprit qui ressurgit, monstrueux ! Défiguré par la violence symbolique qui l'a refoulé.

Le terrorisme islamiste est la figure de proue de ce processus. La nature et la diversité de ses victimes témoignent d'un projet qui déborde largement les combats politiques, économiques et syndicaux, familiers à l'Occident. Il s'en prend à la vie quotidienne, à ses institutions, à ses idéologies. Dans la diversité de ses victimes, un élément les rassemble : leur appartenance à une même culture. Nous avons vu précédemment que le port du voile n'est pas qu'un rituel religieux, mais aussi un refus du rapport au corps mis en scène par la publicité, et au-delà, d'un esprit.

L'esprit des anciens a déserté l'esprit des vivants

De même, la destruction de Palmyre s'attaquait à la conception de l'histoire portée par l'Occident. Cette culture conçoit le passé comme un ensemble de traces matérielles qu'il faut conserver, étudier et visiter de temps en temps, durant ses loisirs. Une manière de reconnaître à son corps défendant que le passé est bien mort, il est au mieux un objet d'étude quand il n'est pas une simple distraction, une curiosité. Le scandale de la destruction de ces sites témoigne indirectement d'une sourde culpabilité de l'Occident : celle d'avoir abandonné ses racines. Parce que l'esprit des anciens a déserté l'esprit des vivants, il faut en conserver les vestiges, épars et sans vie. Ces objets peuplent les musées *dépeuplés*. Les groupes de touristes qui les visitent ne forment pas un peuple.

Dans les cultures traditionnelles, le passé reste vivant comme le suggère l'adjectif *traditionnel.* Les Anciens, les Prophètes, les Ecrits, les Ancêtres, les Saints, les Fondateurs… continuent d'inspirer les vivants ; ils sont source d'idéaux, de valeurs qui traversent le temps. Ils demeurent présents à travers les récits véhiculés de génération en génération. Les lieux de cultes n'y sont pas des musées où transitent les touristes, mais des lieux de ressourcement et de rassemblement. S'y exprime la reconnaissance des vivants vis-à-vis des anciens, s'y joue implicitement la transmission d'un Sens, de génération en génération. Les jeunes y reçoivent un héritage symbolique et y contractent une dette qui leur donne plaisir à *être* en s'insérant dans une filiation. Le capitalisme n'a que faire de ces liens qu'il considère comme des obstacles à son expansion. Il n'a pas besoin de s'y attaquer frontalement, il lui suffit de mettre en scène la jouissance et de créer ainsi de toute pièce un climat qui captive les esprits, dissout les liens, isole les individus. Il les libère des liens des traditions pour les prendre dans les filets du Marché.

Le World Trade Center, Charlie-Hebdo, les marchés de quartier, le Bataclan, le Stade de foot, les loisirs, l'école, le policier, le métro, le soldat, des journalistes, un vieux prêtre, des enfants, Palmyre… Le symbole de la spéculation financière, de l'esprit critique, du passé, de l'avenir, de la vie quotidienne, de l'éducation et de l'information, de la force et de l'autorité, de la religion… Les victimes de ces meurtres qui ébranlent notre actualité ont un point commun, elles appartiennent à une même culture qui étend ses ramifications dans tous les pays et dans toutes les dimensions de l'existence.

Le terrorisme ne peut être réduit à une armée, à un syndicat ou un parti politique, à ces institutions qui nous sont familières : il est une révolution[1] qui couve, une révolte des esprits. L'ennemi n'est pas seulement occidental, car la mondialisation libérale s'étend aujourd'hui sur l'ensemble de la planète. Il est tout aussi bien chrétien que musulman ou athée. Tout un chacun est une victime potentielle dans la simple mesure où est supposé animé par l'esprit du temps. En détruisant les équilibres culturels et en répandant la misère, la mondialisation libérale enfante à son corps défendant une réaction violente à la violence qu'elle inflige aux autres cultures. Car la première des violences est bien celle qui sème obstinément et aveuglément la misère par la destruction des équilibres économiques, institutionnels, sociaux, symboliques, écologiques tout en proclamant les Droits de l'homme et le Progrès.

Certes, la constitution d'un Etat islamique a donné à cet ennemi un visage plus traditionnel : un Etat avec son administration, son territoire. La guerre a repris provisoirement un cours classique, avec son cadre habituel : des armées, des lignes de front, des batailles, des vainqueurs et des vaincus. Mais l'effondrement de l'EI n'éradique pas pour autant l'esprit qui l'anime. Cette violence passe outre le cadre géographique d'une nation : elle frappe partout. Elle ne vise pas que des combattants, elle frappe n'importe qui et n'importe où. Le terrorisme islamique développe des réseaux difficilement repérables, ces frappes sont imprévisibles. Il est insaisissable, car il circule incognito dans les esprits même s'il se donne à voir sur l'Internet dans la mise en scène de ses carnages et de son idéologie. Il sort des cadres dans lesquels on a pensé jusqu'à maintenant la violence et la guerre.

[1] Scott Atran, *L'Etat islamique est une révolution*, Editions Les Liens qui libèrent, traduction : 2016.

Ses combattants ne sont pas freinés par la perspective d'une mort prochaine, elle les dynamise.

La violence du capitalisme : matrice du terrorisme religieux

La violence du terrorisme vise tout un chacun, se justifie d'une croyance religieuse, ne porte pas d'uniforme militaire, n'a pas de champ de bataille parce qu'elle a tout l'espace. Elle frappe sans avertir. Elle a les caractéristiques de la violence du capitalisme. Cette dernière est justifiée par sa croyance au marché et sa familiarité historique avec l'Humanisme. Elle ne porte pas l'uniforme militaire. Elle n'a pas de champ de bataille, car la planète est son espace. Elle s'attaque aux cultures, à l'environnement naturel et social. Elle sème la misère pour le plus grand nombre. Elle frappe tout un chacun au hasard d'un plan social, d'une crise financière dans n'importe quel lieu. Le capitalisme est la matrice du terrorisme.

De la conversion

Au nom d'Allah le terroriste islamiste crie sa haine de la corruption ambiante et sème la mort tout en *donnant sa vie* pour Dieu et ses frères. Il se situe ainsi à la croisée de deux itinéraires : religieux et politique. Ce fait nous invite à penser que le religieux ne peut être réduit à la sphère privée et individuelle, il est intimement lié au politique. Et que, au fond, le religieux et le politique sont de même nature, ils sont tous deux des *arts de vivre ensemble*. Le politique se présente alors comme le religieux qui s'émancipe de la tutelle divine, dont Machiavel est le penseur.

Le terrorisme islamique surgit lorsque l'horizon politique s'effondre dans l'expansion du capitalisme qui marginalise, quand il ne détruit pas, les autres manières de vivre et les mouvements révolutionnaires qu'ils suscitent.

Les responsables politiques, idéologiques et militaires du terrorisme sont des ennemis qui demandent une réaction tout à la fois politique, idéologique et militaire. Mais l'embrigadement des jeunes qui vont jusqu'au martyr entre difficilement dans le cadre guerrier du combattant classique. L'itinéraire de ces jeunes sème le trouble. Les interrogations et les analyses proposées par les experts dont se font écho les médias témoignent de la complexité déroutante et dramatique de ce phénomène. Patrick Calvar[1], ancien patron de la DGSI, prend le problème très au sérieux : *« Quand ces enfants seront plus nombreux, nous devrons faire face à un problème de société de grande ampleur. »* Il appelle de ses vœux la mise en place d'une vaste politique publique pour y remédier : *« On ne peut pas combattre le terrorisme uniquement par des moyens sécuritaires, car on risque de ne pas traiter les causes du mal et de le voir empirer. »*

Les jeunes djihadistes témoignent de leur conversion par la radicalité de leur engagement. Cette expérience oriente leur itinéraire de vie jusqu'à la mort. La conversion religieuse n'est pas rare, elle se multiplie dans les périodes de crise qui accompagnent l'histoire du capitalisme. Elle est à l'œuvre dans les réveils religieux qui rythment l'histoire de l'Occident et de ses colonies. Le réveil est d'autant plus fort que l'aliénation est profonde, et prend une dimension sociale à travers la multiplication de groupes sectaires. Contrairement au changement qui a un objet précis — changer de couleur de cheveux ou de voiture -, la conversion est un changement existentiel, même s'il se révèle, après coup, en grande partie illusoire. Un bouleversement plus ou moins brutal qui donne sens à l'existence en révélant une histoire, en ouvrant un avenir possible et en faisant entrer dans une communauté.

Cette expérience paroxystique n'est pas nécessairement religieuse même si spontanément, nous l'envisageons ainsi. L'engagement politique au nom d'une idéologie peut fonctionner de la même manière. Le coup de foudre amoureux, de même. Une expérience semblable peut se discerner dans l'itinéraire de l'artiste. Proust la vit de manière inattendue dans le célèbre texte de la madeleine « *Et bientôt, machinalement, accablé par la morne journée et la perspective d'un triste lendemain, je portai à mes lèvres une cuillerée du thé où j'avais laissé s'amollir un morceau de madeleine. Mais à l'instant même où la gorgée mêlée des miettes du gâteau toucha mon*

[1] Matthieu Suc, *Les enfants tueurs de l'Etat islamique,* Médiapart, 5 mars 2018 Editions.mediapart.

palais, je tressaillis, attentif à ce qui se passait d'extraordinaire en moi. Un plaisir délicieux m'avait envahi, isolé, sans la notion de sa cause. Il m'avait aussitôt rendu les vicissitudes de la vie indifférentes, ses désastres inoffensifs, sa brièveté illusoire, de la même façon qu'opère l'amour, en me remplissant d'une essence précieuse : ou plutôt cette essence n'était pas en moi, elle était moi. J'avais cessé de me sentir médiocre, contingent, mortel (...) Je pose la tasse et me tourne vers mon esprit. C'est à lui de trouver la vérité. Mais comment ? Grave incertitude, toutes les fois que l'esprit se sent dépassé par lui-même ; quand lui, le chercheur, est tout ensemble le pays obscur où il doit chercher et où tout son bagage ne lui sera de rien. Chercher ? Pas seulement : créer. Il est en face de quelque chose qui n'est pas encore et que seul il peut réaliser, puis faire entrer dans sa lumière[1]. » Il fallut un certain temps à Proust pour comprendre ce qui se passait, mais cette expérience fut déterminante. Il se reconnaissait en face de quelque chose qui n'était pas encore et que seul il pouvait réaliser, puis comprendre. Au-delà du souvenir, c'est lui-même qui était en jeu dans le surgissement de son passé et l'advenu à soi, sur fond de désolation. Cette expérience paroxystique marqua la mémoire et orienta l'œuvre de l'écrivain comme une vocation : *A la recherche du temps perdu.*

Un mal-être latent, une angoisse diffuse, une humiliation sourde

Les conversions qui se multiplient dans les réveils religieux ne sont pas des commencements décisifs comme le néophyte le proclame, mais l'aboutissement d'un long processus psychique intimement lié à l'espace familial et culturel, trouvant dans un environnement religieux des médiations — un texte, une parole, un événement, une rencontre, une communauté — qui le *précipitent*, au sens chimique du terme. Un grand nombre de ces jeunes ont des racines musulmanes, mais pas de véritable initiation religieuse. Ils ont grandi dans un environnement laïc. L'immigration de leurs grands-parents ne fut pas volontaire, mais causée par la culture occidentale dont le caractère matriciel a détruit les cultures ancestrales. Cet événement ne peut pas ne pas laisser des traces profondément enfouies. Comme un mal-être latent, une

[1] Marcel Proust, *A la recherche du temps perdu. Du côté de chez Swann*, Editions Grasset, 1913.

angoisse diffuse, une humiliation sourde. Refoulé chez les anciens, ce mal-être travaille la jeune génération.

Ce processus ne touche pas que cette population. Un homme de 65 ans, originaire de l'Ardèche, de racine chrétienne, me confiait qu'il ne pouvait plus passer près d'un monument aux morts de 14-18. La vue de la liste des disparus lui était devenue insupportable. La lecture des récits de poilus, et la figure de son grand-père qui avait survécu aux gaz des tranchées, remontaient à sa mémoire. La douleur et la révolte, comme un cri sourd, voilaient son regard. Nous poursuivions notre marche en silence. Il s'apaisait.

Daniel Rondeau, dans *Mécaniques du chaos*, fait parler un des personnages du roman, Sami : *« Sami ne se souvient pas de l'avoir entendu tenir un propos contre les Français : — oui Papa, je t'en veux, pour ton silence, tes mains croisées, tes pensées nouées. Tu n'es pas forcé de tout accepter. Elle est où Papa ta liberté ? — Il lui en veut d'avoir été un homme sans courage, sourd aux humiliations, aveugle aux injustices. Il lui en veut d'être fait du bois tremblant de l'exil. Il lui en veut d'être si vieux et malade. Déjà. A son âge ! Quel âge ? Soixante-quatre*[1]*. »* Sami élargit son regard à la société : « *Nous sommes des citoyens de deuxième classe, nous habitons des ghettos, j'ai réussi à m'en sortir assez miraculeusement, mais des exceptions comme moi, il y en a peu... Six millions d'Arabes vivent en France dans des endroits tous plus pourris les uns que les autres (...) Nos frères se font tirer par la police et c'est eux qui sont condamnés par la justice. Nos droits fondamentaux ne sont pas respectés, nos sœurs sont transformées en putains, ces gens ne croient en rien qu'en leur force et leur argent*[2]. » Sa compagne, de famille catholique, épouse sa vision de la société : « *Les pauvres ne sont pas seulement ceux qui ne mangent pas à leur faim, qui manquent d'argent, ce sont tous ceux qui sont obligés de vivre dans la pourriture*[3]*. »*

Des dynamiques individuelles se multiplient, par lesquelles des jeunes « *passent en quelques semaines ou quelques mois, de l'ignorance d'un*

---

[1] Daniel Rondeau, *Mécaniques du Chaos*, Editions Grasset, 2017, p. 92.
[2] Ibid., p. 402.
[3] Ibid., p. 410.

délinquant de cité fumeur de shit à l'expertise d'un philosophe des hadiths, de la naïveté d'une gamine, coquette des beaux quartiers, à cette voilée belliqueuse en quête d'un mari à la kalach, de l'innocence d'un jeune lycéen studieux à l'engagement d'un djihadiste en route vers les zones de combat en Syrie[1]. » Ils peuvent avoir un haut niveau de formation : « *Depuis quelques mois, deux groupes d'étudiants en médecine (de l'université de sciences médicales de Khartoum, au Soudan) sont partis au Levant pour rejoindre l'EI (...) Il m'est difficile d'identifier les facteurs ayant conduit ces étudiants intelligents et de bon niveau vers l'EI. Est-ce que cela peut venir d'une quête d'identité ? Est-ce que c'est de la faute de l'université ? Est-ce que cela tient au manque d'influence de leur famille ?*[2] »

L'ethnopsychiatre Tobie Nathan perçoit une fragilité au djihadisme chez ces jeunes, dont « *les histoires familiale et personnelle sont caractérisées toutes deux par un déficit : appartenance culturelle défaillante à la première génération, filiation flottante à la suivante*[3]. » Les récits entendus dans l'espace protégé de la relation thérapeutique font écho à l'itinéraire du thérapeute. Enfant d'immigré juif égyptien, il retrouve dans le cheminement de ces jeunes, des éléments de sa propre histoire « *Nous ignorions que le vide qu'il nous semblait avoir comblé en quelques mois ne disparaîtrait jamais ; qu'il resterait en nous, à la fois gouffre d'angoisse jamais apaisée et énergie de nos passions à venir (...) Sur le moment, rien n'y paraît, mais l'abîme se creuse en secret et surgit une dizaine d'années plus tard en négativités confuses*[4]. » Le thérapeute souligne la gravité de cette coupure : « *Etre coupé de sa source, ce n'est jamais être délivré d'un lien, mais condamné, comme Caïn, à l'errance infinie, nécessairement à la recherche d'une autre source et toujours soumis à la surveillance des propriétaires du lieu*[5]. »

La figure de Dieu, qui peut être un objet de moquerie pour celui qui a grandi dans la culture occidentale, devient pour ces jeunes le ressort

---

[1] Tobie Nathan, *Les âmes errantes*, Editions L'Iconoclaste, Paris, 2017, p. 24-25.
[2] Scott Atran, *L'Etat Islamique est une révolution*, Editions Les Liens qui Libèrent, 2016, p. 44-45
[3] Tobie Nathan, *Les âmes errantes*, Editions L'Iconoclaste, Paris, 2017, p. 55.
[4] Ibid., p. 18-19.
[5] Ibid., p. 60.

spirituel qui donne corps à leur existence individuelle et sociale en souffrance. La jouissance qu'offre la caricature grossière de la figure divine a quelque chose d'obscène au regard de cet enjeu. Elle est porteuse d'une violence psychique qu'un esprit, inscrit dans la tradition républicaine, a du mal à concevoir. Si Dieu peut être réduit à une production culturelle parmi d'autres et avec laquelle on peut jouer ; il est aussi le socle sur lequel repose la vie de beaucoup de nos contemporains ébranlés par la culture capitaliste. Ainsi l'engagement de ces jeunes n'est pas nécessairement économique et social, il est d'abord spirituel. Un écrivain public Ahmed relate ce bouleversement dont les jeunes djihadistes prennent le contre-pied : « *il y a quelques années encore, les jeunes voulaient bien faire des efforts pour respecter la tradition... maintenant, cette jeunesse nous désespère. Ils ne veulent plus travailler la terre de nos ancêtres, ils préfèrent se pervertir au contact des groupes de touristes. Ils cherchent l'argent et pas l'amitié : ce sont deux choses différentes. Le musulman doit accueillir l'étranger et partager avec lui ce qu'il a de meilleur. Ils sont fascinés par le monde occidental.* » Le capitalisme se révèle être une formidable machine de *désaffiliation.*

Cette violence provoque un sentiment de déréliction qui engendre la haine, une haine qui cherche et trouve une issue vécue comme une vocation. Donald Rumfeld constatait que la vague islamiste actuelle n'avait pas grand-chose à voir avec le dénuement matériel. M. Oussama Ben Laden et ses amis étaient motivés par un sentiment de *désastre absolu.* « *Et ce désastre n'est pas seulement économique et social. Il est aussi politique, militaire, stratégique. Ils voient leur univers foulé aux pieds par des forces extérieures, comme les Etats-Unis, et par certains secteurs de leur propre société*[1]. » Cette analyse souligne l'effondrement global des fondements de l'existence. Un jeune de 24 ans qui a rejoint Jabhat al-Nosra en Syrie raconte son expérience en Allemagne : « *Ils nous apprennent à travailler dur afin de nous acheter de belles voitures et de beaux vêtements, mais ce n'est pas cela le bonheur. J'étais un être humain de troisième classe parce que je n'étais pas intégré à un système corrompu. Mais je ne voulais pas devenir un délinquant. Aussi, avec mes amis, nous avons décidé*

[1] Francis Pasini, Une nouvelle doctrine militaire américaine, *Le Monde diplomatique,* juin 2002.

de démarcher autour de nous pour inviter les gens à rejoindre concrètement l'islam[1]. »

La promesse du salut ici et maintenant

Chacun d'eux perçoit dans le discours islamique une parole qui lui est adressée au plus intime de lui-même, qui lui révèle son désarroi spirituel, et qui sonne comme une promesse de salut, ici et maintenant. Tobie Nathan témoigne : « *je sens leur cœur battre, leur tête chavirée. Je les entends penser : « Enfin ! Voici enfin des gens pour qui mon existence présente un intérêt...*[2] » Les convertis utilisent d'ailleurs le terme de *reconversion.* Elle est vécue comme une *renaissance* qui fait entrer dans une vie nouvelle. Nouvelle manière d'être, de penser, de nouer des relations, de sentir et l'insertion dans une nouvelle communauté[3]. « *Le bien par excellence, c'est la communion avec autrui* », disait E. Durkheim. Une alternative à ce qu'ils vivaient avant leur conversion. Si la révolution est le bouleversement des structures sociales visant à réduire, sinon à supprimer, les relations de domination, le terrorisme islamique est une révolution[4] qui se dit en terme religieux.

Des questions de philosophie fondamentale

Les jeunes djihadistes témoignent de cette soif de sens inextinguible logée au cœur de la condition humaine et dont les traditions religieuses en sont des expressions multiples, burinées par les siècles et les institutions. « *Les jeunes radicalisés ne sont pas seulement des "âmes errantes" capturées par des gourous pervers, des politiques calculateurs ou des tyrans fous de l'apocalypse. Ces jeunes sont aussi des curieux avides de sens, en quête de réponses à des questions de philosophie fondamentale*[5]. » Une soif qui peut aller jusqu'à rompre

---

[1] Scott Atran, *L'état islamique est une révolution*, Editions Les Liens qui libèrent, 2016, p. 43.
[2] Ibid., p.64.
[3] Tout cela fait penser aux *born-again* des églises évangéliques et des renouveaux religieux.
[4] Scott Atran, *L'état islamique est une révolution*, Editions Les Liens qui libèrent, traduction française 2016.
[5] Ibid., p. 97.

les liens familiaux pour une plénitude espérée comme l'exprime le personnage de Jésus dans l'Evangile de Mathieu : « *Et quiconque aura quitté, à cause mon Nom, ses frères, ou ses sœurs, ou son père, ou sa mère, ou sa femme, ou ses enfants, ou ses terres, ou ses maisons, recevra le centuple, et héritera de la vie éternelle*[1]. » Difficile de dire mieux l'intensité et l'enjeu de cette soif chez certains. Aussi prégnante sinon plus que la pulsion sexuelle qui pousse l'adolescent à sortir de l'espace familial pour un projet de vie à partager avec l'autre.

Une filiation inversée

Leur conversion est vécue comme un retournement qui les rend, à leurs yeux, plus musulmans que leurs parents. Ils se considèrent alors comme capables de les enseigner, de les corriger, de leur offrir le paradis par le martyr. La filiation, étrangement, s'inverse. Ce n'est plus les parents qui transmettent à leurs enfants, mais les enfants à leurs parents. Ils croient ainsi leur donner ce que le contexte culturel leur a enlevé : un sens, une dignité, une communauté. En un mot : un Sacré. Ils ne sont plus des individus désorientés dans un monde en perdition, ils deviennent signe des temps, prophète du cataclysme à venir, du jugement de Dieu. Ces jeunes ne vivent pas l'Islam traditionnel transmis de génération en génération comme une sagesse, un art de vivre, un milieu de vie. Ils l'investissent comme une réponse à leur mal-être, comme une défense psychologique et une arme.

En effet, on ne parle jamais tant de traditions que lorsqu'elles ont cessé d'être directement vécues. Il en va de même pour les nationalismes qui remettent au goût du jour des pratiques venant du passé : chants et danses populaires, luttes et jeux d'adresse, art culinaire. Elles sont reprises et folklorisées pour répondre à des finalités contemporaines. Leur surgissement ne témoigne pas de la survie des cultures traditionnelles, mais de leur disparition. « *Quand les façons anciennes vivent encore, les traditions n'ont pas besoin d'être revitalisées ni inventées*[2]. »

---

[1] Matthieu, 19,29.

[2] Eric Hobsbawm et Terence Ranger, *L'Invention de la tradition*, Editions Amsterdam, Paris, 2006.

Ces jeunes explicitent la dimension contestataire de leurs combats en termes tout à la fois religieux et politiques. Comme les prophètes de la Bible qui vivaient dans leur corps les conflits de leur époque. Et ils s'inscrivent, sans le savoir, dans l'histoire du terrorisme politique de l'extrême gauche. Ce mouvement est une forme d'accomplissement de la contestation existentielle dans laquelle religion et politique ne font plus qu'un, contre un ennemi omniprésent. Leur engagement ne s'inscrit pas dans une filiation, mais dans une aliénation première qu'ils rejettent. Ils ne vivent pas la religion comme un art de vivre, mais comme une guerre. Ils sont les enfants ulcérés et révoltés de l'esprit du capitalisme. Le président Macron se félicite que des jeunes désirent être milliardaires, les jeunes djihadistes se dressent comme des figures radicalement opposées.

Un combattant de 25 ans de al-Nosra[1] témoigne : *« Ado, je voulais juste jouer au foot et aux jeux vidéo. Je lisais des romans. En y repensant, il semble que mon esprit était trop occupé et distrait par des sujets conventionnels : étudier, avoir un bon métier, se faire des amis, s'amuser, fonder une famille. Le concept de djihad était un truc effrayant à cette époque, quelque chose qui évoquait le sacrifice, les épreuves, la voie sans retour. Puis je fus informé sur la notion de martyr (Shuhada)... Des guerriers brandissant leurs épées et chevauchant sur de magnifiques chevaux, mon esprit était envahi d'images de combats pour Allah et de martyr. Je n'avais jamais vraiment regardé la propagande djihadiste en ligne et j'étais si impatient d'aller en Syrie avec deux frères, qui venaient de Grande-Bretagne, pour débarrasser la société de ses nombreux vices et faire en sorte que la Terre retrouve un état de pureté, où régnerait la loi de Dieu, surpassant tout le reste ! J'étais jaloux des frères qui avaient été tués dans la lutte pour ouvrir la voie d'Allah. »*

La valeur sacrée du sang versé

L'acte terroriste qui provoque le chaos est la réaction au chaos qu'ils perçoivent dans la société et qu'ils ont vécu intérieurement, avant leur conversion. « *C'est pourquoi le désordre est un acquis, signalant la*

---

[1] Scott Atran, *L'état islamique est une révolution*, Editions Les Liens qui libèrent, 2016, p. 73-74.

proximité du bouleversement ; le déséquilibre, une confirmation ; l'étrangeté, une évidence ». Dans un monde travaillé par la corruption, l'islam salafiste propose une ascèse radicale : la maîtrise quotidienne du corps, de son hygiène et de son alimentation et une incessante surveillance de l'âme. A la course au profit qui mine les solidarités, une *communauté soudée* face à l'adversité. A des perspectives incertaines et insignifiantes, un *avenir décisif.* A l'effacement des pères, des *Maîtres* : « *La perte des attachements produit nécessairement des fidélités fanatiques*[1]. » Dans une culture qui dilue dans l'insignifiance les liens sociaux soumis à la loi du Marché, le djihadisme recrée des liens qui ont la valeur sacrée du sang versé.

La religion comme une bouée de sauvetage

Cette intuition est tellement vive que ces jeunes ne cherchent pas tant à comprendre l'islam dont ils n'ont le plus souvent qu'une connaissance réduite à quelques slogans, que d'adhérer à un Crédo qui éclaire leur vie et les intègre dans une communauté de destin. La religion de leur père est investie en fonction de leur *état d'âme* comme une bouée de sauvetage. Comme un affamé se rue sur quelques nourritures. Le désir exacerbé infléchit les événements et les textes religieux pour en tordre le sens, un sens qui répond à leur mal-être. Ces textes sont vécus comme des signes qui parlent avec clarté et appellent chacun. Le désir a cette propriété extraordinaire de donner aux choses leurs valeurs et leurs sens. Les événements et le texte sacré ne sont plus des objets de connaissance, d'interrogation et de réflexion, mais des signes qui confortent et appellent au passage à l'acte. Le texte devient le miroir de leurs affects prenant corps dans la lecture. Ces jeunes se donnent inconsciemment les raisons qu'ils cherchent pour sortir de leur déréliction.

De la violence sacralisée

L'appel islamique n'atteint pas que de jeunes gens d'origine musulmane. Certains sont issus de famille chrétienne, juive ou agnostique. Il touche des enfants de migrants, mais aussi des *Français*

[1] Tobie Nathan, *Les âmes errantes*, Editions L'Iconoclaste, Paris, 2017, p. 148.

de souche, si cette formule peut avoir un sens. Ils ne viennent pas uniquement des quartiers difficiles, ils ne sont pas nécessairement exclus du système scolaire. Il est ainsi difficile, sinon impossible, de brosser le profil psychologique type du jeune embrigadé. Les analyses disponibles révèlent davantage les a priori politiques et scientifiques des experts qui se penchent sur ce drame. Ils insistent soit sur les causes sociales et politiques, soit sur le caractère religieux, soit sur l'ignorance des protagonistes. L'événement est perçu soit comme une islamisation de la colère, soit comme une radicalisation de l'islam, ou comme une forme de nihilisme. Olivier Roy considère les auteurs des attentats de Paris comme des marginaux ignorants des questions religieuses ou géopolitiques, fascinés par la mort. Ces analyses ont certainement une part de vérité, mais cette diversité d'approches nous invite à aller en deçà de ces explications. A aller à la racine, en ce lieu intime où prend corps l'existence de chacun à travers un sens reçu et partagé.

Une critique féroce de la culture occidentale

Ces jeunes ont au moins un point commun : ils développent une critique féroce de la culture occidentale où s'entremêlent sentiments de déréliction et quête spirituelle. La culture occidentale provoque immanquablement une crise de la filiation par l'injonction contradictoire qu'elle véhicule implicitement. Cette crise prend de multiples formes dans lesquelles la transmission d'un sens, d'une génération à l'autre, s'inverse quand elle ne se pervertit pas. Les publicistes ont inventé la notion *d'enfant prescripteur*. Pour pousser à la consommation, ils séduisent les enfants qui, à leur tour, influencent le comportement des parents. Ce n'est plus les parents qui disent et mettent les limites, c'est l'enfant qui dicte les comportements. Dans l'Education nationale, un processus identique est à l'œuvre. Au fil des réformes qui développent l'Internet et les évaluations, la relation professeur-élève se distend, l'élève devient l'acteur responsable de sa formation, le professeur devient un accompagnateur, auxiliaire secondaire. Dans l'entreprise, l'expérience professionnelle des plus âgés n'est plus une richesse à transmettre aux jeunes, mais un salaire trop élevé. Le message implicite de la société de consommation — *jouis sans entrave !* – mine le fondement même de l'éducation : l'autorité d'une parole éprouvée répondant aux exigences de l'esprit.

Dans le cadre de la relation thérapeutique, Tobie Nathan entend cette quête spirituelle, quête qu'il inscrit dans l'histoire singulière et familiale des jeunes djihadistes. Cependant, ces itinéraires se déroulent dans le contexte plus large de la mondialisation libérale. La transmission d'une culture est en grande partie inconsciente. « *Les jeunes ressemblent plus à leur époque qu'à leur père* », disait Marc Bloch qui pressentait dans la filiation une complexité qui va bien au-delà de la transmission familiale. Car cette transmission ne se vit pas seulement dans l'espace clos de la famille, même élargie. Elle se vit dans un milieu culturel qui suscite au plus intime des sujets une saisie intuitive du monde qui détermine leur manière d'être.

L'itinéraire d'un jeune s'ouvre au monde et prend de plein fouet les contradictions et les drames de son époque, l'histoire de sa communauté. Le climat culturel et l'histoire familiale étant porteurs d'une souffrance innommable, la relation aux adultes devient problématique. Elle n'engendre pas la reconnaissance, mais la haine comme en témoigne l'expression *j'ai la haine*. La haine n'y a pas d'objet précis parce qu'elle les a tous, en tant qu'ils témoignent de la culture qui les façonne. L'appartenance à la culture n'est plus objet de fierté, mais de honte. Dans un tel contexte, la dérision publique de la figure religieuse de la religion peut devenir l'ultime scandale qui transforme leur haine en vocation au martyr : « *Enlevez la foi à un fidèle, la croyance à un croyant : qu'obtenez-vous ? Le plus acharné des ennemis*[1]. »

Dans ce contexte, la parole des adultes perd de sa pertinence quand elle ne devient pas inaudible. La croyance religieuse de ces jeunes ne repose pas tant sur le témoignage des anciens que sur le sentiment de rejet qu'ils partagent entre eux. Nous retrouvons ce processus dans l'émergence des communautés charismatiques des années 1970[2] en marge de l'Église catholique. Le discours d'une des figures de ce renouveau religieux sonne étrangement à lumière de l'actualité : « *Nous entrons dans une grande révolution qui va briser tout ce qui a été construit depuis le Moyen Age. On dit que le Moyen Age était une époque d'obscurantisme, ce n'est pas vrai. C'est la Renaissance qui a*

[1] Don Winslow, *Cartel,* Editions du Seuil, 2016, p. 29.
[2] Infra., p. 181.

mis en route la mort de Dieu, la raison a tout envahi. Partout on a construit des systèmes, et l'on en est arrivé au point que Dieu ne peut même plus intervenir tellement nous les avons fermés. Après la mort de Dieu vient la mort de l'homme. Nous sommes arrivés au bout du rouleau de notre destruction. Dieu intervient là où l'on ne s'y attendait pas[1]. » Le djihadisme radicalise ces processus. Ces réveils religieux témoignent, chacun à leur manière, de la fonction matricielle de l'ère capitaliste qu'ils contestent et dont ils sont les enfants.

Un climat culturel qui valorise la jouissance déconsidère la fonction paternelle. Cette éviction des pères ouvre l'espace social aux pairs. Les jeunes sont voués à trouver entre eux un sens possible qui oriente leur existence. Ils réinvestissent la religion non comme une sagesse issue de l'expérience transmise par les anciens, mais comme un ensemble de signes sans ambiguïté qui répondent à leur angoisse. Ils prennent les problèmes du siècle à bras le corps et s'arrogent la responsabilité de sauver leurs parents et le monde lui-même.

Le symptôme d'une ère culturelle défaillante

Et la diversité de leurs profils psychologiques et sociaux nous invite à penser qu'il ne s'agit pas seulement d'une dérive propre à l'islam. Richard Durn, l'auteur de la tuerie du conseil municipal de Nanterre de la nuit du 26 mars 2002 n'était pas un terroriste, il écrivait dans son journal : je veux *« faire du mal pour, au moins une fois dans ma vie, avoir le sentiment d'exister*[2]. *»* Il partageait le même sentiment de *désolation,* trouvant dans la violence un ultime sens à son existence. Ces jeunes nous obligent à entendre le non-sens qui transpire de la vie quotidienne et des institutions de la mondialisation libérale. Leur cheminement s'inscrit ainsi dans un contexte plus large que celui de l'islam et des migrations. *L'appartenance culturelle défaillante et la filiation flottante,* pour reprendre une expression de Tobie Nathan, ne se comprennent pas seulement à partir de l'itinéraire familial de ces jeunes. Elles sont *le symptôme* d'une *ère culturelle défaillante* qui altère *la filiation.*

---

[1] Ephraïm, *Déjà les blés sont blancs*, Editions Le Serment/Fayard, 1987, p. 17.
[2] *Le monde*, 10 avril 2002.

L'Afrique devient la terre de prédilection du terrorisme islamique. Les analyses que nous faisons pour l'Europe sont valables dans ce continent. Marc Antoine Perouse de Montclos[1], politologue de l'Institut de recherche pour le développement (IRD), a exploré les ressorts de la mobilisation djihadiste à l'est comme à l'ouest du continent africain. Il reconnaît que *« l'endoctrinement religieux n'est pas la cause première des violences commises aujourd'hui au nom de l'islam »*. Les réponses militaires au terrorisme djihadiste, sous la forme d'interventions occidentales directes ou de guerres par procuration, *« font partie du problème et pas seulement de la solution »*. La religion est une dimension qui interagit avec le climat international et les crises locales. Le terrorisme islamiste n'est pas consubstantiel à la religion musulmane.

L'accomplissement de la perversion du capitalisme

L'esprit du temps présent engendre un mal-être qui trouve dans le discours djihadiste une formulation explicite qui marque la psyché de ces jeunes comme une nouvelle naissance. Cette conversion est ainsi vécue comme une libération qui ouvre un avenir possible et une advenue à soi décisive. La radicalité symbolique, sociale, économique qui caractérise le capitalisme appelle une radicalisation de ce processus. Il en va comme si, l'esprit étouffé par cette hégémonie culturelle, surgissait brutalement comme une énergie trop longtemps refoulée. Elle surgit avec violence, marquée au fer rouge par la culture qu'elle conteste. Ces jeunes mènent à son terme, à leur insu, la perversion du milieu culturel contre lequel ils luttent et dans lequel ils ont grandi. Le principe pervers par lequel *le vice est fait vertu,* trouve son accomplissement ultime dans *la mort violente faite viatique du salut.* Le meurtre-suicide comme acte salvifique : *« la mort sur le sentier de Dieu est notre souhait ultime[2]. »* L'interdit fondateur du meurtre, formulé depuis des millénaires, s'inverse : il devient *le devoir de tuer*.

---

[1]Marc Antoine Perouse de Montclos, *L'Afrique, nouvelle frontière du djihad?* Editions La Découverte, 2018. In *Les blogs du Monde diplomatique*, Philippe Leymarié, Sortir du tout-militaire, 15 novembre 2018.

[2] Formule attribuée à Hassan el-Banna, le fondateur des Frères musulmans. In *Les âmes errantes*, de Tobie Nathan, p. 231.

A force d'instrumentaliser l'humanisme des Lumières pour cacher et justifier la pulsion d'accaparement, la culture occidentale enfante l'horreur : l'inversion radicale des fondements de la Loi qui assure l'existence fragile de l'humanité. L'Interdit du meurtre se mue en impératif du meurtre. La folie de l'esprit.

La pulsion d'accaparement opère comme un cancer

Le pervers a le pouvoir de tuer psychiquement sa victime, qui est alors tentée par la violence et le suicide. Les nombreux livres qui analysent la relation perverse dans la vie conjugale et professionnelle soulignent cette caractéristique dramatique : elle est mortifère. Il semble bien qu'il faille élargir cette analyse à la culture. Le capitalisme s'avère être une œuvre monumentale et magistrale de désaffiliation. Il ne transmet pas une exigence qui canalise la pulsion, mais justifie la pulsion d'accaparement qui opère comme un cancer dont les métastases se propagent dans tous les organes et les membres du corps social. L'esprit qui se nourrit d'une parole chargée de sens, nimbée de silence et de modestie gagnée au fil des années, se fait de plus en plus rare. Ne pas prendre en compte cet horizon, c'est prendre le risque d'essentialiser les identités — celles des jeunes, de l'Islam — et passer inconsciemment à côté du véritable problème dont nous sommes partie prenante.

La mise en spectacle de la jouissance pour une consommation addictive captive les esprits et les détourne d'autrui, laissant le plus grand nombre dans la misère matérielle et spirituelle. Cette logique engendre un déni de l'esprit. Le terroriste explose et expose cette mort, il s'approprie la mort spirituelle en la retournant : il la sacralise pour lui.

Le terrorisme, la violence sacralisée

Dans l'acte terroriste, la violence s'identifie au sacré dans toute son horreur. René Girard analysait le lien intime qui unit le sacré et la violence. Le sacré est une manière de canaliser la violence inhérente au désir. Les individus se rassemblent, inconsciemment, autour d'une victime : le bouc émissaire qu'ils sacralisent après coup. Le Sacré est ainsi la violence en tant qu'elle est rejetée pour assurer la vie sociale : *ce qu'il ne faut pas toucher*. Chez le jeune djihadiste, ce processus s'inverse : le Sacré est la violence en tant qu'elle est désirée. Il porte dans sa chair la folie du monde. Il en est tout à la fois, la victime, le témoin, et l'acteur, pris dans une logique totalement pervertie. L'anthropologue Alain Berto parle de notre actualité comme du *temps des martyrs*[1].

De la perversion

Avec le néolibéralisme, le discours politique s'accompagne d'une telle distorsion avec la réalité que le sens logé au cœur de notre culture implose. Le sacré est bien la violence qu'il faut éviter en la tenant à distance dans les filets du langage (l'Interdit). Lorsque ces filets se rompent, que les mots disent le contraire de leur sens premier, la violence n'est plus ce qu'il faut écarter, mais ce qu'il faut faire. La violence sacralisée est la butée ultime engendrée par une culture perverse. La Loi n'interdit plus le meurtre, elle appelle au meurtre. Nous avons déjà repéré cette logique dans le nazisme et la philosophie de Sade. Le nazisme tenta de cacher le meurtre industrialisé en jouant avec les mots et en détruisant les fours crématoires. Le djihadiste passe un cap : il met en scène le meurtre et en fait la publicité, totalement ajustée à l'esprit du temps. Le meurtre et le suicide conjoints deviennent la Loi qui s'impose comme salut de l'humanité. La légitimation de la pulsion achève son œuvre de sape des Interdits fondateurs.

Le regard ne rencontre plus de limite suggérée par la décence. Ce que l'on ne peut voir est mis en spectacle comme la nudité crue de la pornographie, le luxe de l'hyper richesse et la misère dans toute son horreur. La décence se déchire et laisse surgir ce qui ne doit pas être mis en scène. La banalisation de l'obscène serait la signature d'une culture incapable de se donner des limites. *Le Cri* d'Edouard Munch traduit l'effroi qu'elle suscite. Les portraits de Francis Bacon, déformés par des forces venant de l'intérieur, en dessinent les traits sur les visages.

---

[1] Alain Bertho, *Les enfants du chaos*, Essai sur le temps des martyrs, Editions La Découverte, 2016.

Lévi Strauss avait remarqué que l'exclusion sociale de membres d'une communauté traditionnelle engendrait leur mort physique : « *L'intégrité physique ne résiste pas à la dissolution de la personnalité sociale*[1]. » Il y aurait dans cette intuition la formulation d'une loi anthropologique : l'insertion sociale, qui passe par la filiation, est vitale. Son exclusion est mortelle. Ces jeunes, qui ne peuvent partager l'esprit du temps, se sentent exclus : « *Ils nous apprennent à travailler dur afin de nous acheter de belles voitures et de beaux vêtements, mais ce n'est pas cela le bonheur. J'étais un être humain de troisième classe parce que je n'étais pas intégré à un système corrompu. Mais je ne voulais pas devenir un délinquant. Aussi, avec mes amis, nous avons décidé de démarcher autour de nous pour inviter les gens à rejoindre concrètement l'islam*[2]. » Les jeunes djihadistes vivent cette mort spirituelle en la retournant contre la culture qui les a exclus tout en la sacralisant pour eux-mêmes. De même que les humiliés transforment les insultes qui leur sont adressées (nègre-négritude) en traits identificatoires qu'ils revendiquent, de même ces jeunes assument la mort qu'ils subissent et qu'ils mettent en scène comme leur ultime signature.

Si les racines profondes du djihadisme sont bien celles que nous soulignons, Nicolas Henin, président de la société de conseil Action résilience, ancien journaliste, otage de l'OEI de 2013 à 2014, a raison de penser que : « *La menace de cette mouvance est globale (...) et persistante. Elle a montré en près de quatre décennies d'existence sa capacité d'évoluer, de s'adapter, de capitaliser son expérience, théâtre après théâtre*[3]. » La notion de radicalisme n'a jamais été aussi pertinente, mais il faut oser en pointer la source. Si la guerre contre le terrorisme est nécessaire, elle risque fort de passer à côté des raisons profondes qui le nourrissent. Cette révolte des esprits est une révolution qui se nourrit de la violence qu'elle engendre contre elle… car elle en est née.

---

[1] C. Lévi-Strauss, *Anthropologie structurale*, Editions Plon, Paris, p.183-184.
[2] Scott Atran, *L'état islamique est une révolution*, Editions Les Liens qui libèrent, 2016, p. 43.
[3] Nicola Henin, *Comprendre le terrorisme*, Editions Fayard, Paris, 2017.

La réflexion de tout un chacun, dans son développement spontané, nous amène au seuil de l'impensable, de ce qu'il ne faut absolument pas voir, pas approcher, pas penser. Ce que l'on met viscéralement à distance sous peine de folie. Une passion de l'ignorance. Et se laisse pressentir le traumatisme des familles victimes de ces carnages : un gouffre d'angoisse qui affecte la société tout entière.

Le mur de Berlin s'est effondré pour laisser place à une division qui se révèle aussi, sinon plus, meurtrière. Un antagoniste radical entre les esprits, inaccessibles et imprévisibles parce que toutes les médiations classiques qui pouvaient remettre en cause l'esprit du temps se sont effondrées : politiques et religieuses. L'EI peut disparaître, mais le scandale des esprits demeure et se nourrit de ses échecs et de la mort elle-même. La tactique consiste à *« attirer vers la violence des sympathisants dans le monde entier : faites ce que vous pouvez avec ce que vous pouvez, où que vous soyez et quand cela vous est possible...*[1] »

La psychologie nous invite à prendre au sérieux la parole de l'autre qui crie maladroitement sa souffrance. La reconnaissance de la détresse de ces jeunes peut ouvrir un dialogue et un chemin de vie possibles. Au fil de ce compagnonnage, le jeune pourrait entrevoir une autre perspective spirituelle et politique. La lutte contre le terrorisme passe par la transmission d'une bonne culture religieuse et politique saisie dans leur dimension anthropologique. Une éducation toujours plus pensée selon la Loi du marché risque fort de conforter leurs sentiments d'exclusion et de haine.

---

[1] Scott Atran, *L'état islamique est une révolution*, Editions Les Liens Qui Libèrent, 2016, p. 11.

Conclusion

La culture occidentale se développe globalement sur trois dynamiques : le capitalisme comme économie, le libéralisme comme politique et l'humanisme comme philosophie. Faisant de l'égoïsme une vertu, prônant une liberté sans limites et sacralisant la propriété privée, elle libère l'appât du gain qui ne connaît aucune limite.

Toute culture est une tentative plus ou moins maladroite de mettre à distance la violence par les filets du langage : l'Interdit. En libérant la pulsion d'accaparement, la culture occidentale bouleverse ce qui assure la survie de l'espèce humaine. Elle génère une énergie redoutable qui se nourrit de ses crises et contraint ses ennemis à se radicaliser. Elle étend sa logique sur toute la planète et sur toutes les dimensions de l'existence. La radicalité est son essence.

La mondialisation libérale se présente ainsi comme une révolution culturelle, à l'instar du néolithique : une matrice qui engendre une manière de penser, de travailler, de sentir, de vivre en société... une manière d'être. Arrivant aux États-Unis, Freud pouvait dire qu'*il apportait la peste*. Ces paroles s'adressent aujourd'hui à l'Occident dans la mesure où le capitalisme est devenu sa culture. Elles s'adressent aussi à l'humanité entière dans la mesure où le capitalisme est devenu une ère culturelle. L'anthropocène est **l'ère du profit**.

Le terrorisme islamiste révèle, à son corps défendant, la logique qui l'anime. Le principe pervers par lequel l'égoïsme est fait vertu trouve son ultime accomplissement dans la mort sacralisée. Le meurtre et le suicide conjoints comme viatique du Salut. Le meurtre n'est plus un interdit, mais le *Devoir*. L'esprit ressurgit, défiguré, chargé des scories de la violence qui l'a trop longtemps refoulé. **La faillite de l'esprit**. Nous ne voulons ni ne pouvons voir cette perversion parce qu'elle est l'ombre portée de la croyance qui éclaire l'Occident : celle de sa supériorité.

L'histoire nous offre des filiations pour penser d'autres mondes possibles, des luttes sociales à celles de la décolonisation. Parmi les multiples analyses, projets et réalisations qui annoncent des temps nouveaux, il en est un qui semble oublié : un combat constitutionnel.

Il est un domaine intouchable, sacré, qui n'a pas encore rencontré de limites, peut-être parce qu'il conduit à toutes les jouissances ! Malgré l'esprit révolutionnaire qui l'animait, l'Assemblée constituante de 1789 fit de la propriété privée *un Droit naturel et imprescriptible.* Elle justifiait ainsi implicitement l'accaparement des richesses. Mais la propriété privée n'a rien de naturel ni d'imprescriptible. Il reste à achever le travail de la Révolution française en imposant à ce Droit des limites. Comme l'humanité a su le faire pour la pulsion sexuelle ou la passion du pouvoir. L'accumulation privée de la richesse atteint de tel sommet qu'elle est devenue un crime contre l'humanité.

Bibliographie

G. Agamben, *Qu'est-ce que le contemporain ?*, Editions Rivages Poches, 2008.

Alain, « *Système des beaux-arts* », Editions Gallimard, Paris, 1926.

Perry Anderson, « Renewals », *New Left Review*, n° 1, Londres, janvier-février 2000.

Didier Anzieu, *Le Groupe et l'Inconscient*, Paris, Editions Bordas, 1975, p. 6 et 146.

Hannah Arendt, *Condition de l'homme moderne*, Paris, Editions Calmann-Lévy, 1961 (réimpression : 1994, Paris.

Scott Atran, *L'Etat islamique est une révolution*, Editions Les Liens qui libèrent, traduction : 2016.

Marc Auger, *Pour une anthropologie des mondes contemporains*, Editions Flammarion, 1994.

Babadzan, L'invention des traditions, et le nationalisme, *Journal de la Société des Océanistes*, 109, année 1999.

C. Bachmann, N. Le Guennec, *Autopsie d'une émeute.* Histoire exemplaire du soulèvement d'un quartier, Editions Albin Michel, 1997

Benjamin Barber, *Comment le capitalisme nous infantilise*, Fayard, 2007.

Roland Barthes, *Mythologies*, Editions du Seuil, Paris, 1957

Maurice Bellet, *Les jardins du Luxembourg,* Editions Desclée de Brouwer, 1996.

Alain Bertho ; *Nous autres, nous-mêmes*, Editions Le croquant, mars 2008.

Alain Bertho, *Le temps des émeutes*, Editions Bayard, Montrouge, 2009.

Alain Bertho, *Les enfants du chaos*, Editions La Découverte, Paris, 2016.

La Bible, Deutéronome.

Alain Bihr, *Le Système des inégalités*, Paris, Editions La Découverte, 2008.

Maurice Blanchot, *L'entretien infini*, Editions Gallimard, NRF, 1964.

José Bové, *L'alimentation en otage*, avec Gilles Luneau, 2015, Editions Autrement.

Georges Bataille, *L'Erotisme*, Editions Minuit, Paris, 1957.

Jean Baudrillard, *Le système des objets*, Editions Denoël-Gonthier, pp. 201-202

G. Bensoussan, *L'Europe. Passion génocidaire*, Editions Mille et une nuits, Paris, 2006.

Pierre Bourdieu, *Médiations pascaliennes*, Editions du Seuil, Paris, réédition 2007, p. 25-26.

Pierre Bourdieu, Loïc Wacquant, « La nouvelle vulgate planétaire », *Le Monde diplomatique,* mai 2000.

Alain Braconnier et Bernard Golse *Winnicott et la création humaine*, Editions Ères, 2012

David Le Breton, *L'Adolescence à risques*, Editions Autrement, 2002.

Thierry Castelbou, *Gardarem lo Larzac*, janvier-février 2004

Condorcet, *Œuvres de Condorcet*, A. Condorcet O'Connor and M. F. Arago.

Chomsky, *L'occident terroriste*, Editions Payot, 2015.

Georges Devereux, *Essai d'ethnopsychiatrie générale*. Editions Gallimard, 1970 (réédité en coll. Tel, 1983).

M. de Certeau, *La fable mystique*, Editions Gallimard, 1982.

Martine Cohen, Le Renouveau charismatique en France, figures de l'individualisme moderne, *Esprit*, n° 45, 1946.

Jonathan Crary, *24/7, Le capitalisme à l'assaut du sommeil,* Editions La Découverte, Paris, 2014.

Boris Cyrulnik, *Résiliences. Connaissances de base*, avec Gérard Jorland, Editions Odile Jacob, 2012

Pierre Dardot et Christian Laval, *La nouvelle raison du monde*. Essai sur la société néolibérale, Editions La Découverte, 2010.

Thérèse Delpech, *L'ensauvagement, le retour de la barbarie au XXIe siècle*, Editions Grasset, 2005.

Georges Devereux, *Essais d'ethnopsychiatrie générale*, Paris, Editions Gallimard, 1970

Francis Dupuis-Dèri, Les Black Blocs : quand la liberté et l'égalité se manifestent, Editions Lux, dernière édition : 2016.

Durkheim, *Sociologie et Philosophie,* Paris, Editions Félix Alcan, coll. « Bibliothèque de philosophie contemporaine » .1925.

Norbert Elias, *La Civilisation des mœurs* (1973), et *La Dynamique de l'Occident (1975).*

Alain Ehrenberg, *La fatigue d'être soi, Dépression et société*, Editions Odile Jacob, 1998.

Alain Ehrenberg, *Le Culte de la performance*, Paris, Editions Calmann-Lévy, 1991

Ephraïm, *Les blés sont blancs*, Editions Fayard, 1987.

Annie Ernaux, *Les années*, Editions Gallimard, 2008.

Husserl, *Méditations cartésiennes*, Editions Vrin, 1947, 1992.

A. Feigenbaum, Gaz lacrymogène, des larmes d'or. *Le monde diplomatique*, mai 2018.

Thoma Frank, *Pourquoi les pauvres votent à droite*, Editions Agones.

Freud, *Malaise dans la civilisation*, (1930) in *Le Malaise dans la Culture*, Editions Puf, 2004.

Bernard Friot, *Émanciper le travail* — Entretiens — avec Patrick Zech, Editions Paris, La Dispute, 2014.

Marcel Gauchet, *le désenchantement nu monde*, Editions Gallimard, 1985.

René Girard : *La violence et le sacré*, Editions Grasset, 1972.

Gaël Giraud, Cécile Renouard, *Le facteur 12, pourquoi il faut plafonner les revenus*, Editions Carnets Nord, 2017.

Roland Gori, *La fabrique des imposteurs*, Editions Les Liens qui Libèrent, 2013.

David Graeber, *Bureaucrati*e, Editions Les liens qui libèrent, 2015.

Abbé Grégoire, *De la noblesse de la peau*, Editions Jérôme Million, Grenoble, 1996, p. 50-51, 60.

André Griffon, *Le Pays violet*, illustrations de Gaby Beaume, 1985

Nicolas Henin, *Comprendre le terrorisme*, Editions Fayard, Paris, 2017.

Marie de Hennezel, *La mort intime*, Editions Robert Laffont, p. 56.

Serge Halimi. Le Grand Bond en arrière. Comment l'ordre libéral s'est imposé au monde, Editions Agone, Marseille, 2012

Hegel, *La phénoménologie de l'esprit*, Editions Ellipses, 2014

D. Hervieu-Léger, *Des communautés pour les temps difficiles : néo-ruraux ou nouveaux moines*, Paris, Editions Le Centurion, 1983.

Thomas Hobbes, *Léviathan.*

E. Hobsbawm, *L'âge des extrêmes, le cours 20e siècle*, Editions Complexe, Le Monde diplomatique.

E. Hobsbawm et T. Ranger, *L'Invention de la tradition*, Editions Amsterdam, Paris, 2006.

Eva Joly, *Le loup dans la bergerie*, Editions Les Arènes, Paris, 2016. P. 125-128.

Sigmund Freud, *Métapsychologie*, Paris, Editions Gallimard, coll. Folio, 1985.

Philippe Julien, *Le Manteau de Noé*, Editions Desclée de Brouwer.

Kant, *Fondement de la métaphysique des mœurs*, deuxième section.

Elisabeth Kübler-Ross, *Les Derniers Instants de la vie*, Editions Labor et Fides, 1975.

Lacan, *L'éthique de la psychanalyse*, Editions du Seuil, Paris, 1986.

Lacan, *L'angoisse* (S X), 1962-1963, Paris, Editions du Seuil, 2004.

Cédric Lagandré, *La société intégrale*, Editions Climats.

Lebreton, *Conduites à risques*, Editions Presses universitaires de France, 2002.

Jean-Pierre Lebrun, *Un monde sans limite*, Editions Ères, 1993.

Henri Lefebvre, *La Vie quotidienne dans le monde moderne*, Editions Gallimard, 1968.

Pierre Legendre, *La Fabrique de l'homme occidental, Les nuits magnétiques*, France Culture, 1992.

Levinas, *Liberté et commandement*, Editions Livre de Poche, 1999.

Frédéric Lordon : Avec Thomas Piketty, pas de danger pour le capital du 21e siècle, *Le Monde diplomatique*, avril 2015.

F. Lordon, De la prise d'otages, *Les blogs du monde diplomatiques*, 3 mai 2017

Domenico Losurdo, *Contre-histoire du libéralisme,* Editions La Découverte, 2013.

Lévi-Strauss, *Les structures élémentaires de la parenté*, La Haye-Paris, Editions Mouton, 1968

C. Lévi-Strauss, Anthropologie structurale, Editions Plon.

Claude Liena, Tozeur, ravagée par le tourisme, *Monde diplomatique*, juillet 2009.

Gilles Lipovestsky, *l'Ere du vide*, Paris, Editions Gallimard, 1983.

Andreas Malme, *L'Anthropocène contre l'histoire*. Le réchauffement climatique à l'ère du capital, Editions La Fabrique, 2017.

B. de Mandeville, *La fable des abeilles,* Editions Vrin, coll. « Bibliothèque des textes philosophiques », 1998.

Karl Marx, Contribution à la critique de la philosophie du droit de Hegel, Introduction, 1844.

C. Melman, *L'Homme sans gravité. Jouir à tout prix*, entretiens avec Jean-Pierre Lebrun, Editions Denoël, 2002.

Henri Mendras, *La fin des paysans*, Editions A. Colin, Paris, 1970.

Herman Melville, Bartleby, une histoire de Wall Street, Editions Amsterdam, 2007.

Merleau-Ponty, *La Phénoménologie de la perception*, Paris, NRF, Editions Gallimard, 1945.

Merleau-Ponty, *L'œil et l'esprit,* Editions Gallimard, 1960.

Marie-José Mondain, *Confiscation, Des mots, des images et du temps*, Editions Les liens qui libèrent, 2017.

George L. Mosse, *La Brutalisation des sociétés européennes. De la Grande Guerre au totalitarisme*, Editions Hachette, 2000

Tobie Nathan, *Les âmes errantes*, Editions L'iconoclaste, Paris, 2017, p. 240.

Valeer Neckebrouck, Le peuple affligé, *Nouvelle revue de science missionnaire*, 1983, p. 476.

Florence Noiville, *J'ai fait HEC et je m'en excuse*, Editions Stock, 2009.

J. Oury, *Psychiatrie et psychothérapie institutionnelle*, Editions Champ social, Nîmes, 2001

P. Paingault, *Fioretti du Pain de Vie*, Editions Fayard, 1986.

Blaise Pascal, *Pensées, opuscules et lettres*, Editions Garnier, coll. Bibliothèque du XVIIe siècle, Paris, 2010.

J-B. Paturet, *Au-delà de Freud, une culture de l'extermination ?* Editions Le Cerf, 2009.

St Paul, *2e épitre aux Corinthiens*, Bible de Jérusalem.

Antoine Peillon, *Corruption*, Editions du Seuil, 2014.

Marc Antoine Perouse de Montclos, *L'Afrique, nouvelle frontière du djihad?* Editions La Découverte, 2018.

B. Peyrous et Hervé-Marie Catta, *Le feu et l'espérance*, Editions L'Emmanuel, Paris, 1995.

Thomas Piketty, « Trump, Macron : même combat », Le *Monde,* 09.12.2017.

M. Pinçon-Charlot, M. Pinçon, *La violence des riches*, Editions La Découverte, 2013.

M. Pinçon-Charlot, M. Pinçon, Etienne Lécroart, *Panique dans 16e,* Editions La vie brûle, 2017.

M. Proust, *A la recherche du temps perdu*, Editions Grasset, 1913.

Serge Quadruppani, « Agir en primitif, prévoir en stratège », Radicalisations, *Manière de voir*, février-mars 2017.

Daniel Rondeau, *Mécaniques du Chaos*, Editions Grasset, 2017.

Sade, *La philosophie dans le boudoir*, Editions Latorre, 2018.

Jean-Paul Sauzet, Paroles d'astres, *Etudes*, mai 1991.

Jean-Paul Sauzet, *Le Renouveau Charismatique, des catholiques du New Age*, Editions Golias, Lyon, 1994.

J-P. Sauzet, T. Baffoy, A. Delestre *Les naufragés de l'Esprit,* Editions du Seuil, 1996.

Jean-Paul Sauzet*,* *Marché de dupes*, Editions L'Harmattan, Paris, 2004, p. 39.

Jean-Paul Sauzet, *La personne en fin de vie*, Editions L'Harmattan, Paris, 2006.

A. Supiot, *L'esprit de Philadelphie.* Editions du Seuil, 2010.

H. Rey-Flaud, *L'enfant qui s'est arrêté au bord du langage*, Editions Aubier, Paris, 2008.

Ricœur, *Temps et récit* (III), *Le temps raconté*, Editions du Seuil, 1985.

Ricœur, *Soi-même comme un autre*, Editions du Seuil, 1990, p. 197.

Ricœur, Lectures 1, autour du politique, Editions du Seuil, 1999.

Christiane Taubira, *L'Esclavage raconté à ma fille*, Paris, Editions Bibliophane, coll. « Les mots à cœur », 2002.

Germaine Tillion, *La traversée du mal.* Entretiens avec Jean Lacouture, Editions Arléa, 2000

Carlos Tinicos, *Intelligents, trop intelligents*, Editions JCLattès, 2014.

Serge Tisseron, *Les Secrets de famille*, Paris, Editions PUF, 2011, coll. « Que sais-je ? »

Alain Touraine, *La voix et le regard*, Paris, Editions du Seuil, 1978.

Colin Turnbull, *Les Iks. Survivre par la cruauté,* Editions Plon, Paris, coll. Terre Humaine, 1987.

Tustin, *Le trou noir de la psyché, ou les défenses autistiques chez le névrosé*, Editions du Seuil, 1989.

Marc Valleur, Jean-Claude Matysiak, *Les pathologies de l'excès*, Editions JC Lattès, 2006.

Agnès Vandevelde-Rougale, *La novlangue managériale*, Editions Eres. 2017.

Eric Vuillard, *L'Ordre du jour*, Editions Actes Sud.

Winnicott, *Jeu et réalité*, Editions Gallimard.

Don Winslow, *Cartel,* Editions du Seuil, 2016.

Jean Ziegler, *Les nouveaux maîtres du monde*, Editions du Seuil, coll. Points, 2013.

Jean Ziegler, *La Suisse, l'Or et les Morts,* Editions du Seuil, mars 1997.

Jean Ziegler, *Le capitalisme expliqué à ma petite fille*, Editions du Seuil, mai 2018.

Ouvrage collectif, *Le livre noir du communisme*, Editions Robert Laffont, Paris, 1997.

Table des matières

Introduction 13

I) Fragile humanité **17**
Fragilité native 19
Langage et croyance : un mode d'adaptation 21
Une nouvelle dimension : le symbolique 24
Mythes et interdits 27
Vie et création 31
L'expérience première 34
L'angoisse réactionnelle 39
Une conversion possible 42

II) La culture : un milieu de vie **47**
La culture comme milieu de vie 49
Nécessaire culture 57
La question du sens 63
A la source de la culture 65
La culture comme espace transitionnel 68
De la religion comme culture 70

III) De la culture occidentale **77**
L'Europe humaniste 80
L'Europe génocidaire 88

IV) Le capitalisme ou l'appât du gain **103**
Capitalisme et cultures traditionnelles 106
Capitalisme et régimes communistes 110
Une nouvelle religion 116
Un nouveau paradigme 122
Le Crédo d'une nouvelle croyance 125

V) Le capitalisme, un cancer anthropologique **131**
Perversion de la Loi 133
De la liberté 139
Capitalisme, nazisme, philosophie de Sade 144
Perversion du langage 153
L'espace 162
Le temps 166

VI) De la radicalité 179
Le temps de la réflexion 181
Crise du politique 183
Crise du religieux : les fondamentalismes 196
La folie du monde 208
De la perversion d'une culture 213
Les conduites à risques 218
Le temps des émeutes 220
Cortèges de tête et Blacks Blocs 226

VII) Capitalisme et terrorisme 231
De la radicalisation du djihadisme 234
De la conversion 237
De la violence sacralisée 246

Conclusion 255

Bibliographie 257

PHILOSOPHIE
AUX ÉDITIONS L'HARMATTAN

Dernières parutions

L'APRÈS-MIDI SERA COURTE
Plaidoyer pour le droit à l'euthanasie
Nadia Geerts
« Tout est bien » : telle était ma conviction profonde en accompagnant Maman dans sa demande d'euthanasie. Tout est bien quand la loi, comme en Belgique, reconnaît aux individus le droit de disposer de leur vie, jusqu' à y mettre fin. Car pourquoi notre vie devrait-elle être sacrée ? Il y a derrière la question de l'euthanasie un véritable enjeu de liberté individuelle, et donc de laïcité. C'est sous cet angle qu'il faut examiner le rôle du médecin : ni simple exécutant, ni volonté se substituant au malade, il s'agit de la main amie qui permet l'accomplissement de la volonté mûrement réfléchie et clairement exprimée de son patient, et ce dans des conditions de dignité.
(Coll. Débats Laïques, 170 p., 18 euros)
ISBN : 978-2-343-16181-5, EAN EBOOK : 9782140105609

RATIONALITÉ EN PHILOSOPHIE DES SCIENCES
Une démarche zététique en épistémologie, logique et mathématiques
Elie Volf, Michel Henry
Préface d'Evariste Sanchez-Palencia, de l'Académie des Sciences
Cet ouvrage vise à approfondir les fondements de la rationalité en philosophie des sciences pour montrer ce qu'une pensée rationnelle peut apporter à la démarche scientifique, pour mieux analyser un raisonnement ou les résultats d'une expérience. Il s'agit d'une étude des différentes méthodes de raisonnements. L'histoire des mathématiques fait l'objet d'un chapitre riche montrant l'évolution de la pensée logique. Par leur approche zététique et épistémologique, les auteurs ont souhaité que la pensée rationnelle ne s'efface pas sous l'attrait de certaines dérives contemporaines.
(Coll. Ouverture Philosophique, 242 p., 25,5 euros)
ISBN : 978-2-343-15576-0, EAN EBOOK : 9782140104763

LA SOCIÉTÉ ÉMANCIPATRICE
Charles Maurice
La culture humaine en ce début de XXIe siècle est marquée de profonds déséquilibres environnementaux et sociaux. La transformation radicale des sociétés sur des bases de justice sociale apparaît comme la condition pour que le genre humain poursuive son processus de libération et soit enfin fidèle à la démarche éthique qui le singularise. Pourtant, les révolutions ont toutes échoué. Les adversaires de l'exploitation de l'homme par l'homme sont affaiblis et désorientés. Ils ont du mal à s'opposer aux politiques libérales antisociales. Comment galvaniser les résistances ? Est-il possible de refonder l'idéal émancipateur ? Que devrait être une société émancipatrice ?
(Coll. Ouverture Philosophique, 186 p., 19,5 euros)
ISBN : 978-2-343-16150-1, EAN EBOOK : 9782140105159

L'ACTE DE PENSER
L'impossible définition
Thierry Aymès
Préface de Lili Frikh
« La pensée » n'est pas « le penser », et a fortiori, n'est pas « l'acte de penser » même. Il n'est que de se pencher sur la différence grammaticale qui existe entre un participe passé (bien que substantivé) et un

verbe laissé à la vitalité, au souffle qu'il sous-entend. L'auteur s'est essayé à l'élucidation folle de ce problème philosophique aporétique en diable et qui contraint qui s'y colle à déborder du vase de réflexion classique.

(116 p., 13,5 euros)

ISBN : 978-2-343-16086-3, EAN EBOOK : 9782140104367

L'ANGE, LE MAL ET LA CONTINGENCE

Jad Hatem

Une philosophie de l'ange réfléchit sur l'individu le plus proche de la divinité. Proximité qui tient à trois facteurs : la génération, les multiples fonctions à remplir, les drames qu'il est susceptible de provoquer au ciel comme sur la terre. Cet essai est centré sur Suhrawardî, Qâshânî et la philosophie ismaélienne. Il donne également la parole à deux éminents mystiques, Hallâj et Ibn'Arabî sur le sujet de la tolérance religieuse.

(Coll. La main d'Athéna/ Philosophie, 118 p., 15 euros)

ISBN : 979-10-309-0180-1, EAN EBOOK : 9782140104954

HANNAH ARENDT ET LA CONDITION POLITIQUE

Le réel dans la pensée philosophique du XXe siècle

Beatrice Magni

Cet ouvrage analyse l'enjeu crucial de la revendication - par la philosophe allemande naturalisée américaine HANNAH ARENDT (1906-1975) - d'une « théorie politique » contre une « philosophie politique », avec toutes les conséquences qui s'ensuivent: la volonté de réintégrer le réel dans la pensée philosophique; l'exploration du fondement anthropologique de l'existence humaine; un humanisme centré autour du concept de politique.

(104 p., 13 euros)

ISBN : 978-2-336-31235-4, EAN EBOOK : 9782140104831

EN CHEMIN AVEC NIETZSCHE

Philippe Granarolo

Voici rassemblés les principaux articles de l'auteur explorant l'oeuvre de Friedrich Nietzsche, auquel il a consacré toute son existence : du plus ancien, Le rêve dans la pensée de Nietzsche (1978) au plus récent, Le Surhomme : mythe nazi ou image libertaire ? (2016). Ces articles constituent les étapes d'une lecture originale et cohérente. Regroupés en cinq chapitres, « L'Imaginaire », « Le Corps », « Le Temps », « Le Futur » et « Le Retour Eternel », ces articles constituent une introduction à l'étude de l'oeuvre nietzschéenne.

(Coll. La philosophie en commun, 254 p., 26 euros)

ISBN : 978-2-343-15570-8, EAN EBOOK : 9782140102189

L'USAGE DE LA SUBJECTIVITÉ

Foucault, une archéologie de la relation

Mingjie Tang

Les travaux de Foucault sur l'histoire de la subjectivité analysent la manière dont s'est formé et a fonctionné le concept d'homme : comment il a agrégé des éléments hétérogènes pour imposer son évidence dans notre modernité. La subjectivité s'établit dans le rapport à sa propre vérité comme « noeud » de la véridiction, de la gouvernementalité et de la spiritualité. C'est dans ce « jeu de la connaissance individuelle » que se mettent en place les dispositifs du sujet et leurs conditions, c'est dans l'archéologie de la relation avec la vérité, le pouvoir et le soi que l'on retrouve, peut-être, l'usage de notre subjectivité.

(Coll. Quelle drôle d'époque !, 282 p., 29 euros)

ISBN : 978-2-343-15461-9, EAN EBOOK : 9782140104138

UNE PHILOSOPHIE DE L'ÉCOUTE MUSICALE

Bruno Deschênes

Dans cet ouvrage, Bruno Deschênes met en parallèle la pensée musicale européenne et la pensée esthétique japonaise, une rencontre philosophique par laquelle il propose par transpropriation comment cette pensée venant d'Asie permettrait aux mélomanes d'approfondir leur appréciation de toute musique quelle qu'elle soit.

(Coll. Ouverture Philosophique, 222 p., 23,5 euros)

ISBN : 978-2-343-15835-8, EAN EBOOK : 9782140101991

QUELLE ÉTHIQUE POUR LE TRANSHUMANISME ?

Des "hommes augmentés" et des "posthumains", demain, en Afrique ?

Ebénézer Njoh Mouelle

L'auteur déploie une analyse destinée à clarifier sa position sur divers aspects du transhumanisme. Il analyse des notions éthiques et met en relief des enjeux insoupçonnés, sur la difficile question de la régulation de l'exploitation des résultats des recherches convergentes des Nanotechnologies, biotechnologies, informatique et sciences cognitives. S'il met l'accent de manière appuyée sur la régulation destinée à protéger et à sauver l'espèce humaine de tout enfouissement dans des cyborgs, le philosophe camerounais se soucie tout autant du sort incertain qui pourrait être réservé aux catégories économiquement faibles face aux augmentations des capacités de toutes sortes sur d'autres continents.

(Coll. Harmattan Cameroun, 102 p., 12,5 euros)

ISBN : 978-2-343-15916-4, EAN EBOOK : 9782140103391

LE RENOUVEAU DE L'IDÉALISME

Giovanni Dotoli, Louis Ucciani
(sous la direction de)

Cet ouvrage rassemble des textes qui s'interrogent sur ce que représente l'idéalisme aujourd'hui, en prenant appui sur la pensée d'Emmanuel Levinas et sa réflexion autour du problème de l'être et de l'identité.

(Coll. L'Orizzonte, 200 p., 20 euros)

ISBN : 978-2-343-15734-4, EAN EBOOK : 9782140103018

LE PROBLÈME DE LA COMMUNAUTÉ

Marx, Tönnies, Weber

Daniel Alvaro

Traduit de l'espagnol (Argentine) par Pascale Henry. Préface de Jean-Luc Nancy

Gemeinschaft ou la « communauté », est le fil conducteur de cet ouvrage, le nom d'un problème commun à toute une époque en Occident dont nous commençons à peine à entrevoir les limites, une époque où cette évidence de la vie en commun disparaît. Pourtant ce problème de la communauté demeure le nôtre. Pour analyser cette question, l'ouvrage recourt aux pensées de Marx, Tönnies et Weber.

(Coll. La philosophie en commun, 260 p., 27 euros)

ISBN : 978-2-343-13582-3, EAN EBOOK : 9782140103254

BOUDDHISME TIBÉTAIN ET PHILOSOPHIE DE L'EXISTENCE

Michel Dion

Dans le bouddhisme tibétain, tout moi est sans substance qui lui soit intrinsèque. Toute substance qu'il paraît avoir lui vient de liens d'interdépendance avec d'autres réalités qui lui sont extérieures : les autres, la société et la culture ambiantes, la Nature. Tout moi ne dure pas pour toujours, parce que les êtres vivants sont mortels, mais surtout parce qu'ils sont constamment en changement. Le projet, propre à la philosophie de l'existence, de devenir qui nous sommes, de Kierkegaard jusqu'à Sartre, est-il alors incompatible avec la philosophie du bouddhisme tibétain ?

(784 p., 52 euros)

ISBN : 978-2-343-15741-2, EAN EBOOK : 9782140102813

L'EUGÉNISME SOCIAL
Configurations du pouvoir aux temps de la mort en vie
Daniel Fränkel
Traduit de l'espagnol par Valentine Le Borgne de Boisriou
Cette recherche poursuit les travaux de Foucault, en considérant le dispositif asilaire comme le paradigme privilégié pour analyser des mécanismes par lesquels la société a traité la folie, mais également comme forme de compréhension du fonctionnement de la logique gouvernementale au sein des sociétés occidentales contemporaines. Ici, le concept d'eugénisme social définit une catégorie heuristique pour expliquer la logique interne qui régit le destin biopolitique des sociétés nées de l'expérience moderne.
(Coll. La philosophie en commun, 180 p., 20 euros)
ISBN : 978-2-343-15755-9, EAN EBOOK : 9782140102776

A LA RECHERCHE D'UNE HUMANITÉ DURABLE
Michel Juffé
Si les maux qui frappent la biosphère s'aggravent, ce n'est pas que l'effet de l'empire de la marchandise et de l'avidité du capitalisme. La volonté de toute-puissance est plus ancienne : elle commence avec les civilisations au IIIe millénaire avant notre ère et leurs dieux inventés pour justifier leurs ambitions. Si nous voulons un humanisme écologique, nous devons combattre les idéologies de « l'exception humaine » et la rage de posséder et de spolier. Si nous voulons protéger notre bien commun, nous devons réformer en profondeur nos croyances, institutions et modes de vie, en commençant par trouver notre véritable place dans la Nature.
(194 p., 20 euros)
ISBN : 978-2-343-15719-1, EAN EBOOK : 9782140102134

ESSAI SUR LA LAÏCITÉ
Condition de possibilité de l'émancipation
Laurent Maronneau
Préface de Franck Fischbach
« La laïcité n'est pas « une pensée de répression » (Marx), mais une « pensée de résistance » (idem), et donc de liberté : elle est une arme qui permet de résister aux dispositifs et aux pratiques qui font de la société soit l'espace d'une exclusion réciproque des individus entre eux, soit le lieu d'une simple coexistence d'individus qui ne font que se tolérer les uns les autres, et qui par là empêchent que la société soit un lieu de coopération entre des individus (...) » (Frank Fischbach)
(254 p., 26 euros)
ISBN : 978-2-343-15879-2, EAN EBOOK : 9782140101700

PENSER L'HUMAIN AUJOURD'HUI
Ce siècle, sera-t-il, enfin, le siècle de l'homme ?
Giscard Kevin Dessinga
Préface de Charles Zacharie Bowao
Comment être pleinement humain à notre époque ? Plusieurs courants de pensée ont annoncé l'auto-libération de l'homme contemporain. Devenir humain devient une espèce de réappropriation de soi, un affranchissement. Pour y arriver, il faut d'abord définir les contours essentiels d'une humanité apaisée et réconciliée. Cet essai comporte trois moments essentiels : d'abord, une synthèse du processus de démolition de la tradition et de la religion par les « maîtres du soupçon » et les propositions d'auto-libération de l'homme par l'homme. Puis une exposition de l'esprit postmoderne comme nouvelle éthique mondiale et enfin une tentative de reconstruction et de reconstitution de l'humain aujourd'hui.
(Coll. Ouverture Philosophique, 112 p., 13 euros)
ISBN : 978-2-343-15308-7, EAN EBOOK : 9782140101267

Structures éditoriales du groupe L'Harmattan

L'Harmattan Italie
Via degli Artisti, 15
10124 Torino
harmattan.italia@gmail.com

L'Harmattan Hongrie
Kossuth l. u. 14-16.
1053 Budapest
harmattan@harmattan.hu

L'Harmattan Sénégal
10 VDN en face Mermoz
BP 45034 Dakar-Fann
senharmattan@gmail.com

L'Harmattan Cameroun
TSINGA/FECAFOOT
BP 11486 Yaoundé
inkoukam@gmail.com

L'Harmattan Burkina Faso
Achille Somé – tengnule@hotmail.fr

L'Harmattan Guinée
Almamya, rue KA 028 OKB Agency
BP 3470 Conakry
harmattanguinee@yahoo.fr

L'Harmattan RDC
185, avenue Nyangwe
Commune de Lingwala – Kinshasa
matangilamusadila@yahoo.fr

L'Harmattan Congo
67, boulevard Denis-Sassou-N'Guesso
BP 2874 Brazzaville
harmattan.congo@yahoo.fr

L'Harmattan Mali
Sirakoro-Meguetana V31
Bamako
syllaka@yahoo.fr

L'Harmattan Togo
Djidjole – Lomé
Maison Amela
face EPP BATOME
ddamela@aol.com

L'Harmattan Côte d'Ivoire
Résidence Karl – Cité des Arts
Abidjan-Cocody
03 BP 1588 Abidjan
espace_harmattan.ci@hotmail.fr

L'Harmattan Algérie
22, rue Moulay-Mohamed
31000 Oran
info2@harmattan-algerie.com

L'Harmattan Maroc
5, rue Ferrane-Kouicha, Talaâ-Elkbira
Chrableyine, Fès-Médine
30000 Fès
harmattan.maroc@gmail.com

Nos librairies en France

Librairie internationale
16, rue des Écoles – 75005 Paris
librairie.internationale@harmattan.fr
01 40 46 79 11
www.librairieharmattan.com

Lib. sciences humaines & histoire
21, rue des Écoles – 75005 Paris
librairie.sh@harmattan.fr
01 46 34 13 71
www.librairieharmattansh.com

Librairie l'Espace Harmattan
21 bis, rue des Écoles – 75005 Paris
librairie.espace@harmattan.fr
01 43 29 49 42

Lib. Méditerranée & Moyen-Orient
7, rue des Carmes – 75005 Paris
librairie.mediterranee@harmattan.fr
01 43 29 71 15

Librairie Le Lucernaire
53, rue Notre-Dame-des-Champs – 75006 Paris
librairie@lucernaire.fr
01 42 22 67 13

www.ingramcontent.com/pod-product-compliance
Lightning Source LLC
LaVergne TN
LVHW050645051026
849532LV00002B/531
* 9 7 8 2 3 4 3 1 6 2 3 6 2 *